LETTRES ANGLO-AMÉRICAINES
série dirigée par Marie-Catherine Vacher

SIRI HUSTVEDT

Plaidoyer pour Eros

essais traduits de l'américain
par Christine Le Bœuf

ACTES SUD

à ma mère,
Ester Vegan Hustvedt

YONDER

1

Mon père m'a demandé un jour si je savais ce que signifie *yonder*. J'ai répondu qu'à mon idée, *yonder* était synonyme de *there*, là. Il a souri et m'a dit : "Non, *yonder*, c'est entre ici et là." Cette petite histoire me reste présente depuis des années, comme un exemple de magie linguistique : elle identifie un nouvel espace – une région médiane qui n'est ni ici ni là –, un lieu qui tout simplement n'existait pas pour moi avant d'être nommé. Pendant que mon père me donnait cette brève explication du sens de *yonder* et, depuis lors, chaque fois que j'y pense, un paysage me vient à l'esprit : de la crête d'une petite colline, mon regard plonge dans une large vallée où se dresse un arbre isolé, et au-delà se déploie l'horizon, défini par une série de collines ou de montagnes de faible altitude. Cette image assez quelconque mais de bon usage réapparaît chaque fois que je pense à *yonder*, l'un de ces mots merveilleux que les linguistes, je l'ai découvert par la suite, appellent des "embrayeurs" – des mots qui se distinguent des autres en ce qu'ils sont animés par le locuteur et évoluent en conséquence. En termes de linguistique, cela signifie que l'on ne peut jamais vraiment se trouver *yonder*. Dès qu'on arrive à *yonder tree*, cet arbre qui est là-bas, il devient l'arbre qui est ici et disparaît à jamais dans cet horizon imaginaire. Les mots qui oscillent m'attirent. Le fait qu'*ici* et *là* glissent et s'inversent en fonction de l'endroit où je me trouve a pour moi quelque chose d'émouvant dans la double révélation qu'il apporte des relations ténues entre les mots et les choses, et de la miraculeuse flexibilité du langage.

En vérité, ce qui me fascine, c'est moins le fait de se trouver dans un lieu que celui de ne pas s'y trouver : la façon dont les lieux vivent dans l'esprit après qu'on les a quittés, dont on les imagine avant d'y arriver, dont ils semblent surgir de rien pour illustrer une pensée ou une histoire comme celle de mon arbre, là-bas, *yonder*. Ces espaces mentaux composent de nos vies intérieures une carte plus complète que n'importe quelle "vraie" carte, en traçant d'*ici* et de *là* les limites qui façonnent aussi ce que nous voyons au présent. Ma géographie personnelle, de même que celle de la plupart des gens, exclut d'immenses parties du monde. J'ai ma version à moi de la fameuse carte des Etats-Unis dessinée par Paul Steinberg, où l'on voit un Manhattan proéminent, un Middle West, un Sud et un Ouest minuscules, quasiment invisibles, et enfin une Californie imposante, dominée par Los Angeles. Trois lieux seulement ont compté dans ma vie : Northfield, dans le Minnesota, où je suis née et où j'ai grandi auprès de mes parents et de mes trois sœurs ; la Norvège, pays natal de ma mère et des grands-parents de mon père ; et New York, où j'habite à présent depuis dix-sept ans.

Quand j'étais petite, la carte ne comprenait que deux régions : le Minnesota et la Norvège, mon ici et mon là. Et, bien que chacune demeurât distincte de l'autre – la Norvège très loin, au-delà des océans, et le Minnesota immédiat, visible et composé de ces milliers de subdivisions qui constituent la géographie quotidienne –, ces deux régions s'entremêlaient par le langage. J'ai parlé norvégien avant de parler anglais. Littéralement ma langue maternelle, le norvégien reste pour moi un langage d'enfance, d'affection, de nourriture et de chansons. J'en devine souvent le rythme sous ma pensée et ma prose anglaises, et parfois son vocabulaire envahit l'une et l'autre. J'ai parlé norvégien d'abord parce que ma grand-mère maternelle est venue en séjour à Northfield avant mon premier anniversaire et a vécu chez nous pendant neuf mois ; mais, après son retour chez elle, j'ai commencé à apprendre l'anglais et oublié le norvégien. Il m'est revenu quand je suis allée en Norvège avec ma mère et ma sœur en 1959. Pendant ces quelques mois passés en Norvège, alors que j'avais quatre ans et ma sœur Liv seulement deux ans et demi, nous avons oublié l'anglais. Quand nous nous sommes retrouvées dans le Minnesota, nous nous sommes rappelé l'anglais et bientôt nous avons oublié de nouveau le norvégien. Cependant, bien qu'endormie pour nous, la langue vivait encore dans notre maison. Mes parents se parlaient souvent en norvégien et il y avait des mots que nous avions, Liv, Astrid, Ingrid et moi, l'habitude d'utiliser et que nous prenions pour des mots anglais, ce qu'ils n'étaient pas. Par exemple, les mots norvégiens pour *bavoir*, *saucisse*, *pipi* ou *derrière* avaient pratiquement submergé leurs équivalents anglais. Nous nous souvenons, Liv et moi, d'avoir utilisé ces mots devant des amis, et de notre surprise en voyant leurs visages ahuris. Tout le quotidien de la petite enfance, la nourriture et, inévitablement, le langage de la toilette étaient si liés à notre mère qu'ils n'existaient qu'en norvégien. Lorsque j'avais douze ans, mon père, professeur de langue et de littérature norvégiennes, prit une année sabbatique à Bergen, et le norvégien me revint en une sorte d'illumination. Après cela, il est resté. La rapidité avec laquelle nous, les quatre sœurs, avons transféré notre vie au norvégien est tout à fait remarquable. Toute cette année-là, nous avons joué, pensé et rêvé en norvégien.

Je suis retournée en Norvège en 1972 et pendant un an j'ai été élève au *gymnasium* de Bergen. Cette fois ma famille ne m'accompagnait pas. J'habitais chez mon oncle et ma tante en dehors de la ville et je prenais le car pour aller en classe. Au cours des premières semaines de mon séjour, je fis un rêve. Je ne me souviens pas de son contenu, mais il se déroulait en norvégien, avec des sous-titres en anglais. Je penserai toujours à ce rêve comme à des limbes. Son code cinématographique exprimait avec précision ma place entre deux cultures et deux langues. Les sous-titres métaphoriques de ma vie disparurent bientôt, cependant, et je m'immergeai dans la langue "originale" du rêve. Il y a maintenant vingt-trois ans que je n'ai plus vraiment "vécu" en norvégien. Je suis moi-même étonnée de n'avoir passé en Norvège que trois de mes quarante années d'existence, et de ce que chaque minute de ce temps se soit écoulée à Bergen. Je parle un norvégien si imprégné du dialecte de Bergen que mes parents le trouvent comique. Ce dialecte est le véritable héritage de mes années à Bergen, la trace d'une expérience qui ne me quittera pas. Il y a des chances pour que même la sénilité ne m'en dépouille pas, puisque les vieux et les simples d'esprit reviennent souvent au langage de leur petite enfance. Et pourtant le norvégien ne survit pas seulement en moi comme un signe de Bergen, mais aussi comme un signe de la maison de mes parents dans le Minnesota. Ce n'est pas pour rien, après tout, que, lorsque mon beau-fils Daniel était très petit et qu'il se réjouissait de passer Noël chez nous, dans le Minnesota, avec son père et moi, il demandait : "Quand est-ce qu'on va en Norvège ?"

Si le langage constitue le caractère le plus profond de n'importe quel lieu – et je pense qu'il en est ainsi –, l'histoire de mon enfance passée à oublier et à recouvrer la mémoire représente en miniature la dialectique de toute expérience d'immigration : *ici* et *là* s'y trouvent en relation de tension constante, déterminée avant tout par la mémoire. Mon père, qui est norvégien à la troisième génération, parle anglais avec un accent norvégien hérité d'une enfance américaine vécue pour une grande part en norvégien. Bien que séparés par un océan, ma mère et mon père ont été élevés dans la même langue.

Ma mère avait trente ans quand elle est venue s'installer pour de bon aux Etats-Unis. Elle est maintenant citoyenne américaine et affirme s'en réjouir chaque fois qu'elle vote. La crainte de la voir repartir en Norvège par le premier avion, ainsi qu'elle menaçait de le faire si Goldwater était élu, demeure néanmoins très présente dans ma mémoire. La Norvège a toujours été là, et elle a toujours appelé. C'est une bourse Fulbright qui avait amené mon père à l'université d'Oslo, où il rencontra ma mère. Les détails de leur rencontre me sont inconnus. Ce qui se transforme en mythe dans certaines familles est resté secret dans la nôtre. La sœur de ma mère a un jour utilisé pour la décrire l'expression anglaise correspondant à "coup de foudre", mais je n'ai jamais vu pourquoi j'irais fourrer le nez dans ce qui manifestement ne regarde qu'eux. Oslo n'est pas Paris, sans doute, mais c'est une ville beaucoup plus grande que Northfield et beaucoup moins provinciale, et quand ma mère a fait le voyage d'un lieu à l'autre pour épouser mon père, dont elle n'avait jamais aperçu la famille, elle doit avoir imaginé l'endroit qui l'attendait. Elle doit s'être composé une image mentale d'un monde que mon père lui avait décrit au moins en partie, mais savoir si ce monde correspondait à ce qu'elle a découvert dans la réalité, c'est une tout autre question. Il est certain qu'elle laissait un monde derrière elle. Enfant, elle avait vécu à Mandal, la ville la plus méridionale de la Norvège, et, selon tous les témoignages (pas seulement celui de ma mère), ces années-là avaient été idylliques. Les souvenirs qu'elle garde des dix premières années de sa vie, avec ses parents, deux frères et une sœur dans une belle maison surplombant la ville où son père était maître de poste, sont d'un bonheur si poignant qu'elle dit nous les avoir parfois tus, à mes sœurs et à moi, de peur que nous ne nous sentions défavorisées en comparaison. Quand elle avait dix ans, son père perdit son argent et ses terres. Il s'était porté garant pour un de ses parents dans une transaction qui tourna mal. Bien qu'il eût pu se sauver de la ruine, mon grand-père honora sa parole et, pendant le restant de ses jours, remboursa cette dette qui n'était pas vraiment la sienne. Je pense que cet événement a constitué la plus grande cassure dans la vie de ma mère. De façon soudaine et irrévocable, il l'a arrachée au foyer qu'elle aimait pour la projeter dans un autre, aussi sûrement que si le sol s'était ouvert, créant entre les deux une faille infranchissable. La famille déménagea à Askim, aux abords d'Oslo, et c'est pourquoi la voix de ma mère garde la double trace d'un accent du Sud et d'un accent de l'Est : les sons mêlés des deux bords de la faille. Je n'ai jamais douté du bonheur des dix premières années de ma mère, à Mandal. Elle avait des parents qui l'aimaient, elle avait les rochers, les montagnes et la mer sur le pas de sa porte. Il y avait des bonnes pour alléger le travail domestique, des frères, une sœur et la famille toute proche, et des Noëls ardemment célébrés chez ses parents et chez *tante* Andora et *onkel* Andreas, des gens que j'ai imaginés bien souvent, sans jamais les avoir vus alleurs que sur des photographies prises quand ils étaient trop jeunes pour être la tante et l'oncle que ma mère a connus. Il me semble que la perte du paradis ne le rend que plus radieux, non seulement pour ma mère mais, si étrange que cela paraisse, pour moi aussi. Par une coïncidence curieuse mais sentimentalement significative, chaque fois que je me suis trouvée à Mandal, il n'a pas plu. La pluie est le tourment de tous les Norvégiens, lesquels recherchent le soleil avec une ferveur qui pourrait paraître un peu désespérée à, disons, un habitant de la Californie. Il pleut beaucoup en Norvège. Mais, quand ma mère nous y a emmenées en 1959, ce fut un été de soleil légendaire, et la dernière fois que je suis allée à Mandal, pour une réunion de famille en 1991 avec ma mère, mes sœurs et ma propre fille, le soleil a brillé pendant des jours et des jours et la ville étincelait dans la lumière claire et parfaite du paradis.

Je n'ai pas connu mon grand-père. Il est mort quand ma mère avait dix-neuf ans. Il y a de lui des photographies, et sur l'une d'elles on le voit debout face à un cheval blanc qui porte sur son dos trois petits enfants. Il est coiffé d'un chapeau de paille qui lui fait de l'ombre sur les yeux, et il a une cigarette entre les lèvres. Le plus frappant dans cette image, c'est son attitude, fière et droite, avec aussi quelque chose qui est presque, mais pas tout à fait, de la désinvolture. Manifestement, il ne pose pas. Il a des traits intelligents – ses yeux en particulier donnent l'impression de la réflexion. Ma grand-mère disait qu'il lisait (presque à l'exclusion de toute autre chose) l'histoire de l'Eglise et Kierkegaard. Elle l'adorait et ne s'est pas remariée. Je suis sûre que l'idée ne l'en a jamais effleurée. Quand je pense à la mère de ma mère, je pense à sa voix, à ses gestes et à son contact. Ils étaient toujours doux, toujours pleins de raffinement ; et, en même temps, elle était spontanément et passionnément affectueuse. Je me souviens, je ne sais trop pourquoi, avec une clarté étonnante, d'avoir franchi son seuil quand j'avais douze ans, avec mes sœurs et mes parents. C'était l'hiver, et ma mère m'avait tricoté une écharpe et un bonnet blancs pour aller avec mon manteau brun. Quand ma grand-mère m'accueillit, elle me prit le visage entre ses deux mains en disant : "Que tu es belle en blanc, ma chérie."

La dernière fois que j'ai vécu en Norvège, j'allais voir ma grand-mère tous les jours après l'école. Elle vivait dans un appartement minuscule qui surplombait un petit cimetière ancien de la ville. Elle était toujours heureuse de me voir. J'étais cette année-là, j'en ai peur, une adolescente d'un sérieux morbide, qui lisait Faulkner et Baldwin, Keats et Marx avec une égale révérence, et ma compagnie ne devait guère être drôle. Mais il n'y avait personne auprès de qui j'aimais mieux me trouver, et cela me rendait peut-être plus animée. Nous buvions du café. Nous parlions. Elle adorait Dickens, qu'elle lisait en norvégien. Plusieurs années après sa mort, j'ai rédigé une thèse sur Dickens et, bien que ma vision du grand homme eût certainement inquiété ma grand-mère, j'avais l'impression bizarre qu'en étudiant le romancier anglais je revenais à mes racines norvégiennes.

Ma *mormor* (en norvégien, on distingue les lignes paternelle et maternelle : littéralement, *mormor* signifie "mère-mère") est au centre de mes véritables expériences de la Norvège, de la Norvège particulière et quotidienne, une Norvège où j'étais chez moi. Ma grand-mère était une *lady* au vieux sens du terme – le terme qui correspond à *gentleman* –, quelqu'un qui n'avait jamais abandonné les bonnes manières héritées du XIXe siècle. Je me trouvais alors en pleine phase de socialisme vertueux, et je l'entends encore me dire de sa voix douce : "Tu dois être la première personne de la famille à défiler un 1er Mai." Elle portait chapeau et gants chaque fois qu'elle sortait, époussetait tous les jours son impeccable appartement, y compris chacun des cadres pendus aux murs, et se montrait choquée quand sa femme de ménage utilisait pour lui parler la forme familière *du*. Je me rappelle très bien son petit appartement – l'élégant canapé bleu, les tableaux aux murs, la table étincelante, la cage contenant son perroquet Bitte Liten, nom que je traduisais par "le tout petit". Et je me souviens de chaque objet avec une affection sauvage. Si je n'avais pas aimé ma grand-mère, et si elle ne nous avait pas tant aimées, ma mère et moi, ces objets ne seraient que des objets. Après le décès de mormor, je suis sortie avec ma mère de notre maison dans le Minnesota, et elle m'a dit que le plus étrange, dans la mort de sa mère, c'était que ne fût plus là quelqu'un qui n'avait jamais voulu pour elle que ce qu'il y avait de mieux. Je me rappelle exactement où nous nous tenions, debout dans le jardin, quand elle a dit cela. Je me souviens du temps estival, de l'herbe un peu roussie par la chaleur, de la forêt à notre gauche. C'est comme si j'avais inscrit ses paroles dans ce paysage en particulier, et ce qui est curieux, c'est que, pour moi, elles y sont toujours inscrites. Peu après cette conversation, j'ai rêvé que ma grand mère était vivante et me parlait. Je ne sais plus ce qu'elle me disait dans le rêve, mais c'était un de ces rêves où l'on a conscience que la personne est morte en même temps qu'elle est à nouveau vivante et présente. Bien que je ne revoie aucun autre détail architectural, je sais que j'étais assise dans une pièce et que ma grand-mère passait une porte en venant vers moi. C'était un rêve de seuil, une inversion spatiale du souvenir que j'avais d'avoir franchi sa porte et d'elle me disant que j'étais belle en blanc. Je me souviens de l'intensité du bonheur que j'éprouvai à la revoir.

Ma fille, Sophie, a toujours appelé ma mère "mormor", et aucun nom ne pourrait être plus évocateur de la ligne maternelle. "Mère-mère" représente pour moi une incantation de la grossesse et de la naissance même, du fait qu'une personne soit issue d'une autre et de sa répétition dans le temps. Quand j'attendais Sophie, j'avais l'impression que c'était la première fois que je me sentais physiquement plurielle – deux en une. Mais, naturellement, cela m'était déjà arrivé, quand je me trouvais, moi, à l'intérieur de ce premier lieu. L'espace utérin est mystérieux. Nous ne nous souvenons pas de sa réalité liquide, mais on sait désormais que le fœtus entend des voix. Après la violence de la naissance (toutes les préparations au monde, les techniques de respiration et le culte de l'accouchement ne peuvent dépouiller l'événement de sa violence), la reconnaissance par le nouveau-né de la voix de sa mère lance un pont par-dessus cette première et brutale séparation.

2

De par sa nature même, l'espace originel, l'espace maternel, est dépourvu de sens ; l'expérience humaine y est indifférenciée et ne peut donc être verbalisée. Elle reste cependant vivante dans nos corps, quand nous nous pelotonnons pour dormir, quand nous mangeons ou, pour certains d'entre nous, quand nous prenons un bain ou nageons. Et elle laisse assurément ses traces dans notre désir physique d'un autre. L'espace paternel, au sens idéal, est différent. Bien que nous soyons "de" nos pères exactement comme nous sommes "de" nos mères, nous n'avons jamais été "dans" nos pères. Ils sont manifestement distincts. Dans la vie réelle des gens réels, cette distance peut être exagérée ou minimisée. Beaucoup d'enfants de ma génération ont grandi avec des pères plus ou moins absents. Pas moi. Mon père a été très présent dans ma vie et dans celle de mes sœurs et, de même que ma mère, il avait été façonné, fondamentalement, par le lieu où s'était passée son enfance.

Il est né en 1922 dans une maison de rondins, non loin de Cannon Falls, dans le Minnesota. Cette maison avait brûlé, et la famille s'était installée, non loin de là, dans ce qui fut pendant toute mon enfance la demeure de mes grands-parents. Cette maison n'a jamais eu l'eau courante, il y avait une pompe dans la cour. Mes sœurs et moi, nous adorions cette pompe rouillée. Je me rappelle que j'étais si petite que je pouvais à peine attraper le bras de la pompe et qu'il me fallait m'y suspendre de tout mon poids pour l'actionner et attendre que l'eau surgisse. Mon père a des souvenirs de constructions collectives de granges, de grandes séances de patchwork, de colporteurs, de *square dances* et de traîneaux tirés par des chevaux. L'école où il allait comportait une seule pièce, où toutes les classes étaient rassemblées, et il fut confirmé en norvégien à l'église d'Urland – une église blanche, en bois, avec un clocher, qui se dresse au sommet d'une colline. Pour moi, cette église est un signe de proximité. Quand nous arrivions à l'église dans la voiture familiale, nous savions que nous pouvions apercevoir la maison de mes grands-parents. L'église était le dernier d'une série de points de repère auxquels nous donnions, mes sœurs et moi, des noms aussi inventifs que "la grande colline". Chaque point de repère était salué par une chanson d'une égale inventivité : "Nous descendons la grande colline. Nous descendons la grande colline." Mes parents ont dû subir cela pendant des années. Le trajet comptait environ dix-sept miles et durait près d'une demi-heure par de petites routes. Nous étions, mes sœurs et moi, comme la plupart des enfants, des créatures de répétition et de rituel. Les lieux revisités étaient parés d'un caractère sacré et enchanté. Je choisis ces mots avec soin, car il y avait quelque chose de liturgique dans des retours aussi fréquents aux mêmes endroits. Façonnées à la fois par le catéchisme luthérien et par les contes de fées, nous imprégnions les lieux de notre enfance de ce que nous connaissions le mieux.

Si mes parents parlaient la même langue, les mots de leurs enfances étaient cependant très différents. Les communautés américaines d'origine norvégienne fondées dans le Middle West au XIXe siècle et le pays abandonné n'étaient pas séparés que par les miles, ils l'étaient aussi par leurs cultures. Ces "petites Norvèges" se développèrent tout autrement que la mère patrie, même du point de vue linguistique. Les dialectes que les gens avaient apportés avec eux prirent un autre cours dans la Prairie. Des mots anglais sans équivalent norvégien furent incorporés au norvégien parlé, et pourvus d'un genre. Les Norvégiens en visite chez des parents vivant en Amérique depuis plusieurs générations s'étonnaient de leur diction et de leur grammaire surannées. L'héritage des pionniers, de la vie primitive dans la Prairie, en même temps que l'éloignement effectif du pays d'origine, maintinrent le XIXe siècle en vie plus longtemps en Amérique que dans n'importe quel coin de la Norvège.

La petite ferme de mes grands-parents, réduite de mon vivant à vingt arpents (huit hectares), était notre terrain de jeu mais, même enfant, je sentais le poids du passé, non seulement sur cette propriété, qui n'était plus exploitée, mais sur l'ensemble de la communauté. J'ai été témoin de sa disparition. Les vieux sont morts. Beaucoup de petites fermes ont été rachetées par l'industrie agroalimentaire et, qu'on entre dans un magasin ou qu'on rende visite à un voisin, les gens ne parlent plus norvégien. Quand ma grand-mère est morte, à quatre-vingt-dix-huit ans, mon père a pris la parole à ses funérailles. Il l'a qualifiée de "dernière pionnière". Mon père a horreur de toute forme de cliché et de faux sentiment. Il pensait ce qu'il disait. Elle était l'une des toutes dernières personnes qui se souvenaient de la vie dans la Prairie. Ma grand-mère paternelle, une femme exubérante, au parler franc, pas toujours rationnelle en matière de politique, de banques ou de problèmes sociaux, savait raconter une bonne histoire. Elle abordait le récit avec une vivacité et une sobriété qui n'excluaient pas pour autant le détail significatif. Je regrette souvent, maintenant, de n'avoir pas enregistré ces récits sur bande. A l'âge de six ans, Matilda Underdahl perdit sa mère. L'histoire, devenue mythe dans notre famille, est la suivante : quand le pasteur local assura à la fillette que la mort de sa mère était "la volonté de Dieu", Matilda s'écria en tapant du pied : "Non, ce n'est pas vrai !" Ma grand-mère resta toute sa vie méfiante à l'égard de la piété religieuse. Elle se souvenait de l'épidémie de polio qui avait tué de nombreuses personnes de sa connaissance, et son récit bref mais vivant m'en fit sentir la réalité. Assise avec son père à la fenêtre, elle regardait deux cercueils que l'on emportait de la maison voisine – un grand et un petit. Tout en regardant, son père lui parla à voix basse : "Il faut prier, dit-il, et manger des oignons." Elle se souvenait d'une éclipse totale du soleil et racontait qu'on lui avait dit que ç'allait être la fin du monde. Ils avaient revêtu leurs habits du dimanche, s'étaient assis dans la maison, mains croisées, et avaient attendu. Elle se souvenait qu'on lui avait parlé du *nokken* dans le puits, un monstre aquatique qui attirait les petits enfants dans les profondeurs où il vivait et, sans doute, les mangeait. Censée, de toute évidence, effrayer les enfants afin de les empêcher de trop s'approcher du puits et de s'y noyer, l'histoire attira la petite Matilda droit vers lui. Et là elle tenta le sort. Elle posa la tête sur la margelle et laissa pendre à l'intérieur ses longues boucles rousses en attendant, silencieuse, obstinée et horrifiée, que le *nokken* vînt la prendre.

Une autre histoire, entendue une seule fois, m'est restée en mémoire. Quand elle était enfant, ma grand-mère habitait près d'un lac du comté d'Otter Tail, dans le Minnesota ; en hiver, quand ce lac gelait, elle et les autres enfants y emportaient leurs traîneaux et les équipaient de voiles. Je ne me rappelle pas ce qu'ils utilisaient en guise de voiles mais, quand le vent se levait, les voiles se gonflaient et propulsaient les traîneaux sur la glace, à grande vitesse parfois. Quand elle m'a raconté cela, sa voix communiquait le plaisir qu'elle prenait à ce souvenir, et je voyais au loin ces traîneaux, trois ou quatre, glissant en silence sur la vaste étendue d'un lac gelé. C'est toujours ainsi que je les imagine. Je ne vois ni n'entends les enfants. Ce qu'elle se rappelait était sans aucun doute si radicalement différent de l'image que j'ai prêtée à son souvenir que les deux sont peut-être incompatibles.

Mon arrière-grand-père du côté maternel était capitaine au long cours. Un tableau représentant son vaisseau est aujourd'hui en possession de mon oncle. Le bateau s'appelait *Mars*. Il est possible que j'aie établi une relation entre cette image d'un grand voilier naviguant sur l'océan et les voiliers en réduction, sur la glace, dans le Minnesota, loin de toute mer, mais je n'en suis pas sûre. La famille de Matilda venait d'Underdahl, sur le Sogne Fjord. Elle n'y est jamais allée mais, moi, j'ai vu Underdahl, avec mes parents et mes sœurs, quand nous avons pris le bateau sur le fjord bordé de montagnes si pentues que, traditionnellement, les fermiers se servent d'échelles pour descendre dans les villes, en bas. Underdahl possède une très petite église. Vu du bateau, le bâtiment blanc avait presque l'air d'un jouet, et le nom est devenu pour moi évocateur non seulement de ma grand-mère, mais aussi de cet édifice minuscule.

La Crise frappa durement mes grands-parents. Ils ne furent pas les seuls, bien sûr, mais la vie de mon père a été et est encore façonnée par cette épreuve – j'en suis certaine. Il raconte de nombreuses histoires à propos des gens en compagnie desquels il a grandi, mais sa vie intérieure et les images qu'il porte en lui, surtout les plus pénibles, me restent cachées. Je sais que mon père a commencé à travailler dans d'autres fermes dès l'âge de dix ans. Je sais que ma grand-mère confectionnait et vendait des *lefse*, des galettes de pommes de terre, afin de gagner un peu d'argent. Je sais que pesait sur la ferme une dette de mille deux cents dollars qui ne put être remboursée dès lors que la Crise eut éclaté. Quarante des soixante arpents furent perdus. Je sais qu'après l'entrée en guerre des Etats-Unis, mon grand-père, comme beaucoup d'autres, trouva du travail dans une usine locale d'armement. Il fut transféré dans une ville de l'Etat de Washington et contraint de quitter sa famille. Il travailla à la construction de l'usine dans laquelle on allait fabriquer par la suite la bombe atomique. Mais, cela, il ne le sut que des années plus tard. Beaucoup de gens, dans cette communauté, travaillèrent à s'en rendre malades et leur effort n'empêcha pas les catastrophes liées au climat ou à l'économie, et certains en moururent – physiquement ou moralement. C'est devenu un truisme de dire que cette existence était à bien des égards impitoyable et brutale, mais ce n'en est pas moins une réalité et, à l'époque où j'ai découvert le monde dans lequel mon père avait vécu enfant, une sorte de stase s'était établie. Je me souviens de l'immobilité de la ferme de mes grands-parents. Le ciel énorme et les champs plats et l'absence de circulation sur la route qui passait à proximité n'en constituaient qu'une partie. Il y avait une immobilité intérieure, aussi.

Très haut dans les montagnes, au-dessus de la ville de Voss, dans l'Ouest de la Norvège, se trouve la ferme qui m'a donné mon nom : Hustveit. A un moment donné, le *tveit* s'est transformé en *tvedt*, autre orthographe du même mot, lequel signifie "ouverture" ou "clairière". J'y suis allée. La ferme est aujourd'hui propriété du gouvernement norvégien, qui l'entretient. Il faut gravir une montagne pour atteindre Hustveit, et on pourrait difficilement imaginer paysage plus différent de la Prairie du Minnesota. Je me suis demandé ce que voyait mon arrière-grand-père quand il imaginait "l'Amérique". Se peut-il qu'il se soit figuré un paysage aussi ouvert et aussi plat que celui où il devait arriver ? L'immigration suppose inévitablement erreur et révision. Les choses ne sont pas ce qu'on avait imaginé qu'elles seraient. En bien ou en mal, on ne peut éviter l'erreur.

Mes sœurs et moi, nous aimions entendre la simple histoire de l'erreur d'un immigrant de notre famille. Le cousin germain de mon grand-père, que nous appelions l'oncle David, partit de Hustveit quand il avait vingt-deux ans pour faire seul son chemin en Amérique. Il arriva à Ellis Island en août 1902. Il passa sa première journée à New York et fut abasourdi par le chaos, les couleurs et la foule. Quelque part en ville, il vit un vendeur de pommes, les pommes les plus belles, les plus rouges, les plus parfaites qu'il eût jamais vues. Il n'avait presque pas d'argent, mais il avait une envie irrésistible d'une de ces pommes et, cédant à son désir, il s'en offrit une. L'histoire raconte qu'il porta cette pomme à sa bouche, mordit dedans et cracha, dégoûté. C'était une tomate. Oncle David n'avait jamais vu de tomate, n'en avait jamais entendu parler. Cette histoire nous faisait rire aux éclats, mes sœurs et moi. Elle résume si bien la leçon de l'attente et de la réalité qu'elle pourrait servir de parabole. Le fait que les tomates ont bon goût ne change rien à la chose. Si vous croyez mordre dans une pomme, une tomate vous révoltera. Que New York ait pour surnom "la Grosse Pomme", que ce soit pour une pomme que l'humanité ait commis sa première faute et ait été expulsée du paradis, qu'Amérique et paradis aient été associés et confondus depuis les premiers pas des Européens sur ses rives, tout cela donne à cette histoire la réverbération d'un mythe.

D'autre part, si elle n'est pas déçue avec violence, l'attente en elle-même peut exercer un pouvoir, elle peut revêtir un lieu de ce qui, au sens strict, ne s'y trouve pas. Quand j'ai vu Hustveit, j'ai éprouvé la même révérence que j'avais éprouvée la dernière fois que j'étais allée à Mandal. Ce sont deux très beaux endroits, c'est vrai, des sujets rêvés de cartes postales ou de peintures paysagistes du XIXe siècle, mais il ne fait aucun doute que je me serais sentie pleine de révérence devant des endroits moins beaux, parce que je me représentais un passé en relation avec moi. En marchant auprès de ma mère vers la maison où elle avait vécu avec ses parents et ses frères et sœur, j'imaginais ce qu'elle devait éprouver à fouler le sol qu'elle avait foulé enfant, à se rappeler des gens morts à présent, en particulier son père et sa mère, et cette empathie provoqua en moi une émotion profonde. Mon père n'a jamais vécu à Hustveit, non plus que mon grand-père, mais la ferme restait très présente dans leur vie à tous deux. En 1961, mon grand-père Lars Hustvedt hérita, comme tombées du ciel, de cinq mille huit cent cinquante couronnes – environ huit cent cinquante dollars – d'une parente norvégienne, Anna Hustveit. Il consacra cet argent à son premier et dernier voyage en Norvège, durant lequel il se rendit à Voss et à Hustveit. Il avait soixante-quatorze ans. Le séjour de mon grand-père en Norvège fut un grand succès. A en croire mon père, il impressionna sa famille par la connaissance intime qu'il avait de Hustveit. Par son père qui lui avait décrit en détail sa maison natale, il savait exactement où se trouvait chaque bâtiment de la propriété et de quoi il avait l'air. Hustveit était et est encore un lieu réel, mais c'est aussi le témoin d'une origine. Je ne doute pas qu'à certaines époques, ce témoin, transmis de génération en génération grâce au nom et accompagné d'une image mentale, ait ancré les gens qui l'avaient quitté et ancré également leurs enfants et petits-enfants en un autre lieu, soumis aux vicissitudes de la nature et de la politique.

Mon grand-père se souvenait de ce qu'il n'avait jamais vu. Il s'en souvenait à travers quelqu'un d'autre. Le fait que l'image transmise de l'un à l'autre semble avoir été d'une remarquable exactitude rend hommage à son caractère et à celui de son père. A toute histoire, on donne l'un ou l'autre fondement mental. L'expression "je vois" pour "je comprends" n'est guère fortuite. Nous suppléons toujours par des images à ce que nous entendons. Ma mère et mon père ont tous deux connu la Seconde Guerre mondiale, ma mère en Norvège occupée et mon père en tant que soldat en Nouvelle-Guinée, aux Philippines et enfin au Japon pendant l'occupation. Tous deux se sont trouvés pris dans cet immense cataclysme historique. Chacun raconte à sa façon l'histoire de ses commencements, et leurs deux versions me plaisent l'une et l'autre, parce qu'elles sont étrangement parallèles. Au milieu de son premier semestre à St. Olaf College (l'université où plus tard il deviendrait professeur et où trois de ses quatre filles seraient étudiantes), mon père était assis devant une table couverte de fiches sur lesquelles il avait noté avec patience les données nécessaires à un mémoire qu'il s'acharnait à rédiger, quand son avis de mobilisation arriva par la poste. Il m'a raconté que sa première réaction fut : "Formidable ! Je ne vais pas devoir terminer ce foutu mémoire." En lisant son avis de mobilisation, mon père ne vit pas la mort devant lui. Cela viendrait plus tard. Ma mère, elle, m'a raconté que le matin qui suivit l'invasion de la Norvège par les nazis, le 9 avril 1940, ma grand-mère réveilla ses enfants en leur disant : "Debout, c'est la guerre." Au lieu d'avoir peur, ma mère ressentit une intense excitation. Mon imagination a pourvu ces deux histoires de décors. Si je pense à mon père et à ses fiches, je le vois dans la résidence universitaire où habitait l'un de mes amis lorsque j'étais étudiante. Ce décor est faux. Mon père n'a jamais habité là. J'avais besoin d'un lieu et je l'ai placé là inconsciemment. Je n'ai jamais vu non plus l'endroit où vivait ma mère pendant la guerre, mais je vois ma grand-mère éveiller ses enfants dans des chambres que j'ai inventées pour remplir le vide. Je vois la lumière du matin devant les fenêtres et un lit blanc où ma mère ouvre les yeux pour découvrir que l'armée allemande a pris pied sur le sol norvégien.

Les deux frères de ma mère ont fait partie de la Résistance norvégienne, et j'ai des décors aussi pour leurs histoires. Ni l'un ni l'autre n'a jamais dit un mot de son engagement, mais ma mère m'a raconté qu'un jour elle avait vu son frère Sverre en conversation avec le maître d'école, en ville, et qu'elle avait compris. Je vois mon oncle près d'un immeuble en briques, en train de parler avec un petit homme à la calvitie naissante. Ce n'est pas ma mère qui m'a fourni ces détails. Ils viennent de moi, et je suis sûre qu'ils sont faux, mais l'image demeure. Je ne l'ai jamais modifiée ni embellie d'aucune façon. Plus avant dans la guerre, mon oncle Sverre fut averti que les nazis étaient au courant de son activité clandestine, et il partit à skis en Suède pour leur échapper. Il passa là les dernières années de la guerre. Ma mère et sa sœur l'accompagnèrent dans la forêt pour lui dire au revoir. Là encore, on n'a jamais dit un mot de l'endroit où il allait. Je les vois, tous les trois, dans la neige, sous des arbres nus, quelques tiges brunies dépassent de la neige. Mon oncle a un sac à dos et il s'en va sur ses skis en poussant avec énergie sur ses bâtons. On peut rarement retrouver trace des origines de telles images, mais parfois la logique associative mise en œuvre se révèle après un moment de réflexion. Il est peu probable que l'immeuble près duquel se tenait le frère de ma mère ait été en briques. Les briques rouges ont été suscitées dans mon esprit par l'expression *maître d'école*. Toutes mes écoles étaient en briques.

Et parfois un détail fourni par le narrateur grossit dans l'esprit de l'auditeur, comme c'est le cas des pommes de terre dans une histoire que m'a racontée ma mère. Elle fut emprisonnée par les Allemands en Norvège pendant neuf jours au mois de février suivant l'invasion d'avril. Avec un certain nombre d'autres étudiants, elle avait manifesté en décembre contre l'occupation. Des officiers nazis s'étaient rendus dans son école et l'avaient arrêtée. Plutôt que de payer une amende, elle avait choisi la prison. Comme ma mère l'a dit souvent, si cela s'était passé plus tard, les protestataires auraient été envoyés en Allemagne et n'en seraient sans doute jamais revenus ; mais, comme elle l'ajoute toujours, plus tard, personne n'aurait osé protester ouvertement. Quand j'étais petite, l'idée de ma chère et jolie maman en prison me remplissait à la fois d'indignation et de fierté. Nous étions, mes sœurs et moi, les seuls enfants que nous connaissions à Northfield à pouvoir se vanter d'avoir une mère qui avait été "en prison". Elle se trouvait dans une cellule minuscule avec une seule fenêtre à hauts barreaux et un seau pour les déjections – exactement comme au cinéma. La nourriture était mauvaise. Elle m'a raconté que les pommes de terre étaient vertes de part en part. Ces pommes de terre hantent mon imagination comme le signifiant de cette prison. Quand je me la figure, tout est noir et blanc, telle une photographie, sauf les pommes de terre qui luisent, verdâtres, dans la pénombre. Au bout de neuf jours seulement, elle sortit de prison avec le ventre ballonné.

Mon père a très peu parlé de la guerre. Il m'a dit un jour qu'il s'était gardé de la folie en se répétant inlassablement que toute l'affaire était de la folie. Une histoire qu'il m'a racontée m'a fait une profonde impression. Quand il était soldat aux Philippines, il tomba malade, si malade qu'on finit par l'emmener dans un centre de rassemblement. Il n'a conservé que de vagues souvenirs de ces jours-là, car il souffrait d'une forte fièvre et sombrait souvent dans l'inconscience. Au centre, il se réveilla néanmoins, et remarqua sur sa poitrine une étiquette où il était inscrit "fièvre jaune". Il avait été victime d'une erreur de diagnostic. Je me suis toujours représenté ce souvenir de mon père comme si j'étais à sa place. J'ouvre les yeux et je cherche à m'orienter. Je suis couchée sur un lit de camp dans un hôpital de fortune en plein air, entourée d'autres soldats malades ou estropiés sur des brancards. L'étiquette est jaune. Ce transfert du nom de la maladie vers l'étiquette est absurde, j'en suis bien sûre ; mais mon cerveau s'emploie là, manifestement, à une simplification radicale, et c'est ainsi que je vois les choses. La scène se déroule en couleur. J'ai certainement emprunté ces détails à des films de guerre et à ce que j'ai vu de l'Asie, pas là où s'est trouvé mon père mais plus au nord, en Thaïlande et en Chine.

La raison pour laquelle je m'imagine à l'intérieur du corps de mon père dans cette histoire et non à l'intérieur de ma mère lorsqu'elle était en prison n'est, à mon avis, pas accidentelle. Elle correspond au degré différent de conscience dans chaque histoire – c'est-à-dire que, pour comprendre ce qui est arrivé à ma mère, il me suffit de me transporter dans cette prison et de l'y voir. Pour comprendre ce qui est arrivé à mon père, il faut que je m'imagine me réveillant en proie à la fièvre et déchiffrant les lettres qui épellent une mort imminente. J'ai vérifié cette histoire auprès de mon père, et il m'a dit qu'il n'y avait pas de fièvre jaune aux Philippines à cette époque, et qu'il ne sait vraiment pas qui avait posé ce diagnostic. En réalité, c'était lui et non l'étiquette qui était jaune. Il souffrait d'une forte jaunisse, résultat d'une malaria compliquée d'une hépatite. Parce qu'il ne nous a jamais fait partager ses autres souvenirs, les horreurs du combat proprement dit, cette expérience s'est confondue pour moi avec la quintessence même de la guerre, l'histoire d'un homme qui contemple sa propre mort. On peut soutenir que l'exactitude n'est pas toujours indispensable à la compréhension. Je ne me suis jamais trouvée en prison, et je n'ai jamais été soldat, mais j'ai imaginé ces événements et ces lieux dans la mesure où cela m'était possible, et cette représentation imaginaire m'a rapprochée de mes parents.

Après la guerre, mon père termina ses études à St. Olaf College grâce au *GI BILL*, de même que de nombreux autres anciens combattants qui sont aujourd'hui légende dans l'histoire de l'établissement. Fondé par des immigrants norvégiens et affilié à l'Eglise luthérienne américaine, St. Olaf accueille les rejetons généralement bien élevés de la bourgeoisie du Middle West, dont beaucoup ont des racines norvégiennes. Ce n'est pas un lieu de turbulence. Danser y est resté interdit jusque dans les années cinquante. J'y ai été étudiante, et j'ai eu quelques professeurs merveilleux, mais dans l'ensemble les étudiants formaient une bande d'endormis satisfaits d'eux-mêmes, plus conservateurs que leurs professeurs, qui les "géraient" facilement. Tel n'était pas le cas de mon père ni de sa cohorte d'anciens combattants. Il raconte l'histoire d'un homme que j'ai connu comme un très respectable père de famille, qui se balançait aux poutres du plafond de l'un des dortoirs. Je le vois qui vole au-dessus d'une foule de têtes, une bouteille de whisky à la main. La bouteille, elle, pourrait bien être un embellissement de mon cru. Quatre années de guerre avaient fait d'eux des hommes, comme on dit, et ils occupèrent les lieux en tempête, non seulement avec leurs jeux de poker et leurs singeries à la Tarzan, mais aussi avec leur voracité intellectuelle. Tout cela est vrai, et se pare cependant d'un caractère de fiction. Je lis à ma façon les histoires qu'on m'a racontées et j'en fais un récit. Un récit est une chaîne de relations, et je relie furieusement, sautant allègrement par-dessus trous, brèches et secrets. J'essaie néanmoins de me rappeler que les trous sont bien là. Il y en a toujours, non seulement dans les vies des autres, mais aussi dans la mienne.

Les histoires et les images que je substitue aux vies de mes proches sont la forme que prend chez moi l'empathie. Mon père s'est emparé de l'endroit qu'il connaissait le mieux et l'a transfiguré, sans jamais l'abandonner. Il a obtenu son doctorat d'études scandinaves à l'université du Wisconsin, à Madison. Sa thèse, qui est devenue un livre et a reçu le prix McKnight de littérature, est une biographie de Rasmus Bjorn Andersen – une personnalité influente de la communauté américaine d'origine norvégienne. Ce livre n'est pas seulement l'histoire d'un homme, mais encore celle d'une époque et d'un lieu. Mon père s'est servi de ses talents pour comprendre et sauvegarder son "chez-lui", non au sens étroit de telle maison avec ses habitants en particulier, mais au sens plus large de sous-culture. Je pense qu'il est juste de rappeler que le monde de mon père – le monde de son enfance, le monde dont j'ai eu des aperçus à travers les personnes âgées que j'ai connues quand j'étais enfant – est désormais un monde de papier. Mon père est depuis plus de trente ans secrétaire de la Norwegian American Historical Association. Cette association publie des livres sur l'histoire de l'immigration, et elle rassemble aussi des archives. Au cours des années, mon père a consacré des heures innombrables à transformer ce qui était autrefois une montagne de documents, tassés sans ordre dans une infinité de caisses, en archives annotées, composées de lettres, journaux, Mémoires, journaux intimes et autres. Telle est la réalité. Plus intéressants sont sa volonté de le faire et son infatigable dévouement à la tâche consistant à reconstituer un passé éparpillé. Simple nationalisme ou chauvinisme au nom d'un "peuple", là n'est pas la question. Les archives contiennent des informations sur des sots aussi bien que sur des héros ; elles renseignent aussi bien sur des pionniers hardis que sur ceux dont le mal du pays a entraîné la mort ou la folie. On raconte l'histoire d'un fermier qui pensait que la platitude des paysages du Minnesota le tuerait s'il les contemplait plus longtemps ; déterrant rocher sur rocher, il se construisit une montagne en souvenir du pays natal. Ma mère éprouvait une sympathie naturelle pour cet homme et, quand on déterra de son propre jardin dans le Minnesota un énorme rocher, elle le garda. Il est encore là – c'est la "montagne norvégienne" de ma mère. Quand j'ai travaillé avec mon père à la bibliographie annotée des archives de l'association, j'ai commencé à comprendre que l'œuvre de sa vie avait été le recouvrement d'un lieu au moyen du catalogue de ses particularités – un travail qui ressemble, au moins en esprit, à celui des encyclopédistes du XVIIIe siècle. De par sa nature même, le catalogue confère une dignité à chacun de ses articles, qu'ils soient pamphlet politique, lettre ou recette de gâteau. Même s'ils n'ont pas nécessairement une importance égale, chacun représente une partie de l'histoire, et il y a dans leur énumération une forme de démocratie. Je pense aussi, bien que mon père ne me l'ait jamais dit, que ce travail, il l'a fait pour son père à lui, que cette récupération d'un lieu et d'une histoire est un acte d'amour.

Je me souviens de mon grand-père comme d'un homme qui élevait rarement la voix et, de même que pour ma grand-mère maternelle, je me souviens de son contact. D'une douceur inhabituelle, qui me frappait, même quand j'étais petite. Il n'y avait en lui nulle brusquerie, et je me souviens que, quand je lui montrais mes dessins, son visage sobre et calme s'animait. Il chiquait du tabac, et il nous offrait des rubans de réglisse comme une friandise de choix. Il avait perdu quatre doigts en coupant du bois à la hache, et je me souviens que, si les moignons de sa main me fascinaient, ils ne m'effrayaient pas. Quand je pense à lui, je le revois dans un certain fauteuil du petit salon de sa maison. Il est mort d'une attaque l'année où je me trouvais en Norvège : 1973. C'était trop loin pour que j'assiste aux funérailles. Dans notre famille, on ne téléphonait guère à l'étranger. On m'apprit la nouvelle par lettre. Je n'ai parlé à mes parents au téléphone qu'une seule fois cette année-là.

3

Mon premier vrai souvenir a pour cadre une salle de bains. Je me souviens du sol carrelé, qui est pâle, mais je ne peux lui donner une couleur. Je passe la porte et me dirige vers ma mère, qui se trouve dans la baignoire. Je vois les bulles. Je sais que c'est un vrai souvenir et non un faux, fabriqué à partir de photographies ou de récits, parce qu'il n'existe aucune image de cette salle de bains, et parce que les proportions de la baignoire et du siège des toilettes correspondent à la taille d'un petit enfant. Les bulles me fascinent, et la présence de ma mère me remplit d'un puissant et simple plaisir. Ma mère, qui n'a guère passé de temps dans des bains de mousse au cours de sa vie, a toujours un peu douté de ce souvenir. Mais, dans ce fragment isolé, je vois le chemin que j'avais parcouru : le couloir, la petite salle commune, la porte de la cuisine ; or, quand j'ai décrit ce parcours à ma mère, elle m'a confirmé que ces pièces correspondaient aux logements pour étudiants de l'université du Wisconsin à Madison. J'avais trois ans.

J'ai des souvenirs aussi de ce premier voyage en Norvège. Le plus frappant est un souvenir de lumière et de couleurs. Je suis assise dehors à une table avec ma sœur, ma mère et ma tante. Mes cousins se trouvaient là également, sans doute, mais je ne me souviens pas d'eux. Le soleil brille si fort que je plisse les yeux. Nous sommes au bord de l'eau. Je ne sais plus du tout si c'était un fjord près de Bergen ou la mer à Mandal. C'est de l'eau et elle est bleue. Ce doit être le fjord, parce que je ne me rappelle ni vaste étendue ni plage, mais des arbres et des rochers. La table est blanche, et sur la table sont posés des verres pleins de boissons qui brillent – jaunes et rouges. Ces verres de *brus* (le mot norvégien désignant les boissons gazeuses) m'enchantent et me fascinent. Je suis bien certaine que je n'avais encore jamais vu de soda rouge, et le souvenir est si fort que je dois avoir eu l'impression de me trouver en présence de quelque miracle norvégien. Cette bouteille de *brus* rouge sur une table blanche a resplendi pendant tout le reste de mon enfance comme un témoignage de ce qui était possible *là-bas*. Elle peut avoir été en partie responsable de la question que j'ai posée à ma mère quand j'avais cinq ou six ans : “Pourquoi tout est-il mieux en Norvège ?” Je ne me souviens pas d'avoir posé cette question, mais ma mère m'assure que j'ai fait preuve de ce manque de tact. Elle en conclut, la pauvre, qu'elle avait présenté son émigration sous un mauvais jour et se promit de se montrer plus prudente à l'avenir dans ses comparaisons entre les deux pays.

Les premiers souvenirs sont des fragments d'expérience isolés, mémorisés pour des raisons qu'il est souvent difficile d'expliquer ; et, parce qu'ils n'ont pas pour cadre un récit plus général, ils flottent. En même temps, et pour cette raison même, ils peuvent être d'une plus grande pureté que des souvenirs ultérieurs. Quand le quotidien s'installe dans la mémoire, la répétition y fixe les lieux, mais elle les charge aussi d'une abondance d'expériences qu'il est souvent difficile de démêler. C'est ainsi que je me rappelle très bien Longfellow School, l'école où j'ai fait mes études primaires. Je revois même les toilettes proches de ma classe de troisième année. Je les vois grises. Elles étaient peut-être grises, mais il se peut que je les aie colorées dans mon souvenir. J'ai donné à l'intérieur de ce bâtiment une couleur unique qui est aussi liée à l'émotion : le gris. Bien que je fusse toujours excitée à la rentrée des classes en automne (une saison séparée du printemps précédent par des années d'été) et même si j'adorais marcher jusqu'au car de ramassage avec mes trois sœurs, vêtues des robes neuves identiques que ma mère nous avait faites, mon souvenir du bâtiment scolaire proprement dit, de ses classes et de ses placards, tableaux noirs et couloirs s'accompagne d'une pesante sensation d'oppression. Etais-je plus malheureuse à l'école que mes amies ? Je n'en sais rien. Je n'aurais jamais dit que je n'aimais pas l'école, et il y a des moments où je me rappelle nettement y avoir été heureuse, mais ces vérités ne modifient pas mes souvenirs de cet endroit. Il y a quelque chose de déplaisant dans le fait d'affirmer qu'une réaction viscérale peut être un mensonge, mais je crois que c'est possible. Au contraire de la complexité du monde matériel, les sensations sont souvent plus grossières que le langage – un sentiment de culpabilité, la honte, une blessure infligée par autrui sont ressentis par le corps de façon remarquablement similaire. La raison me dit que mes premières expériences dans cette école constituaient un mélange complexe de chagrin, de plaisir et d'ennui, et pourtant, chaque fois que je passe devant ou que je pense à lui, le bâtiment est nimbé de tristesse.

Quelques années plus tard, j'ai fait une expérience analogue, mais à l'envers. De 1978 à 1986, j'ai été étudiante à l'université de Columbia ; en 1981, j'ai rencontré mon futur mari et déménagé d'abord à SoHo, dans le centre-ville de Manhattan, et puis à Brooklyn. Il est vrai que les premières années, quand j'habitais près de Columbia, j'étais très pauvre. Il est vrai qu'une histoire d'amour difficile et stupide m'a fait souffrir et qu'afin d'assurer ma subsistance, je passais d'un boulot pénible à un autre. En même temps, je garde de cette époque un souvenir extraordinaire et je ne l'échangerais contre rien au monde. Je ne regrette même pas, maintenant, de n'avoir pas eu plus d'argent. Et, si on m'avait demandé alors si je souffrais, j'aurais répondu un non de pure bravade. Néanmoins, après avoir quitté ce quartier, je n'y suis plus guère allée. J'ai vu mon directeur de thèse trois fois en trois ans, et puis j'ai passé ma soutenance par une belle journée de printemps en 1986. Après quoi j'ai disparu pour de bon. Des années après, j'y suis retournée parce que mon mari, Paul Auster, avait été sollicité pour une conférence à la Maison française. En traversant le campus, je me sentais triste, et je me disais : "Je n'étais pas heureuse ici." Et puis, après la conférence, nous sommes passés devant la Butler Library. Il faisait noir, mais les lumières allumées à l'intérieur illuminaient les fenêtres. Des étudiants étaient en train de lire et de travailler, et ces fenêtres éclairées firent naître en moi une merveilleuse sensation de légèreté. Je compris pour la première fois combien j'avais été heureuse là – dans la bibliothèque. Butler est une bonne bibliothèque, une des meilleures qui soient. Elle comprend quelques belles salles, mais ses réserves sont obscures et inhospitalières. Un printemps, quand j'étais étudiante, on distribua des sifflets à toutes les femmes avant qu'elles pénètrent dans les réserves parce qu'un exhibitionniste avait été vu rôdant dans leurs allées mal éclairées, et on nous recommanda de siffler de toutes nos forces en cas de problème. Là encore, je ne comprends pas bien et ne me fie pas tout à fait à ma réaction émotionnelle devant cette bibliothèque. Elle a été le lieu d'une série de révélations intellectuelles qui furent pour moi d'une importance capitale, non seulement en tant qu'étudiante mais aussi en tant qu'être humain. J'ai lu Sigmund Freud dans cette bibliothèque, et Emile Benveniste, Roman Jakobson et Mikhaïl Bakhtine, et ils m'ont métamorphosée pour toujours, mais j'y ai aussi sué sang et eau sur de mauvais devoirs, je m'y suis ennuyée, je m'y suis sentie troublée et irritée. Mon attention se détournait du travail en cours, s'égarait sur des repas ou des vêtements que je ne pouvais pas me payer ou sur le charme des bras et des épaules d'un jeune homme assis à l'autre bout de la table. Alors, d'où vient que le fait de revoir la Butler Library m'ait sentimentalement réduite en compote ? C'est peut-être que les lieux du passé sont souvent l'objet d'une simplification émotionnelle – ils émettent une note unique, de peine ou de plaisir, ce qui signifie qu'ils ne sont jamais ce qu'ils ont été.

En même temps, je suis bien consciente que les bibliothèques occupent dans ma vie une place spéciale, et que le soudain débordement d'émotion provoqué en moi par Butler n'est pas lié seulement à mon passé d'étudiante. Mon père nous emmenait, mes sœurs et moi, dans les réserves obscures et poussiéreuses au septième étage de la Rolvaag Library, à St. Olaf, où il travaillait dans le cadre de l'association historique. Pour y arriver, nous montions dans un vieil ascenseur pourvu d'une porte rouge vif et d'une grille qui se pliait et se dépliait avec force secousses et grincements. J'étais déjà une héroïne à cette époque, Alice ou Pollyanna ou une quelconque princesse de conte de fées, et le voyage dans ce paysage de reliures et de lumière chiche me donnait l'impression d'être, tel un personnage inventé, plongée dans une étrange aventure. Il est possible que j'établisse un lien entre toutes les bibliothèques et celle-là, ma première – celle où, toute petite fille, je dessinais, assise sur le plancher près du bureau de mon père. Une bibliothèque est certes un endroit réel, mais c'est également un endroit irréel. Ce qui s'y passe est avant tout silencieux. Je crois que, dans les bibliothèques, j'ai toujours aimé les chuchotements, le silence imposé par les bibliothécaires, et l'impression d'être seule au cœur de la multitude. Quand ses filles eurent grandi, ma mère travailla à temps partiel, elle aussi, dans la bibliothèque de St. Olaf. Elle y était employée pendant mes études. Si je ne dormais pas dans cette Rolvaag Library, je passais la plupart de mes heures de veille dans l'une de ses alcôves et, parfois, ma mère venait me voir. Je sentais ses mains sur mes épaules et je tournais la tête, sachant que ce serait elle. Plusieurs années avant de s'occuper du classement des périodiques dans cette bibliothèque, elle m'y choisissait des livres. C'est ma Norvégienne de mère, et non mon Américain de père, qui m'a fait découvrir les poèmes et les romans anglais qui m'ont le plus touchée quand j'étais jeune. Elle m'a donné les *Chansons d'innocence et d'expérience*, de Blake, quand j'avais onze ans. Je ne comprenais pas ces poèmes, mais ils me fascinaient tout autant que l'avait fait *Alice au pays des merveilles*, et je les ai lus et relus avec un mélange d'horreur et de plaisir. Elle m'a donné Emily Dickinson aussi, à peu près à la même époque, sous la couverture verte d'une collection de poèmes célèbres, et je me répétais ces poèmes en état de transe. Ils me paraissaient secrets, étranges et intimes. Je crois que c'était leur sonorité que j'adorais. Je mâchais les mots de Blake et de Dickinson comme des aliments. Je m'en nourrissais, alors même que leur signification m'échappait.

C'est ma mère qui m'envoya chercher à la bibliothèque *David Copperfield*, *Jane Eyre* et *Les Hauts de Hurlevent* quand j'avais treize ans, et à ce jour, je dois le dire, je ne me suis remise de la lecture d'aucun de ces romans. C'était pendant l'été 1968, et ma famille se trouvait en Islande. Je ne peux pas évoquer Reykjavík sans penser que j'y ai été David, Jane et Catherine, dans cette maison où j'avais de la peine à dormir parce que le soleil ne se couchait jamais. J'allais à la fenêtre, je relevais le store de la chambre et je regardais au-dehors cette lumière surnaturelle qui baignait les toits, rien à voir avec la lumière du jour, mais une autre sorte de lumière que je n'avais jamais vue auparavant et n'ai jamais revue depuis. Ce paysage d'un autre monde qu'est l'Islande a fini par signifier pour moi "histoire". Mon père nous emmenait à travers la campagne aux lieux où, à ce que l'on raconte, se sont déroulées les sagas. Les sagas sont des fictions, mais leurs décors sont géographiquement exacts. Je n'oublierai jamais mon père arrêtant la Coccinelle Volkswagen que nous avions louée et, après que nous étions sortis tous les six de cette petite voiture pour poser le pied sur ce sol sans arbres, avec ses rochers de lave noire, ses geysers fumants et ses lichens verts, nous montrant l'endroit où Snorre a trépassé. "C'est ici que la hache l'a atteint !" Et, au moment où mon père disait cela, j'ai vu le sang ruisseler sur le sol. Quand il n'était pas occupé à localiser les sites où étaient passés les héros, mon père se trouvait dans la bibliothèque, en train de lire ce qui les concernait. L'idée même de bibliothèque est liée pour moi à ma mère et à mon père, et comprend l'histoire de ma propre métamorphose à travers des livres, des fictions qui ne font pas moins partie de moi qu'une grande partie de ma propre histoire.

4

Soixante-seize ans après que l'oncle David était descendu du bateau à Ellis Island, j'arrivais à l'aéroport de New York. C'était le début de septembre, en 1978. Je ne connaissais pas une âme en ville. Ma valise était lourde, et personne ne m'aidait à la porter, chose impensable à Minneapolis. Mais, franchement, même cette indifférence ne me gênait pas de la part des New-Yorkais. J'avais abandonné pour de bon la vie rurale des petites bourgades, et, je n'avais nulle intention d'y jamais retourner, non parce que je n'aimais pas mon pays natal mais parce que j'avais toujours su que je partirais. Ce départ était un élément du roman de ma vie, un élément de l'idée que je me faisais de moi comme d'un individu promis à l'aventure ; et à ce que j'en savais, l'aventure m'attendait dans les maquis urbains de Manhattan, pas dans les campagnes du Minnesota. J'avais cette fiction pour guide, et j'étais bien décidée à en tirer profit. J'habitais une chambre minuscule dans l'International House, sur la 123e Rue, à la limite de Harlem. Je passai mes trois premiers jours à relire *Crime et Châtiment* dans un état qui ressemblait fort à de la fièvre. Je n'arrivais pas à dormir, parce que les bruits de la circulation, des sirènes, des camions-poubelles et des piétons exubérants sous ma fenêtre me gardaient éveillée toute la nuit. Je n'avais pas d'amis. Etais-je heureuse ? J'étais follement heureuse. Assise sur mon lit, qui occupait presque tout l'espace dans cette chambre exiguë, je chuchotais des prières d'action de grâce parce que je me trouvais réellement et véritablement ici, à New York, en train de commencer une nouvelle vie. J'idolâtrais cette ville. Je me repaissais de chaque parcelle de sa beauté – les foules, les étals de fruits et légumes, les kilomètres de chaussée, les graffiti, jusqu'aux poubelles. Tout cela m'emportait dans des paroxysmes de joie. Il va sans dire que mon ravissement avait un côté irrationnel. Si je n'étais arrivée lestée de mes idées de paradis urbain, j'aurais pu mal supporter le manque de sommeil, me sentir solitaire et désorientée, au lieu de quoi j'arpentais la ville, telle une folle enamourée, en m'imprégnant de la différence entre *là-bas* et *ici*. Je n'avais jamais rien vu de comparable à New York, et sa nouveauté contenait la promesse de mon avenir : riche de l'expérience dont j'étais avide – romantique, raffinée, intellectuelle. Quand je repense à cette époque, il me semble que ce qui m'a sauvée de la déception, c'est la nature de mes "grandes espérances". En toute honnêteté, je n'étais encombrée d'aucune idée reçue quant à la sécurité ou au bonheur. A cette période de ma vie, même quand j'étais "heureuse", ce n'était pas parce que je m'attendais à l'être. Ça, c'était bon pour des créatures moins romantiques que moi. Je ne m'attendais pas à devenir riche, bien nourrie et traitée avec bonté par tout le monde. Je voulais vivre profondément et pleinement, m'emparer, quoi que ce fût, de ce que la ville tenait en réserve pour moi, et si cela supposait quelques blessures émotionnelles, voire quelques chocs, si cela supposait de ne pas manger trop bien ni trop souvent, si cela supposait une ribambelle de boulots affreux, eh bien soit.

Cette jeune femme qui se prenait pour une héroïne romantique, le temps paraît l'avoir transformée en un personnage un peu comique, mais je lui garde mon affection. Nous sommes parentes, après tout. Comme tous les lieux où j'ai vraiment vécu, New York représente pour moi bien plus qu'un "contexte" ou un "décor". Dans les semaines qui ont suivi mon arrivée à New York, je suis devenue quelqu'un d'autre, non parce qu'une révolution s'était produite dans ma structure psychologique, ni parce que j'avais subi un traumatisme. C'était simplement ceci : les gens m'y voyaient sous un jour sous lequel on ne m'avait jamais vue. Bien que je me fusse toujours sentie chez moi auprès de mes parents et de mes sœurs, je n'avais jamais été vraiment à l'aise avec mes pairs. Lorsque je m'étais retrouvée à l'université, l'impression que j'éprouvais de n'être pas dedans mais dehors s'était intensifiée. Il est hors de doute que je l'avais cultivée dans une certaine mesure, que j'avais tiré orgueil de ma différence, mais je dois avouer que j'étais peinée et surprise de me voir considérée comme "étrange". J'avais alors des amis et des professeurs que j'aimais, mais les rumeurs qui me qualifiaient indifféremment de sauvage, de studieuse comme une nonne ou tout simplement de bizarre ont hanté ma vie pendant mes premières années d'université. Je revois mon père me raconter en souriant qu'un de ses étudiants m'avait décrite comme "tout à fait unique". A New York, autant dire que tout cela fut fini. Ce que je pouvais avoir d'exotique venait du Middle West : ma sincérité et mon ignorance des complexités du monde. Les métamorphoses de la personnalité sont liées à l'endroit où l'on se trouve, et l'identité est dépendante d'autrui. Dans le Minnesota, je me sentais en état de guerre. J'étais révoltée par une culture qui plaçait la bienséance au-dessus de la vérité, qui se vautrait dans une conception de "l'égalité" qui avait fini par signifier "conformisme" et "intolérance" – non envers les malades, les mourants, les gens disgraciés ou handicapés, mais envers ceux qui se distinguaient par le talent, la beauté ou l'intelligence. Les "grands airs" étaient vraiment mal vus là-bas. On n'y tolérait pas un instant la prétention et, pour une fille qui allait rêvant qu'elle était une combinaison de George Eliot et de Nora Charles dans *L'Introuvable*, la vie pouvait être dure. Dans le Minnesota, je désirais avec passion toutes ces qualités qu'on n'y trouvait guère – l'artifice, l'ironie, une théâtralité flamboyante, le goût des débats intellectuels, et des lèvres peintes d'un rouge éclatant.

A New York, la "bienséance" n'était pas une valeur dominante, mais le "bien", valeur à laquelle je tenais ouvertement et sans honte comme à ma vie, ne l'était pas non plus. Il me fallut me réorienter afin de m'adapter à un monde nouveau. Par exemple, je supposais avec naïveté que la majorité des gens avaient reçu quelques rudiments d'éducation religieuse, que la religion restait une réalité dans la vie de la plupart, et constituait le fondement de la moralité. Je fus surprise de découvrir, quand on nous fit lire, au cours de littérature, le premier livre de la Bible, que la majorité de mes camarades n'avaient jamais lu la Genèse. Et pourtant je n'étais pas un "drôle d'oiseau" à New York, cette ville qui accueille ou ignore toutes sortes d'oiseaux. Et, malgré les difficultés de la vie quotidienne – l'impression crue, froide, râpeuse, de ne jamais quitter la rue, parce qu'à l'intérieur de mon appartement il me semblait me retrouver *dans* la rue –, je me sentais chez moi à New York. Cette impression d'être "enfin chez moi" correspond à l'idée que je me fais de la ville, une idée nourrie de livres, de films et de pièces de théâtre, une idée aux possibilités infinies.

Il y eut un incident, néanmoins, qui me fit comprendre ce qu'est New York pour les gens qui viennent s'y établir. Il y avait deux ans que j'habitais Manhattan. J'avais rencontré mon futur mari, et nous avions été invités à dîner à Westbeth – une résidence pour artistes dans le West Village. Ce fut une soirée merveilleuse, et j'étais ravie de m'y trouver en pareille compagnie. J'étais amoureuse. J'étais heureuse sans avoir recherché le bonheur. Je me souviens vaguement que j'étais mal fagotée, mais personne n'y faisait attention. Si chaque convive, à cette table, me paraissait une merveille, il y avait un homme qui resplendissait particulièrement, ce soir-là. Il me semblait sorti tout droit d'une pièce de Noel Coward. Ses plaisanteries étaient spirituelles, ses reparties vives, son attitude nonchalante. Il avait écrit un livre sur Andy Warhol – rien d'étonnant. Il était l'être le plus civilisé que j'avais jamais rencontré. Et je riais, je souriais, je pensais, telle Miranda : "Que l'humanité est belle ! O splendide monde neuf où existent pareilles gens !" La conversation dériva, comme toutes les conversations, et les gens se mirent à parler des lieux de leur enfance. Personne, si mes souvenirs sont exacts, n'était né ni n'avait été élevé à New York, et quant à mon idole, ce dieu de la culture et de l'esprit, d'où avait-il surgi ? Où avait-il passé toute son enfance, toute sa jeunesse ? A Northfield, Minnesota. Je ne l'y avais pas connu, parce qu'il était plus âgé que moi, mais voilà : nous avions, lui et moi, grandi dans la même petite ville. New York est l'endroit où les gens viennent pour inventer, réinventer ou découvrir l'espace dont ils ont besoin pour devenir ce qu'ils veulent être. C'est un endroit où les fictions circulent libres et nombreuses, où il est permis d'entretenir pour soi-même certaines prétentions, où l'on est autorisé, voire encouragé, à cultiver son personnage ou l'idée qu'on se fait de l'existence. Tel est l'avantage de la liberté et de l'indifférence urbaines. La médaille a son revers, bien sûr. Un été, je me suis trouvée seule à New York. Tous mes amis avaient fui la chaleur de la ville, et je me rappelle m'être dit : "Si je mourais maintenant dans mon appartement, combien de temps se passerait-il avant que quelqu'un s'en aperçoive ?"

J'habite à présent Brooklyn, endroit que personne ne visite mais où vivent beaucoup de gens. La diversité ethnique y est plus grande qu'à Manhattan. Les immeubles sont moins hauts. Nous avons plus d'arbres. Je me suis appliquée avec zèle à m'attacher à mon quartier, Park Slope, et je le défends avec loyauté. Mais, depuis que je vis à Brooklyn, je n'ai pas cessé d'écrire à propos d'autres lieux. J'ai écrit ici un livre intitulé *Les Yeux bandés*, où il est question d'une jeune étudiante en deuxième cycle qui habite près de Columbia et vit quelques aventures étranges. Nous ne sommes pas, elle et moi, la même personne, mais elle m'est proche. Et je l'ai logée dans mon ancien appartement, celui que je louais, 109ᵉ Rue ouest. Quand j'écrivais ses histoires, je la voyais dans mon appartement et dans ces rues que j'ai si bien connues. Ce qu'elle y faisait n'était pas ce que j'y avais fait, mais je ne crois pas que j'aurais pu écrire ce livre si je ne l'avais pas situé là, pas plus que je n'aurais pu l'écrire si j'avais encore habité cet immeuble.

5

Longtemps avant que j'entende évoquer la nouvelle critique, le structuralisme ou la déconstruction, les professeurs aimaient citer le "cadre" en tant qu'élément de la fiction. Ils en parlaient en même temps que du “thème” et des “personnages”. Je ne sais plus comment nous avons commencé, Paul et moi, à discuter des lieux dans la fiction ni comment nous sommes arrivés à sa surprenante observation à propos d'*Orgueil et Préjugé.* Mais je me souviens très bien de lui me disant que le roman de Jane Austen se passait dans le salon de ses parents, dans le New Jersey. Bien que tout professeur de lycée qui se respecte eût réagi par le sarcasme à une telle déclaration concernant le “cadre”, je me rendis compte que j'avais fait la même chose lorsque j'avais lu le roman de Céline, *Mort à crédit.* Quand Ferdinand finit par se réfugier chez son oncle, je l'imaginais dans la petite maison blanche de mes grands-parents paternels près de Cannon Falls. Ferdinand dit : “Oui, mon oncle” dans la petite chambre à coucher du rez-de-chaussée, à côté du salon. Les disparités entre un salon aristocratique en Angleterre à la fin du XVIIIe siècle et un living-room dans un faubourg du New Jersey au milieu du XXe, ou celles qui existent entre la campagne française au début de ce siècle et le Middle West rural sont patentes. Ce qui me paraît remarquable, c'est qu'il fallût y penser pour constater ce que j'avais fait. Quand on lit, on voit. Les images ne sont pas fabriquées dans l'effort. Elles se contentent d'apparaître au fur et à mesure qu'on découvre le texte, et il est rare qu'on les mette en question. Les images évoquées suffisent à vous pousser en avant et sont dans une large mesure, me semble-t-il, comparables à celle qu'évoque pour moi le mot *yonder.* Elles remplissent une fonction. Et, à l'instar de l'image que je porte en moi de mon oncle en train de parler avec son collègue de la Résistance, elles manquent quelque peu de chair. Si je puis imaginer le visage de mon oncle car je l'ai connu de son vivant, le maître d'école, lui, est flou, à l'exception de son crâne chauve.

Mais dans mon imaginaire les personnages des romans ne foulent pas constamment le territoire de mon enfance. La source de l'image est souvent moins évidente. *Middlemarch* est un livre que j'ai lu plusieurs fois et, lorsque Dorothea se trouve à Rome avec Casaubon, l'image que j'en ai est toujours la même. C'est significatif, car j'avais lu le livre avant d'avoir visité Rome et je l'ai relu après, et la ville réelle n'a modifié en rien la ville imaginaire que j'avais inventée pour Dorothea. La Rome d'Eliot dans *Middlemarch* est avant tout pour moi un décor. Les murs de la cité vide et morte sont en carton peint de manière à imiter la pierre. Même si, en un sens, l'image est fausse, ce que je vois, c'est l'architecture en tant que métaphore. L'erreur fatale de Dorothea consiste à voir la vérité et la force dans ce qui est mensonge et impuissance, et ma Rome artificielle étend à la ville où elle se produit la désillusion de son voyage de noces. A chacune de mes lectures, je pille la réalité avec un abandon voluptueux, dévalisant des lieux réels ou inventés, dérobant des images de films, de cartes postales, de tableaux et même de bandes dessinées. Et lorsque je pense à un livre, surtout à un livre qui m'est cher, je revois ces lieux volés, et ils m'émeuvent. Ce n'est pas sans raison, après tout, que Paul s'est représenté les relations sociales complexes et le drame moral d'Austen dans le living-room de ses parents. Il est clair que cette pièce était à ses yeux le site d'échanges similaires. Et, si l'ultime refuge de Ferdinand à la campagne se trouve faire partie de la maison de mes grands-parents, c'est parce que celle-ci évoque pour moi mon père, et qu'à la suite de ses aventures ridicules et pitoyables, le pauvre garçon trouve enfin le réconfort auprès d'une figure paternelle – son oncle.

Les lieux de la lecture sont situés dans une sorte de *yonder*, un monde qui n'est ni ici ni là-bas mais fabriqué de bribes d'expériences en tous genres, réelles et imaginaires, deux catégories qu'il devient d'autant plus difficile de différencier qu'on y réfléchit davantage. Lorsque, à l'université, je faisais de la recherche pour un professeur, travail qui me permettait de payer mes études, j'ai lu des extraits de journaux rédigés pendant les voyages légendaires du capitaine Cook. Au cours d'une expédition, capitaine et équipage virent un volcan. Ce volcan fut décrit séparément par Cook en personne et par un jeune homme qui se trouvait à son bord. La différence entre ces descriptions me stupéfia. Cook rend compte du volcan dans la prose froide et scientifique des Lumières, mais le jeune homme décrit ce même spectacle sur un ton de ravissement déjà codé par le romantisme. Tous deux ont regardé dans la même direction, mais ils n'ont pas vu le même événement. Chacun a vu en fonction de son propre langage, et ce langage a créé sa vision. Comme eux, nous héritons tous de visions – comme ces deux hommes debout côte à côte et séparés néanmoins par un gouffre intellectuel. Il nous est presque impossible, à nous résidents du monde occidental, d'imaginer une vision préromantique de la nature. Les sentiments que m'inspirent les montagnes de l'Ouest de la Norvège, façonnés sans aucun doute par l'histoire de ma famille là-bas, sont aussi influencés par le romantisme. On ne considère plus désormais les montagnes comme des obstacles contrariants. On se dilate les poumons, on se frappe la poitrine, on absorbe la beauté du paysage tourmenté, mais d'où cela vient-il, sinon des romantiques, qui ont vu dans les falaises et précipices les formes du sublime ? Aucun lieu n'est nu. Il se peut que dans la petite enfance nous éprouvions la nudité d'un lieu, mais sans mémoire cela demeure inaccessible.

Après la naissance de ma fille, je planais dans l'appartement où j'habitais, en proie à l'euphorie d'une jeune mère. Je ne me lassais pas de regarder le visage minuscule de ma chérie, jamais je ne l'avais assez vu, et pendant qu'elle dormait je ne pouvais m'empêcher de me glisser dans sa chambre pour la contempler avec un émerveillement stupéfait. Mais, en la regardant, je me demandais souvent de quoi le monde avait l'air de son point de vue. Elle ne savait pas où elle-même commençait et finissait, elle ignorait que ces orteils qu'elle trouvait si amusants lui appartenaient. Mais les connexions se font vite chez les bébés. Des significations s'imposent très tôt, par la présence ou l'absence de la mère, par sa réponse à un cri, sa réponse à un sourire, par des sons qui ne sont pas langage mais ont des allures de langage, et puis les mots eux-mêmes apparaissent comme en réaction à ce qui manque. Maintenant qu'elle a huit ans, Sophie vit dans un univers si pétri d'inventions que son père et moi nous en amusons sans cesse. Elle est une pauvresse avec un foulard sur la tête et une sébile. Elle est une chanteuse country, braillant des rengaines d'amour perdu. Elle est Judy Garland dans une obscure comédie musicale intitulée *Summer Stock*. Elle est Fifi Brin d'Acier. Elle est Anne, dans *La Maison aux pignons verts*. Plus mère que nature, elle change son angelot, lui fait faire son rot, l'éveille de sa sieste, lui dit des mots doux, lui chante des chansons, le caresse, le berce. Le "bébé" est grandeur nature, en plastique, et *"made in France"*.

Pour toutes ces expérimentations radicales de la personnalité que nous appelons "jeu", les enfants sont casaniers. Plus que les adultes, ils aiment rester en place et ils aiment l'ordre sous la forme de la répétition. Ils s'attachent farouchement aux maisons, aux chambres et aux objets familiers, et renâclent à tout changement. Le fils d'un de nos proches amis, à Paul et moi, en est un bel exemple. Pendant des années, il a habité avec son père, artiste peintre, un loft au cœur de Manhattan. La salle de bains y était une triste chose aux carrelage brisé. Lorsqu'il commença à gagner mieux sa vie, le père rénova la salle de bains. Son fils s'en désola. "Ce vieux carrelage était mon ami." Les parents s'aperçoivent souvent que leurs projets de rénovation sont frappés d'anathème par leurs enfants. Ma fille n'a déménagé qu'une fois au cours de ses huit années, d'un petit appartement de Brooklyn à une grande maison de pierre brune deux rues plus loin. Quand nous lui avons montré la nouvelle maison, celle-ci ne lui a pas plu. Elle s'inquiétait des meubles inconnus qui s'y trouvaient. Elle imaginait, je crois, que les gens à qui nous achetions la maison y laisseraient leurs affaires, et tous ces objets étrangers la mettaient mal à l'aise. Ensuite elle a dû survivre aux travaux de peinture dans la maison, y compris dans sa chambre, ce qui a pris quelques semaines, et cela ne lui plaisait pas non plus. Mais sitôt installée, dès qu'elle y a eu arrangé ses jouets, elle s'y est fixée et a investi sa nouvelle chambre de toute l'affection qu'elle avait portée à l'ancienne. L'importance des formes – spatiales et verbales – en tant qu'indispensables repères dans l'existence est telle qu'on ne saurait la surestimer.

Et tous les soirs je lui fais la lecture. Nous avons parcouru des livres innombrables, les quatorze volumes d'Oz, cinq Anne, la série des Narnia, les histoires de Moumine le troll, tous les livres d'E. Nesbitt et Lloyd Alexander, et des contes de fées du monde entier. La lecture est un rituel qui s'est associé au lieu, un événement qui vient après qu'elle s'est brossé les dents et avant qu'elle ne dorme. Si poignante que soit l'histoire, si profonde l'identification (Sophie sursaute, frémit et, à l'occasion, pleure à gros sanglots pendant notre séance de lecture), son corps au moins se trouve en sécurité dans son lit. Il se peut que l'unicité du lieu à l'intérieur du rituel soit précisément ce qui rend la tristesse, la peur, l'émotion provoquées par ces histoires non seulement supportables mais même agréables. Dans le cadre du rituel, la répétition engendre l'ordre avec le temps, se rapproche de la vérité. Les enfants, tout spécialement, aspirent à la complétude, à l'unité, peut-être parce qu'ils restent plus proches de ce premier état fragmentaire antérieur à la formation d'une individualité, ou peut-être parce qu'ils ne sont pas, en vérité, maîtres de leur destin. Et, bien que le divorce soit chose assez ordinaire et souvent bénigne – dès lors qu'il n'y a pas de rancœur manifeste entre les parents –, passer d'*ici* à *là* peut devenir une façon de n'être *nulle part*. L'enfant se découvre *yonder*, dans un territoire intermédiaire entre père et mère. Puisque "chez nous" est davantage qu'un lieu où entreposer le corps, puisqu'il s'agit nécessairement d'un paysage symbolique, que peut signifier le fait d'en avoir deux ? Deux "chez-nous" se contredisent inévitablement, dans les détails toujours, à plus large échelle quelquefois. Que se passe-t-il lorsque les mots prononcés dans l'un contredisent les mots dits dans l'autre ? Où réside alors l'enfant ? Et qu'est-ce que cela signifie pour les relations de cet enfant au monde symbolique en général – au langage lui-même, en tant qu'expression de la vérité, de toute signification ? Quand Daniel était en deuxième année d'école primaire, il avait inventé un lieu qu'il appelait le "Demi-Monde". Je pense que cela se trouvait dans l'espace, et tous les gens qui vivaient là étaient, au sens propre, coupés en deux. Il était trop jeune pour savoir pourquoi il avait concocté cet endroit mais, lorsqu'il m'en parla, je me sentis bouleversée par le choc de la compréhension. Je lui demandai si ces gens pourraient un jour redevenir entiers. Il me dit que oui. Et je pense qu'il avait raison. Il existe des moyens de recoudre ensemble les deux moitiés du Demi-Monde, même s'il est impossible d'en modifier l'histoire déchirée. Daniel fait des photographies, il en fait de remarquables. Beaucoup représentent des lieux qu'il a isolés de façons que je n'aurais jamais imaginées. Quand je regarde ses ombres projetées sur des trottoirs, ses effets de miroirs dans des fenêtres, les craquelures et les lignes brisées de ses portes de maisons abandonnées, ou les proliférations de plantes grimpantes qui masquent l'architecture d'un petit immeuble, je comprends que ces images sont des morceaux de lui-même. Il coud avec son appareil et dans la chambre noire. Et, si désolés que soient ses sujets, on sent un ordre radieux dans chacune de ses images. Elles sont cadrées avec précision. Chaque ligne, chaque ombre se trouve exactement là où il veut qu'elle soit.

La photographie d'un lieu n'est pas plus qu'un livre un lieu réel, mais nous habitons néanmoins les photographies, soit en spectateurs, soit en nous identifiant aux personnages. Les mots sont plus abstraits que les images, mais les images naissent inévitablement des mots. L'aventure visuelle de la lecture correspond à celle de l'écriture. On ne peut avoir l'une sans l'autre. La lecture est active, mais l'écriture est plus active encore. Lorsqu'on invente une histoire, on fait une place au lecteur dans le texte, et ceci soulève l'éternelle question de l'écriture d'un livre : qu'y inclure, que laisser en dehors ? On peut soutenir qu'il existe deux sortes d'auteurs dans le monde : ceux qui incluent tout et ceux qui excluent beaucoup. De vastes généralisations sont possibles au sujet de l'histoire et de telles tendances. On peut comprendre l'inclusion massive comme une conception littéraire née au XVIIIe siècle, développée au XIXe et poursuivie jusqu'à Joyce (même s'il a mis la littérature sens dessus dessous, il incluait beaucoup). On peut considérer aussi l'exclusion comme essentielle au modernisme récent, particulièrement chez Kafka et Beckett. Mais de telles catégories ne sont pas utiles, "ici". (Le lecteur se trouve "ici" avec moi s'il est parvenu à ce point.) Il y a des moments où la description détaillée d'un living-room et de tout son mobilier est ennuyeuse, si elle interfère avec la lecture, et il y en a où ce n'est pas le cas. Austen est économe en matière de descriptions. Si elle avait décrit chacun des objets qui encombrent le salon des Bennet, Paul n'aurait jamais pu greffer sur celui-ci son living-room du New Jersey, et il me semble que la résonance morale du livre eût été en partie perdue. D'autre part, je ne puis imaginer Dickens sans ses descriptions de lieux détaillées – sa Tamise nauséabonde, et l'effroyable atelier de M. Venus dans *L'Ami commun*, par exemple ; mais ces descriptions, à l'instar de l'horloge de Sterne dans *Tristram Shandy*, répondent toujours à une nécessité. Elles accélèrent le livre. Elles ne l'enlisent pas dans une vaine faconde romanesque. Généralement, les bons livres en disent assez quant aux lieux où ils se passent, pas trop. Cet assez peut être relatif, mais ce sont les mauvais livres qui satisfont à ce que le lecteur attend d'un roman, d'un récit ou d'un poème, ou du lieu *où* il se passe. Les mauvais livres ont un côté rassurant, ce qui explique qu'on les lise. La surprise peut être quelque chose de merveilleux mais, dans l'ensemble, les gens n'en ont pas le désir, pas plus que la plupart des enfants ne souhaitent qu'on transforme leur chambre. Ils veulent la confirmation de ce qu'ils savent déjà, et ils ont été généreusement fournis en conforts romanesques de ce type depuis la fin du XVIIIe siècle, quand le roman devint populaire grâce aux progrès de l'alphabétisation des masses. Mais le bon lecteur (une qualité qui n'est en aucun cas déterminée par le degré de culture littéraire) a besoin de remplir des blancs. Tout lecteur écrit le livre qu'il lit, en suppléant ce qui ne s'y trouve pas, et cette invention créatrice devient le livre.

Depuis quatre ans, j'écris un roman situé dans ma ville natale, ou plus exactement dans une version imaginaire de Northfield. La ville du livre n'est pas la ville réelle, mais elle lui ressemble beaucoup. Elle porte un nom différent, Webster, et, bien qu'elle ressemble à la vraie ville, sa géographie est différente. J'ai pris des lieux réels – l'Idéal-Café, l'hôtel Stuart, le tabac de Tiny, la rivière Cannon et le ruisseau de Heath, avec leurs noms intacts – mais j'en ai déplacé certains et je les ai dotés de nouveaux habitants. Curieusement, je n'ai pas fait ces changements pour ma commodité, et jamais sans en avoir eu au préalable la vision mentale. L'effondrement et la transformation de ce paysage connu ont eu lieu parce que je les "sentais". La carte de la Webster fictive n'est pas identique à celle de Northfield, parce que l'une s'écarte de l'autre sur le plan de l'émotion. Depuis que j'ai commencé à écrire ce livre, je suis retournée plusieurs fois à Northfield, chaque année à Noël et une fois pendant l'été. Quand je passe devant l'Idéal-Café, où travaille Lily Dahl, l'héroïne de mon livre, je ne ressens pas grand-chose. Je me surprends à le regarder avec attention, à examiner les fenêtres de l'étage, derrière lesquelles se trouve l'appartement imaginaire de Lily, mais l'endroit n'est pas celui que je me suis fabriqué en imagination. Cet endroit existe dans ma mémoire, mais ce n'est pas une "vraie" mémoire. Ma meilleure amie, Heather Clark, et mes sœurs Liv et Astrid ont toutes trois travaillé à l'Idéal-Café dans les années soixante-dix, du temps de sa splendeur, et elles m'ont raconté des histoires à propos de leurs clients. J'en ai volé quelques-unes. J'ai pris le petit-déjeuner, j'ai déjeuné, j'ai engouffré des parts de gâteau à l'Idéal-Café, et je me rappelle assez bien de quoi il avait l'air quand j'étais au lycée, mais le café imaginaire où Lily travaille a supplanté celui dont je me souvenais et est devenu pour moi plus "réel". Ecrire des romans, c'est comme se souvenir de ce qui n'est jamais arrivé. Cela imite la mémoire sans être la mémoire. Des images apparaissent comme un territoire textuel, parce que c'est ainsi que le cerveau fonctionne. Je suis convaincue que les processus de la mémoire et de l'invention sont liés dans l'esprit. Homère évoque la muse de la mémoire avant d'entamer son récit. Et les anciens systèmes mnémotechniques mis au point pour améliorer le souvenir étaient toujours enracinés dans des lieux. L'orateur circulait dans des maisons mentales, réelles ou inventées, et situait les mots dans leurs différentes pièces. Cicéron avait organisé une architecture de la mémoire qui dépendait d'espaces bien éclairés. De petits taudis obscurs ne conviendraient pas comme instruments spatiaux de la remémoration. Chaque nouvelle version d'un livre résulte non seulement d'un travail de réduction, d'amplification et de nouvelle réduction, mais aussi d'une recherche de la vérité du livre, ce qui implique le rejet des mensonges qui me tentent. Ce travail est semblable au drainage d'une mémoire obscurcie par quelque illusion confortable pour l'amener de force à la lumière, opération qui peut être affreusement pénible. La fiction vit dans une zone frontière entre le rêve et la mémoire. De même que les rêves, elle déforme à ses propres fins, parfois consciemment, parfois non, et, de même que la mémoire, la fiction oblige à un effort de concentration pour se rappeler "comment c'était vraiment". Il existe quelques livres extraordinaires écrits au présent, mais le plus souvent c'est une forme maladroite. La fiction se déroule en général dans le passé. Elle y a en quelque sorte sa place naturelle.

Paul dit souvent que c'est une étrange affaire que de s'asseoir seul dans une pièce pour inventer des gens et des lieux, et qu'à long terme, personne ne le fait s'il n'y est obligé. Il y a quelques années, Paul a traduit un écrivain français, Joseph Joubert, dont le journal, avec ses phrases brèves mais frappantes, fait désormais partie de notre dialogue permanent à propos de l'art. Joubert évoque ceux à qui le monde ne suffit pas : les poètes, les philosophes et tous les amateurs de livres. Quand, à un peu plus de trente ans, j'ai lu *Mort à crédit* (ce livre dont j'imaginais le héros dans la maison de mes grands-parents), je l'aimais tant que j'étais désolée de le finir. J'ai fermé le livre, et j'ai eu cette pensée qui m'a choquée moi-même : "Voilà qui vaut mieux que la vie." Je ne voulais pas dire cela, je ne souhaitais même pas le penser, mais je le pensais, j'en ai peur. Certainement, un tel sentiment à l'égard d'un livre est ce qui donne aux gens envie d'écrire. Je ne sais pas pourquoi je me sens plus vivante quand j'écris, mais c'est ainsi. J'imagine peut-être que, si je gratte le papier avec assez de force, je durerai. La réalité ne suffit peut-être pas, ou peut-être la distinction entre la réalité et la fiction n'est-elle pas bien claire. On crée la fiction avec les matériaux de la réalité, après tout, rêves, souhaits, fantasmes et souvenirs compris. Et on ne la crée jamais vraiment seul, mais grâce à ce matériau présent entre nous et parmi nous : le langage. Quand Mikhaïl Bakhtine soutient que le roman est de l'ordre du dialogue – polyphonique, conflictuel, en constant dialogue avec lui-même –, il identifie toutes ces voix bavardes que tout auteur de fiction entend dans sa tête. L'écriture de romans est une activité solitaire qui est aussi plurielle, et ces voix multiples sont sans cesse en train de nous situer quelque part – ici, ou là, ou *yonder*. En même temps, l'écriture entraîne l'effondrement de ces catégories spatiales. Tels un battement de cœur ou un souffle, elle imprime sur la page la durée d'une conscience vivante, une conscience qui, présente "ici", est aussi absente. La page peut ressusciter ce qui est perdu et ce qui est mort, ce qui n'est plus là et ce qui n'y fut jamais. Jumelle fantôme de la mémoire, la fiction circule au travers des innombrables cités, paysages, demeures et chambres de l'esprit.

1995

PLAIDOYER POUR ÉROS

Il y a quelque temps, l'un de mes amis fit à Berkeley une conférence sur la *femme fatale*, sujet auquel il pensait depuis des années. Quand je l'ai rencontré, il était étudiant à l'université de Columbia, mais c'est à présent un philosophe accompli et, une fois achevé, son livre devrait être publié en France par Gallimard et en Amérique par Harvard University Press. Il est belge et vit à Paris, détail significatif en l'occurrence, car il est issu d'une autre tradition rhétorique – une tradition française. Lorsqu'il eut fini de parler, il répondit à des questions, y compris celle, agressive, d'une femme qui voulait savoir ce qu'il pensait de l'*Antioch Ruling*, un règlement promulgué au collège d'Antioche et qui déclare pour l'essentiel que chaque étape d'une rencontre sexuelle advenant sur un campus n'a de légalité que s'il y a consentement verbal. Mon ami se tut un instant, sourit et répondit : "C'est merveilleux. J'adore. Pensez donc à toutes les possibilités érotiques : Puis-je toucher votre sein droit ? Puis-je toucher votre sein gauche ?" La femme ne trouva rien à répondre.

Ce petit échange m'est resté en tête. Ce qui m'intéresse, c'est qu'il s'agissait, pour elle et pour lui, exactement du même problème, la notion de permission, et que pourtant leurs points de vue étaient si éloignés l'un de l'autre qu'on eût dit qu'ils parlaient des langages différents. La femme s'attendait à une opposition et, en l'absence de celle-ci, elle est restée sans voix. Les questions agressives sont en général pédagogiques – c'est-à-dire que la réponse est déjà inscrite dans l'esprit de celui qui les pose, qui attend alors avec une réplique toute prête. C'est une écoute factice. Mais, en déplaçant l'histoire – dans ce cas, celle d'amants en puissance – sur un autre terrain, le jeune philosophe a désarçonné son opposante.

On peut supposer sans risque que l'*Antioch Ruling* n'a pas été inventé dans le but de favoriser le plaisir sexuel sur les campus, et pourtant les nouvelles barrières qu'il a créées, qui détaillent à la fois les gestes sexuels et le corps féminin (le règlement était destiné à protéger les femmes, non les hommes), sont depuis bien longtemps le matériau de fantasmes érotiques. Quand le troubadour se languissait de sa dame, il espérait contre tout espoir qu'une faveur spéciale lui serait accordée – un baiser, peut-être. Le sonnet lui-même est une forme qui décompose le corps de l'aimée – sa chevelure, ses yeux, ses lèvres, ses seins. Le corps en morceaux renaît dans ce drame légal de la permission accordée. L'érotisme prospère à la fois sur les lisières et dans les lointains. C'est un lieu commun d'affirmer que le plaisir sexuel exige des seuils. Mon philosophe a eu tôt fait de démontrer l'intérêt de passer en territoire interdit – le lieu auquel on ne peut accéder sans permission spéciale. Mais il y a là de la distance, aussi, une distance que les graves prosélytes qui ont inventé le règlement ne pouvaient avoir prévue. La description verbalisée du corps de l'autre le transforme en une carte des plaisirs virtuels et distancie effectivement ce corps en le métamorphosant en objet érotique.

La réification est mal vue dans notre culture. Une clameur protestant que "les femmes ne sont pas des objets sexuels" résonne depuis des années. J'ai rencontré pour la première fois cette déclaration dans un livre intitulé *Sisterhood Is Powerful*, que j'ai acheté en neuvième année scolaire*. J'ai trimballé ce livre avec moi jusqu'à ce qu'il parte en lambeaux. Le féminisme me convenait, ainsi que de nombreuses autres causes, mais, à mesure que je me développais en tant qu'être pensant, les truismes et les dogmes de toute idéologie m'apparurent aussi usés que la couverture de ce livre. Bien sûr que les femmes sont des objets sexuels ; les hommes aussi. A la même époque où je serrais contre mon cœur cet ouvrage de rhétorique féministe, je m'appliquais à me faire belle, me sanglais dans des jeans moulants et pourchassais l'élu de mon cœur, analysant en experte les désirables corps masculins. Dérivé du contact physique le plus intime, le plaisir érotique se nourrit de ce paradoxe que l'érotisme ne peut durer si l'on ne préserve en l'autre ce qu'il y a d'étrange. Chacun est bien conscient du fait que l'attirance sexuelle est distincte de l'affection, même si les deux s'associent souvent, mais ce fait prend à rebours les arguments classiques des féministes.

Il y a toujours eu dans le féminisme américain une tendance puritaine qui impose l'aveuglement face à la vérité érotique. Il y a là un côté dur et pragmatique. Il est inconvenant d'admettre que le plaisir sexuel se présente sous les formes et dans les dimensions les plus diverses, que les femmes, comme les hommes, sont souvent attirées par ce qui paraît stupide dans le meilleur des cas, et pervers dans le pire. Et parce que l'intérêt sexuel participe toujours d'une culture, trouve ses images et ses déclencheurs dans les limites tracées par une société donnée, toute l'affaire est un sac de nœuds.

* A peu près la troisième, dans nos collèges ; le titre du livre pourrait être traduit approximativement par *Puissance de la fraternité féminine. (N.d.T.)*

Il y a plusieurs années, j'ai lu dans le *New York Times* un article sur une version chinoise du rapport Kinsey, dont les résultats suggéraient que, dans l'ensemble, les femmes chinoises n'éprouvent aucun plaisir sexuel. Cela me parut insensé mais, en y réfléchissant, je trouvai à cette idée quelque sens. Je suis allée en Chine en 1986 et j'y ai découvert un pays encore sous le choc de la Révolution culturelle, un pays où les formes prérévolutionnaires paraissaient totalement oubliées. Sans doute ne peut-on guère avoir de vie sexuelle, en dehors du strict minimum, sans une culture qui l'encourage – sans cinéma ni livres, sans idées de ce qu'elle devrait être. Je me rappelle avoir vu à quinze ans *Ce plaisir qu'on dit charnel* au Grand Cinéma de Northfield, ma ville natale dans le Minnesota. Jack Nicholson et Ann-Margret, enlacés en une étreinte d'une déroutante verticalité, titubaient à travers la pièce, tout habillés ou presque, en se heurtant aux murs à grand bruit, et je n'avais aucune idée de ce qu'ils étaient en train de faire. Il ne m'était jamais venu à l'esprit, dans l'état virginal qui était le mien, qu'on pût faire l'amour *comme ça*. Il fallut qu'une amie m'expliquât ce que je voyais. Les adolescents d'aujourd'hui sont, en général, plus avertis, mais seulement parce qu'ils ont été plus exposés. J'avais treize ans lorsque je trébuchai sur le mot *viol* – dans *Autant en emporte le vent*. Je descendis demander à ma mère ce qu'il signifiait. Elle me regarda et dit : "C'est bien ce que je craignais." Et puis elle m'expliqua. Mais, même après cela, je ne comprenais pas vraiment, je restais incapable de l'imaginer.

Ce que je veux dire, c'est ceci : une partie de moi éprouve une sympathie véritable pour ce couple chinois, deux professeurs d'université, qui se marièrent, couchèrent fidèlement dans le même lit chaque soir et, au bout d'une année, allèrent voir un médecin car ils s'étonnaient qu'aucun enfant ne fût encore né de leur union. Ils croyaient suffisant de dormir l'un *à côté* de l'autre. Personne ne leur avait dit qu'une activité plus poussée était nécessaire. Voici assurément un cas de culture érotique "emportée par le vent". (En Chine, dans la classe sociale qui pouvait se permettre une telle culture, le corps féminin était devenu une forme raffinée d'art sexuel. A Xian, j'ai vu une très vieille femme aux pieds bandés. Elle ne pouvait plus marcher et on devait la porter. Ces petits pieds mutilés étaient le macabre héritage d'un art perdu. Bandés, les pieds restaient suffisamment petits pour que l'homme pût les prendre en bouche.) Le fameux discours parental sur les papillons et les fleurs, objet de plaisanteries sans fin et considéré comme tout à fait superflu dans notre monde, n'avait jamais été proféré dans celui des deux professeurs embarrassés. *Mais où se trouvaient leurs corps ?* Nous nous figurons que la proximité devrait suffire, que des forces *naturelles* devraient entraîner le couple conjugal vers le bonheur sexuel. Mais j'ai le sentiment que ce n'est pas vrai, que nous avons tous besoin d'une histoire qui nous est extérieure, d'une forme grâce à laquelle nous nous imaginons nous-mêmes en acteurs du jeu.

Considérons les images érotiques standard. Les porte-jarretelles et les bas, par exemple, ont toujours leur place dans l'attirail de la provocation – même s'ils ont pratiquement disparu des garde-robes féminines, sinon comme instruments d'excitation. Ces effets paraîtraient-ils séduisants si on n'en avait encore jamais vu ? Signifieraient-ils quoi que ce soit ? Mais nous ne pouvons échapper au vocabulaire érotique de notre culture, pas plus qu'au langage lui-même. C'est là que le bât blesse. Bien que le discours féministe en Amérique ait la volonté bien compréhensible de subvertir les formes culturelles qui ne sont pas "bonnes" pour les femmes, il n'a jamais abordé avec beaucoup de courage le problème de l'excitation sexuelle. Quand une culture opprime les femmes – et toutes le font plus ou moins –, il est malvenu de reconnaître qu'il existe des femmes qui aiment être soumises au lit ou qui ont des fantasmes de viol. Les fantasmes masochistes font du tort à la défense de l'égalité et, même quand on les considère comme les produits d'une "société malade", les particularités de nos agissements ou fantasmes sexuels ne sont pas faciles à démêler ni à expliquer. Le terrain d'où ils surgissent est trop fangeux, tout simplement. On peut contrôler des actes, non le désir. Le sentiment sexuel surgit, quelle que soit la politique qui nous gouverne.

Le désir naît toujours entre un sujet et un objet. Si dissolus et vagabonds que soient nos appétits, le désir doit néanmoins se fixer sur un objet, même si cet objet est imaginaire, ou narcissique – même si on fait de soi-même un autre. Entre deux personnes réelles, le plus épineux, ce sont les débuts. Comme le dit mon mari : "Quelqu'un doit faire le premier pas." Or l'affaire est délicate. Elle suppose qu'on devine les pensées de l'autre. Mais on devine mal, parfois. Alors que j'avais un peu plus de vingt ans, j'ai fait la connaissance, à l'université, d'un étudiant brillant, extraordinairement intelligent, avec qui je discutais en prenant des cafés. J'étais amoureuse d'un autre à cette époque, et j'étais malheureuse, mais pas assez malheureuse pour mettre fin à cette relation. Nous commençâmes, cet étudiant intelligent et moi, à aller ensemble au cinéma, à partager des repas chinois et à parler intarissablement. Je lui donnais à lire certains de mes poèmes. Nous parlions de livres, et encore de livres, et nous étions *amis* (comme on dit). Je ne me sentais pas du tout attirée par lui sexuellement, et je ne devinais en lui aucun intérêt sexuel à mon endroit. Il ne flirtait pas. Il ne me faisait aucune avance, mais au bout de plusieurs mois notre amitié m'éclata au visage. Il s'avéra qu'il avait langui et souffert, et que j'étais restée insensible. Mon ultime insulte avait consisté à soumettre à sa critique un poème qui avait pour thème la vigueur sexuelle de mon problématique amant. Je me sentis affreuse. De toute ma vie, jamais sans doute je n'avais aussi mal interprété une relation avec autrui. Je me suis toujours flattée de posséder à un point presque surnaturel la capacité de recevoir des messages informulés, de sentir les intentions latentes, voire inconscientes, et voilà que j'avais bousillé toute l'affaire. Certes, nous étions tous deux en faute. Il s'était montré trop subtil, et moi j'étais distraite – obnubilée par le corps d'un autre. Le règlement d'Antioche nous aurait-il aidés ? J'en doute. Quelqu'un qui ne vous prend pas la main, ne vous caresse pas le visage et ne vous serre pas de près pour quémander un baiser ne va pas proposer à haute voix de telles ouvertures. Mon étudiant était un être dépourvu de toute grossièreté d'esprit, beaucoup trop raffiné pour franchir le pas. Il pensait que les repas et le cinéma signifiaient que nous "sortions" ensemble, et qu'il avait manifesté son intérêt du seul fait de nos soirées. Quant à moi, bien souvent j'avais dîné, j'avais été au cinéma avec des camarades, étudiants et étudiantes, et il ne m'était pas venu à l'esprit que ces soirées signifiaient quoi que ce fût de particulier ; et pourtant, en vérité, j'aurais dû le savoir. Parce que ce garçon était tellement discret, et parce que je n'éprouvais envers lui aucune attirance sexuelle, j'avais supposé qu'il n'en éprouvait pas envers moi.

Les conventions de la conquête amoureuse au XIXe siècle ont été largement oubliées au cours de la deuxième moitié du XXe, les codes se sont déformés. On se marie plus tard. On n'accorde plus la même importance à la virginité chez les femmes. Les femmes célibataires travaillent et on n'attend plus d'elles qu'elles renoncent à leur profession lorsqu'elles se marient. Les hommes ont assimilé une nouvelle série de règles qui restent néanmoins colorées par les anciennes. On se fait encore la cour, après tout. On est encore en quête de romanesque d'un genre ou d'un autre – bref ou long – et chacun se retrouve seul pour interpréter, bien ou mal, les intentions d'autrui. Le règlement d'Antioche a manifestement constitué une réaction au chaos des approches amoureuses – un moyen d'imposer une structure à ce qui semblait s'être écroulé – mais l'ambiguïté demeure, non seulement dans l'interprétation mais aussi dans le désir lui-même. Il y a des gens, et nous en avons tous connu, qui sont incapables de se décider. Il y a des gens qui disent non quand ils pensent oui, et oui quand ils pensent non. Il y a des gens qui pensent exactement ce qu'ils disent au moment où ils le disent, et puis regrettent ensuite de n'avoir pas dit le contraire. Il y a des gens qui succombent à l'attraction sexuelle en raison d'une envie de plaire mal placée ou même par pitié. Prétendre que l'ambiguïté n'existe pas dans les relations sexuelles serait tout bonnement stupide.

Et puis il y a des moments d'interruption – ces murs qui bloquent le désir. J'étais folle d'un garçon au lycée, mais il y avait quelque chose, quand il m'embrassait, quelque chose dans la mollesse de son nez vu sous cet angle, que je n'aimais pas. A mon goût, ce nez manquait de cartilage. Je gardais les yeux fermés. Je connais une femme qui a eu le coup de foudre pour un homme au cours d'une soirée. Un coup de foudre violent et immédiat. Ils sont arrivés chez elle en état de fièvre érotique, en s'embrassant comme des fous, en se déshabillant à la hâte, et alors elle l'a regardé, de l'autre côté de la chambre, et elle a vu ses sous-vêtements. Si je me souviens bien, c'était une version masculine d'un bas de bikini, et l'attirance qu'elle ressentait s'est soudain irrévocablement évanouie. Elle a demandé au pauvre type de partir. Aucune explication n'était possible. Qu'aurait-elle dit ? Je déteste ton slip ?

Liberté sexuelle et érotisme ne sont pas identiques ; en réalité, la liberté peut saper l'érotisme, parce qu'une approche complètement permissive n'est excitante que si l'on vient d'enfoncer la porte. Et, même si un dîner, un cinéma et un baiser sur le seuil se sont dévalués ces dernières années, la séduction reste inévitablement un théâtre fait de barrières, de rôles joués et rejoués de façon consciente et inconsciente. La sincérité n'est pas en cause ici ; presque tous, nous jouons "pour de vrai". Par le langage des vêtements et des gestes, par la parole elle-même, nous nous imaginons tels que l'autre personne nous verra, faisant d'elle le miroir de notre propre désir, et pratiquement tous nos actes sont empruntés à un vocabulaire d'images familières. Ce n'est pas là un territoire d'expérience facile à disséquer en termes de légalité.

Apparemment, il existe dans le Minnesota une nouvelle loi qui interdit de fixer du regard. On s'en est beaucoup moqué dans les journaux du monde entier mais, d'après ma sœur, cette loi est la conséquence de l'augmentation du nombre de chantiers de construction aux environs de Minneapolis et du fait que les femmes en avaient assez de passer devant. La plupart des femmes ont connu cette obligation pénible et souvent humiliante de marcher sous les œillades et les commentaires égrillards d'un groupe d'hommes, et je n'en connais aucune qui aime ça. Cette pratique – les cris et braillements d'une équipe d'ouvriers au passage d'une femme – est une convention, une chose que ces gens font en groupe et seulement en groupe, pour égayer le boulot, pour déclarer leur virilité au monde *en toute sécurité*. C'est une invitation pseudo-sexuelle. Pas un seul de ces hommes ne s'attend à ce que la femme dise : "Oui, je suis flattée. Prenez-moi, maintenant."

Mais fixer du regard, même avec cette grossièreté, ne me paraît pas criminel. "Monsieur l'agent, il me fixe, arrêtez-le", voilà qui ne tient pas le coup. Et je dis cela en dépit du fait que deux fois dans ma vie je me suis trouvée en butte à ce que l'on devrait qualifier de regards agressifs. Pendant plusieurs années, alors que j'allais au lycée et puis à l'université dans la même ville, un jeune homme que je ne connaissais qu'à peine surgissait je ne sais d'où et me fixait du regard. Il ne me fixait pas qu'en passant. Il me fixait de tout son cœur et avec une détermination qui me rendait nerveuse et me mettait mal à l'aise, comme s'il faisait cela pour satisfaire en lui quelque profonde nostalgie. Je le trouvais à l'improviste, planté devant le restaurant où je travaillais ou devant le syndicat des étudiants de mon université, les yeux rivés sur moi. C'étaient d'énormes yeux pâles, cernés de noir, qui lui donnaient l'air de n'avoir pas dormi depuis des semaines. "Je suis ici, debout, à t'attendre, depuis huit heures du matin", me dit-il un jour à trois heures de l'après-midi. Un soir, après le travail, il me suivit dans les rues. Je m'affolai et me mis à courir. Il ne me poursuivit pas. Le problème était qu'il se conduisait d'une façon qui me paraissait inexplicable. Il changeait brusquement d'apparence – se rasait soudain le crâne, par exemple. Il fit à pied tout le trajet jusqu'à la maison de mes parents pour m'apporter un cadeau, mal emballé dans une boîte en carton. Pleine d'appréhension, j'ouvris la boîte, où je ne trouvai qu'un vase vert, laid mais innocent. Peu avant l'épisode de ce vase, le frère jumeau de ce jeune homme s'était tué dans un café d'une ville voisine. Il y était allé prendre le petit-déjeuner et, après avoir terminé son repas, il avait sorti un revolver et s'était fait sauter la cervelle. Je suis certaine d'avoir associé le geste de ce jumeau avec le jumeau survivant, certaine que la manie qu'avait celui-ci de me regarder me faisait peur parce que j'imaginais la possible violence tapie derrière ses yeux. Les regards qu'il fixait sur moi dépassaient tout ce que j'avais jamais rencontré, mais je crois aussi, en toute honnêteté, qu'il ne me voulait aucun mal. Peut-être, à sa manière, était-il amoureux. Je ne sais pas. Mais le nœud de l'histoire, c'est que je crois m'être involontairement attiré cela. Une fois, quand j'étais au lycée, je l'avais serré dans mes bras.

Je travaillais à un endroit appelé le Service d'urgence pour les jeunes, et le garçon au regard fixe avait l'habitude d'y traîner. Je ne savais pas où il habitait ni de quoi il vivait. Il n'allait pas à l'école. Il avait l'air triste ce jour-là, il l'était sans doute la plupart du temps, et nous avons bavardé. Je ne me souviens pas de cette conversation, mais je sais que, dans un élan de compassion, je l'ai serré dans mes bras. Je suis convaincue que toute l'histoire de ses regards a été provoquée par ce geste, et aujourd'hui encore, quand j'y pense, j'ai honte. Il est impossible de revenir sur ses actes et, parfois, ils perdurent. C'est une histoire qui n'est pas simple. Je me demande souvent si, à bien y réfléchir, il existe des histoires simples ; mais son visage m'obsède et, lorsque je pense à lui et à celle que j'étais alors, je suis triste, pour lui et pour moi.

L'autre garçon qui me fixait était l'un de mes étudiants à Queens College. J'y donnais un cours d'anglais en première année et aussi un cours d'introduction à la littérature. Mon enseignement était passionné, théâtral à l'occasion, mais j'étais une jeune femme chargée d'une mission éducative et qui, parfois, s'en acquittait. Cet étudiant était manifestement intelligent, bien qu'il fût handicapé par de graves problèmes de diction. Ses devoirs étaient rédigés dans un style rugueux et contourné qu'il voulait élevé et qui, souvent, n'était que maladroit. Je finis par reconnaître dans cette écriture des signes de schizophrénie, mais ce ne fut le cas que plus tard. J'avais des entretiens particuliers avec tous mes étudiants. Ces entretiens étaient obligatoires, et quand j'eus affaire à lui je lui conseillai d'être simple et de renoncer aux mots savants. Les ennuis commencèrent alors qu'il n'était plus mon étudiant. Il faisait irruption dans mon bureau sans y être invité et jetait sur ma table des cadeaux non désirés – disques, parfum, revues. Il avait, lui aussi, un penchant pour les transformations inexplicables, chemises de flanelle un jour et soyeux corsages féminins le lendemain. Par un bel après-midi de la fin d'avril, il me rendit visite en manteau de fourrure. Une autre fois, en relevant la tête, je le vis debout devant moi dans mon petit cagibi de maître assistante, les doigts affairés à déboutonner sa chemise. Cette histoire revêt aujourd'hui des accents de comédie, mais je fus horrifiée. De ma plus belle voix de maîtresse d'école, je criai : "Arrête !" Il eut l'air terriblement blessé et se mit à taper du pied comme un gamin de trois ans, en répétant mon prénom sur un ton geignard, comme s'il ne pouvait croire que je l'avais repoussé. Après cela, il prit l'habitude de se planter près de la classe où j'enseignais et de me regarder fixement. Pour peu que je tourne les yeux, je l'apercevais dans mon champ de vision. Ce regard fixe me portait sur les nerfs et, après plusieurs jours de ce manège, la peur me prit. Quand je traversais le campus, il me suivait – fantôme omniprésent dont je ne pouvais me débarrasser. Lui parler ne servait à rien. Lui crier dessus ne servait à rien. Je m'adressai aux policiers du campus. Ils se montrèrent indifférents à mes craintes. Non, pire que cela, méprisants. Je n'avais aucun recours. Avec le temps, l'étudiant renonça et mon fantôme disparut, pour ne plus jamais m'ennuyer. On peut se demander ce que cette histoire illustre. La qualifierait-on aujourd'hui de harcèlement sexuel, à cause de l'épisode de la chemise ? Etait-ce de la persécution ? Ce qu'il me *faisait* en réalité était inoffensif. Ma peur venait du caractère imprévisible de ses agissements. Il n'observait pas les règles du jeu et, du moment que ces règles étaient transgressées, j'imaginais que tout était possible.

Ni l'une ni l'autre de ces expériences ne fut érotique pour moi, mais elles peuvent l'avoir été pour les deux jeunes gens qui me fixaient. Qui j'étais à leurs yeux, cela reste pour moi un mystère, un vide investi par ma propre peur. Ils demeurent en moi comme d'humains indices des mystères de la passion, d'une émotion désordonnée et tumultueuse, et, malgré les désagréments qu'ils m'ont infligés, je ne suis pas dépourvue de toute compassion envers eux. J'ai, moi aussi, regardé fixement. Regarder fixement est la première manifestation d'Eros, et un jour, à quatorze ans, je me suis trouvée en train de regarder très fixement une maison. J'étais amoureuse d'un garçon de quinze ans. Il ne se souciait pas de moi et s'intéressait à une fille qui avait ce que je n'avais pas : des seins. Elle me fascinait presque autant que lui, puisque, après tout, elle était sa bien-aimée, et je l'étudiais avec attention afin de comprendre son succès. Un samedi d'automne, je marchai jusque chez ce garçon, me plantai sur le trottoir devant sa maison et la contemplai longuement. Je ne suis pas certaine de la raison pour laquelle je fis cela. J'espérais peut-être qu'il allait apparaître sur le seuil, ou bien je pensais que le courage me viendrait de sonner. Je me souviens que la maison paraissait déserte. Il n'y avait sans doute personne. C'était au coin d'une rue de Northfield, une belle avenue plantée d'ormes. Les ormes sont tous morts à présent, mais je me souviens de la rue avec ses arbres. Cette maison, qui fut un jour sa maison, est encore imprégnée de la souffrance qu'il me causait, une attirance que je trouvais à peine supportable et qui ne fut jamais payée de retour. Des années plus tard, devenue grande (beaucoup plus grande qu'il ne le serait jamais), je le rencontrai dans un bar de la ville ; il se rappelait mon "béguin" et me dit qu'il regrettait de ne pas y avoir répondu. Si sot que cela paraisse, une telle confession de sa part me combla d'aise, mais en réalité il ne voulait pas de ce que j'avais été à quatorze ans, mais de ce que j'étais devenue à vingt-deux – quelqu'un de tout à fait différent.

Dévisager devrait être légal. La contemplation fait partie de l'amour, mais reste à deviner ce que l'on voit quand on regarde. Pourquoi ce maigre lycéen à lunettes provoquait en moi des paroxysmes de désir, je ne saurais le dire, mais c'était ainsi. Les sentiments sont grossiers. Les tourments de l'amour ressemblent étonnamment à ceux qui naissent du chagrin ou des remords. La douleur engendrée par une émotion n'est pas identifiable en fonction du sentiment, elle ne l'est qu'au moyen du langage. Nous nommons notre malheur, non parce que nous reconnaissons le sentiment mais parce que nous en connaissons le contexte. Il arrive que nous nous sentions mal, et que nous n'en sachions pas la raison, ou que nous l'ayons oubliée. Heureusement, l'amour est parfois partagé et deux personnes peuvent, sans être gênées par un sous-vêtement ou un nez malvenus, se rencontrer dans le mystère de l'attirance et trouver le bonheur. Mais pourquoi ?

On ne s'interroge pas, en général, sur la satisfaction en amour. Je ne crois pas, pourtant, qu'un amour durable ait quoi que ce soit de plus rationnel qu'un emballement éphémère. Je suis mariée depuis quinze ans avec le même homme, et je suis incapable d'expliquer pourquoi il m'attire encore en tant qu'objet érotique. Il m'attire, mais pourquoi ? L'attirance ne devrait-elle pas, à présent, s'être atténuée ? Ce n'est *pas* parce que nous sommes si proches ou que nous nous connaissons si bien. Cela renforce notre amitié, pas l'attirance que nous éprouvons l'un pour l'autre. L'attirance demeure parce qu'il y a en lui quelque chose que je ne puis atteindre, quelque chose d'étrange et qui me maintient à distance. J'aime le voir de loin. Je sais cela. J'aime le voir dans une pièce pleine de monde quand il a l'air d'un inconnu, et puis me rappeler que je le connais et que nous allons rentrer chez nous ensemble. Mais pourquoi il me fait parfois l'effet d'une créature magique, d'une personne différente des autres, je ne puis vous le dire. Il est beau, mais d'autres hommes le sont autant que lui, qui me laissent de marbre. L'ai-je paré de cette qualité parce qu'elle me parle, à moi, ou bien existe-t-elle réellement en lui, cette chose que je ne posséderai jamais, ne connaîtrai jamais ? Ce doit être les deux à la fois. Ce doit être entre nous – un espace enchanté, tout à fait irrationnel et, au moins en partie, imaginaire. Il me reste toujours une barrière à franchir et, de l'autre côté, un secret.

Les histoires d'amour et les mariages tiennent ou se défont sur ce secret. La familiarité et les réalités prosaïques de la vie quotidienne sont ennemies d'Eros. Emma Bovary observe son mari en train de manger et ressent du dégoût. Elle étudie des plans de Paris en espérant quelque chose de plus noble, de plus passionné, d'inhabituel. Une de mes amies m'a parlé de ses sorties avec son mari, durant lesquelles ils se séduisent l'un l'autre à nouveau, et elle est folle d'impatience de rentrer chez eux et de se jeter sur son beau corps ; mais, si en chemin il s'arrête pour remettre en place des couvercles de poubelle, le charme est rompu. Elle le lui a dit, et il résiste désormais à cette impulsion. De telles interruptions perturbent les histoires que nous nous racontons, les récits tout faits que nous nous sommes appropriés. Une combinaison de la biologie, de l'histoire personnelle et d'un remugle culturel d'idées crée l'attirance. L'amant de rêve plane toujours au-dessus de l'amant réel, ou derrière, ou devant lui, et nous avons besoin des deux. Le problème, c'est que l'alliance de ces deux-là est imprévisible. Eros, après tout, était un diablotin malicieux armé de flèches, un amateur de surprises qui se délectait à frapper ceux qui s'y attendaient le moins. Telle son incarnation féerique, Puck, dans *Le Songe d'une nuit d'été*, il fait folie de la raison. Il met le monde sens dessus dessous. Hermia préfère Lysandre à Démétrius sans raison valable. Les jeunes gens de Shakespeare, Démétrius et Lysandre, ainsi qu'on l'a souvent fait remarquer, sont aussi semblables et interchangeables que deux poires. Quand Thésée dit à Hermia que Démétrius est aussi digne d'amour que Lysandre, il ne ment pas. Simplement, ce n'est pas Démétrius qu'elle aime. Après beaucoup de confusion et de sottises, les amants sont appariés par magie. Démétrius reste à jamais ensorcelé. Il garde dans les yeux le suc de la fleur et épouse Hélène sous son influence, l'idée étant que, lorsque nous sommes amoureux, nous avons tous dans les yeux un suc féerique, et que nul d'entre nous ne se soucie plus des sages conseils des parents, des amis ou des gouvernements.

Et c'est pourquoi le désir ne se laisse pas facilement légiférer. Qu'un enfant se précipite vers un autre et l'embrasse dans une école de New York, et le voilà épinglé par les autorités pour "harcèlement sexuel". Peut-être s'agissait-il d'un geste agressif, d'une soudaine perte de contrôle qui nécessitait l'attention de l'instituteur. Peut-être que l'enfant embrassé s'était senti malheureux ou effrayé. Et peut-être, contrairement au mythe de l'innocence enfantine, que c'était *sexuel*, quelque transport sentimental étrange et sauvage. Je n'en sais rien. Mais les gens, enfants ou adultes, entrent en collision les uns avec les autres, c'est un fait. Partout, tout le temps, il y a des poussées de désir. Nous avons des lois contre les brutalités et le viol. Profiter d'un pouvoir et d'une situation pour obtenir les faveurs sexuelles d'employés non consentants est inadmissible et ne devrait pas être légal. Mais, de l'autre côté de ces délits, il y a un territoire flou, une zone frontière de rêves et de souhaits. Et ce n'est pas qu'un paysage ensoleillé. C'est un lieu hachuré par les nuages du sadisme et du masochisme, où gisent çà et là objets et vêtements étranges, et dont les habitants pleurent aussi souvent qu'ils soupirent de plaisir. Et il est tout à fait surprenant qu'on doive nous le rappeler. Tout autour de nous, des chanteurs populaires pleurent à la radio leur passion et leur amertume. Affiches, publicités et émissions de télévision s'adressent en continu à nos faiblesses érotiques. Mais, en même temps, il existe dans certains cercles une sorte d'amnésie culturelle sporadique, une détermination obstinée à écraser la complexité et la vérité au nom du bien-penser.

Un jour où j'assistais à une table ronde sur le destin ou l'état du roman au Y* de la 92e Rue, parce que mon mari s'était vu confier le rôle de modérateur du débat, j'ai écouté une romancière, intelligente et pleine de talent, qui reprochait à Kafka l'image qu'il donne des femmes. Ses femmes étaient mauvaises, disait-elle, perverses. Mais dans l'univers de Kafka, cet univers de rêves et de claustrophobie, empli d'images irréductibles,

* Appellation familière de la Young Men Hebrew Association, équivalent juif de l'YMCA. *(N.d.T.)*

si fortes qu'elles me bouleversent chaque fois que je me les remémore, quel sens cela a-t-il de prétendre en interpréter le génie, de censurer les femmes qui soulèvent leurs jupes au passage de K. ? Lorsque je lis Kafka, je ne suis pas, de toute façon, cette femme de chambre qui s'offre au héros tourmenté. Je suis le héros, celui qui prend le plaisir offert, ainsi que nous le faisons tous quand nous dormons.

Tel est mon plaidoyer pour Eros, un appel à ne pas oublier l'ambiguïté et le mystère, à reconnaître dans les affaires du cœur une constante incertitude. Je crois sincèrement que, lorsque la magie érotique nous possède, nous ne sommes pas d'humeur à censurer Kafka ni quoi que ce soit d'autre, parce que nous vivons une histoire de seuils passionnants et de sentiments irrationnels. Nous vivons dans un lieu secret que nous créons entre nous, un lieu où réel et irréel se confondent. C'est là que le jeune philosophe avait entraîné la femme à la question agressive. Il l'avait emmenée dans le domaine de l'imagination et de la mémoire, où les amants se parlent seul à seul, disent oui ou non ou "peut-être demain", où ils jouent à être ce qu'ils sont, s'inventent et se réinventent en tant que sujets et objets ; et, quand la femme à la question s'est trouvée en ce point, elle a gardé le silence. Il est possible, juste possible, qu'elle s'y soit souvenue de l'histoire d'une passion bien à elle.

1996

LES LUNETTES DE GATSBY

La première fois que j'ai lu *Gatsby le Magnifique*, j'avais seize ans, j'étais lycéenne à Northfield, dans le Minnesota. Je l'ai relu à vingt-trois ans, quand je vivais à New York, et je viens de le relire à l'âge avancé de quarante-deux ans. Depuis ma première lecture, je porte en moi la magie de ce livre et son souvenir reste distinct dans ma mémoire, parce qu'à la différence de nombreux livres qui me reviennent surtout sous la forme d'une série d'images, *Gatsby le Magnifique* a laissé aussi sa trace dans mon oreille – la trace d'une musique enchantée, de chuchotements, de rires, et de la voix de la narration même.

Au commencement du livre, le narrateur se rappelle un conseil que lui a donné son père des années auparavant : "Chaque fois que tu as envie de critiquer quelqu'un, rappelle-toi que tout le monde n'a pas reçu les mêmes avantages que toi." En tant que règle de vie, la citation n'est guère exaltante – paroles mesurées que j'imagine prononcées par un homme mesuré, peut-être par-dessus son journal, et pourtant, sans cette version américaine amortie du "noblesse oblige", l'histoire de Gatsby ne pourrait exister. Les paroles du père sont la semence du récit, son origine. L'homme que nous allons connaître sous le nom de Nick Carraway nous affirme que son père "sous-entendait beaucoup plus" que ce que disent les mots, et je le crois. Il y a, cachés dans cette phrase, un mode de vie et tout un univers moral. La résonance en est double : d'abord, nous savons que les paroles du narrateur sont liées à celles de son père, qu'il vient d'un lieu qu'il peut identifier et qu'il n'a pas tranché ce lien ; et, ensuite, que ces paroles paternelles ont fait de lui ce qu'il est : un homme porté à "réserver ses jugements" – en un mot, le narrateur idéal, un homme qui ne se lance pas dans l'action mais demeure en coulisse. Nick n'est pas un acteur mais un voyeur, et dans tout art, y compris celui du roman, il y a toujours quelqu'un qui regarde.

N'emportant guère avec lui que le conseil de son père, le jeune homme s'en va vers l'est. L'histoire américaine a changé de sens : la "frontière" s'est déplacée d'ouest en est, mais le besoin de partir chercher fortune est aussi vieux que les contes de fées. Le Middle West de Fitzgerald n'était pas le même que le mien. Je ne suis pas issue des beaux quartiers de Summit Avenue à Saint Paul. Je me souviens des imposantes maisons de cette rue comme de témoins d'une richesse et de privilèges auxquels je n'avais pas accès. J'ai grandi au milieu des vastes étendues du Minnesota du Sud, dans l'une de ces "villes suédoises perdues" dont parle Fitzgerald vers la fin du livre, sauf que nous étions surtout des Norvégiens, pas des Suédois. C'est dans ma ville natale que Fitzgerald envoie Gatsby à l'université pendant quinze jours. La ville, qu'il ne nomme pas, est Northfield. L'université, qu'il nomme, est le collège St. Olaf, où mon père a enseigné pendant trente années et où j'en ai passé quatre comme étudiante. Le fantôme de Gatsby m'a peut-être hantée, car dès le lycée je savais que la Terre promise se trouvait vers l'est, à New York en particulier, et je commençais à rêver très vaguement à ce que je n'avais jamais vu, à des lieux où je n'étais jamais allée.

Nick Carraway saute dans un train et se retrouve agent de change et voisin de l'immense demeure de Gatsby : une maison bâtie de rêves. Tous les rêves, tous les souhaits, si pervers, si magnifiques ou nobles ou éphémères soient-ils, doivent avoir un objet, et cet objet est d'ordinaire plus idéal que réel. La nature du souhait de Gatsby est pleinement expliquée dans le livre. Gatsby est *magnifique* parce que son rêve consume tout et que chaque parcelle de sa force et de son souffle s'y trouve contenue. Il est une créature de volonté, une volonté dont la beauté dépasse de très loin le faux éclat de son objet : Daisy. Mais le secret de l'histoire, c'est que, sans Nick Carraway, il n'y a pas de Gatsby le Magnifique, il n'y a que Gatsby, car seul Nick est capable de voir la grandeur de son souhait.

En relisant le livre, j'ai été frappée par l'étrangeté d'une simple phrase qui me paraissait scintiller comme la clé d'or de l'histoire. On la rencontre lorsque Gatsby, émerveillé, voit enfin son souhait exaucé et fait visiter à Daisy la maison de West Egg. Nick est là, comme toujours, la troisième roue. "J'ai alors tenté de m'en aller, mais ils n'en ont rien voulu entendre ; peut-être ma présence leur donnait-elle une impression de solitude plus satisfaisante." La question est : comment deux personnes peuvent-elles trouver leur solitude *plus satisfaisante* en présence d'un tiers ? Qu'est-ce que cela peut bien signifier ? J'ai toujours eu le sentiment qu'il y a dans toute histoire d'amour un aspect triangulaire. Il y a deux amants et un troisième élément – l'idée même qu'on est amoureux. Je me demande s'il est possible de devenir amoureux sans cette troisième présence, témoin imaginaire de l'amour, cette merveille nimbée de l'éclat des histoires que nous nous racontons au plus profond de nous-mêmes. Tout se passe comme si le regard de Nick représentait ce troisième élément, comme s'il incarnait pour les amants la conscience de soi essentielle à l'amour – un récit à la troisième personne. Quand j'ai lu l'introduction de Charles Scribner III à mon édition de poche du roman, je n'ai pas été surprise d'apprendre que Fitzgerald en avait écrit une première version à la troisième personne. Le fait de réduire le récit à la voix d'un personnage qui fait partie de l'histoire permet à l'auteur d'habiter plus pleinement les interstices de ce récit.

Le rôle du témoin est doté dans le livre d'un statut quasi surnaturel sous la forme des yeux binoclards de T. J. Eckleburg, et c'est à ce panneau publicitaire défraîchi pour un oculiste du Queens que le malheureux Wilson adresse sa prière : "Tu ne peux pas échapper à l'œil de Dieu." Quand son compagnon lui dit : "C'est un panneau publicitaire", Wilson ne répond pas. Il a besoin d'un tiers omniscient, et il le trouve en Eckleburg, avec ses immenses yeux fixes. Ce dialogue a lieu hors de la présence de Nick, et pourtant le caractère du récit ne change pas. Tout se passe *comme si* Nick était présent. Son suppléant est un voisin de Wilson, Michaelis, qui a vraisemblablement raconté la scène au narrateur, mais le lecteur n'en est pas directement informé. Ensemble, Michaelis et Nick Carraway composent un récit qui trouve sa transcendance dans l'image de ces yeux omniprésents et omniscients, les yeux d'Eckleburg, personnage très comparable au narrateur à la troisième personne des romans du XIXe siècle, observant de haut ses créatures et leurs folies.

On ne remarque dans le roman qu'une seule autre paire de lunettes, celles de "l'homme aux yeux de hibou". C'est dans la "bibliothèque gothique" qu'on rencontre une première fois cet individu, l'un des innombrables hôtes anonymes de Gatsby, un ivrogne qui marmonne avec excitation que les livres sont "vraiment vrais". Il s'attendait à du carton-pâte, explique-t-il à Nick et à Jordan, et ne peut se remettre de son étonnement face à la *réalité* de ces volumes. L'homme aux yeux de hibou réapparaît vers la fin du livre, seul assistant aux funérailles de Gatsby aux côtés du père du défunt et de Nick. A l'instar de l'image d'Eckleburg, l'homme aux yeux de hibou est à la fois tout à fait mystérieux et tout à fait banal. A Nick et à Jordan, il confie qu'il est ivre depuis une semaine, et qu'il a pensé que les livres pourraient le dessaouler. Ce personnage, qui n'est jamais nommé, est associé exclusivement à la bibliothèque et à ses grosses lunettes. Nick ne le convie pas à assister aux funérailles. Il a tenu l'heure et le lieu secrets afin d'éviter les badauds et la presse, mais l'homme apparaît sous la pluie, surgi de nulle part, et pendant cet épisode il enlève deux fois ses lunettes. La seconde fois, il essuie ses verres, "l'extérieur, puis l'intérieur". Je le vois faire. Pour moi, c'est un geste intime et, bien qu'il ne soit pas question de mouchoir, je vois un mouchoir blanc aller et venir sur les verres éclaboussés de pluie. Le nettoyage des lunettes est ordinaire et magique. L'inconnu est une deuxième incarnation, spécifiquement littéraire, d'Eckleburg, il témoigne du problème posé par la distinction entre ce qui est réel et ce qui ne l'est pas, problème que souligne l'idée de voir à travers des *verres spéciaux* – les verres de la fiction.

Gatsby le Magnifique est un roman étrangement immatériel. Il ne compte que deux personnages dotés de corps significatifs, des corps pleins de vigueur et d'appétits : Tom Buchanan et sa maîtresse, Myrtle Wilson, dont la liaison provoque la tragédie du livre. Tous les autres, Gatsby, les hordes d'invités, Jordan et surtout Daisy, donnent l'impression curieuse de n'avoir pas d'ancrage dans le sol. Ce sont des êtres de pastel, des êtres de lumière et de son – des créatures de l'imagination. Aux réceptions de Gatsby, hommes et femmes vont et viennent, telles des phalènes, accompagnés par un orchestre comme s'ils étaient les personnages d'une pièce ou d'un film. La première fois que Nick voit Daisy et Jordan à East Egg, les jeunes femmes sont allongées sur un canapé immense. "Elles étaient vêtues de blanc, toutes les deux, et leurs robes ondulaient et palpitaient comme si le vent venait de les reposer là après les avoir fait voleter autour de la pièce." Elles sont aussi légères que des billets d'un dollar, voire de cent dollars, que le vent soulève avant de les laisser retomber sur le sol et, que Fitzgerald ait eu ou non l'intention de faire de cette légèreté une image de plus de l'argent dans son roman, l'argent est la source du charme qui enveloppe ces créatures éthérées. La musique de Daisy, c'est sa voix "envoûtante", dont Gatsby compare le son à celui de l'argent. Mais c'est Nick qui en analyse le timbre. Il y entend le tintement des piécettes et la pluie d'or des contes de fées.

Il se peut que New York et ses environs soient l'endroit au monde où l'on ressent le mieux cet enchantement particulier que toutes les pieuses conventions quant à la pauvreté honnête ne pourraient dissiper. Fitzgerald a raison. Dans le Middle West, l'argent peut être respectable et la richesse considérable, mais c'est sans comparaison avec ce qu'on voit à New York. Il n'y avait pas d'argent là où j'ai passé mon enfance, pas ce que l'on appelle vraiment de l'argent. Les éleveurs de dindes gagnaient bien leur vie, et des dentistes de la ville émanait une sorte d'aura d'opulence, mais dans l'ensemble c'est aux quelques améliorations du niveau de vie qu'on mesurait le statut – une nouvelle voiture *modeste*, des patins à glace neufs, une porte de garage automatique – et on pensait que c'était mal d'avoir beaucoup plus d'argent que les autres, et carrément un péché d'en faire étalage si l'on en avait. Quand j'arrivai à New York, l'argent que j'y vis me stupéfia. Il se pavanait dans la Cinquième Avenue et riait dans les galeries et, d'une manière générale, s'exhibait avec une telle jubilation dans l'impudence qu'il était impossible de ne pas l'admirer ou le désirer, au moins un peu. Or ce que je voyais au cours de mes pérégrinations dans la ville au début des années quatre-vingt n'était pas différent de ce qu'y voyait Nick. L'argent illumine toutes choses, et sa lumière est d'autant plus éclatante pour ceux qui en sont démunis. Si propre, si moralement irréprochable qu'elle soit, la pauvreté comporte des failles et des recoins de laideur auxquels seul l'argent peut remédier, et je me souviens de l'impression de soulagement et de plaisir qui m'envahissait quand je m'asseyais dans un bon restaurant avec des nappes blanches, de l'argenterie étincelante et des fleurs, en sachant que la personne qui m'y conviait en avait les moyens. Et il est arrivé, durant mes jours solitaires d'étudiante démunie, qu'un homme se penche par-dessus la table pour m'inviter sur une île, dans un pays lointain ou quelque lieu de villégiature en bord de mer, un East Egg ou un West Egg, et la vérité, c'est que je sentais passer sur moi l'odeur de l'argent, son parfum de drogue hypnotique, et que, n'eût été le Middle West, Northfield dans le Minnesota, le pays natal avec ses âpres sanctions luthériennes et sur moi l'incessante surveillance du regard invisible de mes parents – bref, si j'avais été une autre, j'aurais pu me laisser emporter par quelque rafale et flotter au-dessus des plages et jusqu'au golfe aux accents d'un accompagnement musical niais mais mélodieux.

La gravité est histoire personnelle. C'est la raison pour laquelle Nick raconte d'emblée au lecteur celle de sa famille. Les Carraway sont des gens importants et à l'aise depuis trois générations, trois générations fondées sur le roc d'un commerce de *ferronnerie en gros*, un commerce qui a pour objet des *choses* réelles. Dans l'Est, Nick ne fait plus, comme son père, commerce de choses réelles, mais de papier, de titres qui vont donner naissance à plus de papier encore. De l'argent qui fait de l'argent. Et c'est l'argent qui a édifié le château de Gatsby, cet endroit aussi irréel qu'un décor de théâtre, bâti de billets de banque, de titres ou de "carton", ainsi que le suggère l'homme aux yeux de hibou. C'est un mélange confus d'excès et d'anonymat, aussi vague que les rumeurs concernant le passé de Gatsby – ce passé que nous découvrons par bribes, mais jamais en entier – car Gatsby est un homme interrompu, un homme qui s'est coupé de son ancienne existence et de ses parents pour devenir non pas quelqu'un d'autre mais plutôt "Personne" – une brillante énigme. "Monsieur Personne, venu de Nulle Part", telle est l'expression méprisante de Tom Buchanan. Les rapports de Gatsby avec les autres sont ténus ou fabriqués. Il donne à Daisy une idée fausse de lui-même la première fois qu'il la rencontre à Louisville en laissant entendre qu'il vient du même monde qu'elle. De nouveau, l'image du vent apparaît dans la prose de Fitzgerald : "En effet, il ne pouvait compter sur le soutien d'une famille aisée et le caprice d'un gouvernement impersonnel risquait de l'envoyer voler n'importe où dans le monde."

Mais il y a de la beauté dans cette éphémère apesanteur de Gatsby, une réelle beauté, et elle est le pivot de toute l'histoire. La monstrueuse accumulation de choses à laquelle il s'adonne est vulgaire, c'est le moins qu'on puisse en dire, l'étalage en est grotesque, aussi pitoyable qu'absurde. Mais ce que Nick comprend, ce qu'il est seul à comprendre, c'est que cette montagne d'objets véhicule la passion d'un homme, et qu'en tant qu'objets, ceux-ci sont presque vidés de toute réalité matérielle. L'après-midi où Gatsby fait visiter sa maison à Daisy, on nous dit qu'il contemple ses possessions "avec étonnement, comme si, en sa présence réelle et stupéfiante, elles avaient perdu toute réalité". Dans un état d'extrême tension nerveuse, le propriétaire des lieux se met à sortir une par une de son placard des chemises diaphanes et splendides, "corail, vert pomme, bleu lavande et orange pâle, avec des monogrammes bleu roi", qu'il empile devant Nick et devant sa bien-aimée. Daisy penche alors sa jolie tête et fond en larmes dans les chemises. "Cela me rend triste parce que je n'ai jamais vu d'aussi... d'aussi belles chemises." Je m'émerveille une fois encore de la force de ce passage, qui est à la fois tendre et ridicule. Mais Fitzgerald ne laisse ni l'un ni l'autre de ces sentiments prendre le dessus. Daisy épanche le chagrin de son jeune amour pour Gatsby dans un monceau de ses superbes chemises sans comprendre ce qu'elle éprouve. Mais elle se reprend rapidement. Un peu plus tard, le même après-midi, elle regarde par la fenêtre les nuages roses dans le ciel du couchant, et elle dit à Gatsby : "J'aimerais attraper l'un de ces nuages roses, vous mettre dedans et vous pousser un peu partout." Les chemises, les nuages, le rêve ont les couleurs d'un arc-en-ciel en train de s'estomper. Debout au bord de sa pelouse, Gatsby regarde, de l'autre côté de l'eau, la lumière verte de la maison de Daisy. Le dernier costume que Nick le voit porter est rose. Si vous avez les pieds enracinés dans le sol, le vent ne peut pas vous emporter contre votre gré, mais vous ne pouvez non plus vous envoler jusqu'à ces nuages roses. C'est aussi simple que cela.

Des objets, et rien. Des gens, et personne. Le sol et l'air. Le tangible et l'intangible. Le roman ne cesse d'évoluer entre ces dichotomies. Assurément, Fitzgerald avait raison de dire que *Gatsby le Magnifique* est “une nouvelle façon d’envisager l’idée d’illusion”. L’illusion est en général associée à son contraire, la réalité, mais où se trouve le réel ? Découvre-t-on la réalité dans le tangible et l’illusion dans l’intangible ? Outre les écrous et serrures de la quincaillerie, là-bas, dans l’Ouest, il y a de la matière dans le roman, le sol de cendres de West Egg, le territoire qu’Eckleburg surveille sans ciller, mais c’est là que Fitzgerald prodigue une prose qui pourrait venir tout droit de Dickens, une prose au service de l’imaginaire et non du réalisme.

> C’est la vallée des cendres – une ferme fantastique, où la cendre pousse comme du blé, composant coteaux, collines et jardins grotesques ; où la cendre prend la forme de maisons, de cheminées, de fumées montantes et, finalement, se transcende en silhouettes humaines qui se meuvent, incertaines et déjà désintégrées, dans l’atmosphère poussiéreuse.

Avec ses humains qui se désagrègent, la vallée des cendres évoque manifestement une autre vallée de la mort, celle de la Bible, et cette misérable bande de terre longe la route où mourra Myrtle Wilson sous les roues de la voiture conduite par Daisy. Mais, de même que les nuages roses, elle manque de solidité et se dissout. La différence entre la vision de la maison de Gatsby et cette terre, c’est qu’ici l’argent ne déguise pas la fatalité de la mort. Les fêlures béantes de la pauvreté y sont bien visibles.

Néanmoins, parmi les résidents de cette vallée des cendres se trouve Myrtle Wilson, le seul personnage du roman auquel Fitzgerald attribue de la “vitalité”. Le mot est utilisé trois fois en référence à Mme Wilson, la prolétaire maîtresse de Tom Buchanan : “(…) il y avait en elle une vitalité immédiatement perceptible, comme si les nerfs de son corps étaient sans cesse sous tension.” En passant en voiture devant le garage de Wilson, Nick la voit "près de la pompe à essence, haletante de vitalité". Et dans la mort : "La bouche béante était déchirée aux commissures, comme si elle s'était étouffée un peu en laissant échapper la formidable vitalité qu'elle avait si longtemps contenue." C'est cette vie intense, et non le caractère du personnage, qui rend tragique la mort de Myrtle Wilson. Bien que sotte et grossière, elle est plus sympathique que son amant, Tom, qui est pire : stupide et violent. Entre eux existe cependant une réelle énergie sexuelle que l'on ne trouve nulle part ailleurs dans le roman. L'attirance que le narrateur éprouve envers Jordan est, au mieux, tiède, et les fantasmes de Gatsby à propos de Daisy semblent curieusement dépourvus d'érotisme. La mince jeune femme n'a pas à proprement parler de corps. Elle paraît faite de ses beaux vêtements et de sa jolie voix. On imagine difficilement Gatsby faisant effectivement l'amour avec elle. C'est comme si on essayait de se représenter un homme en train de prendre un papillon. Et, bien que son mariage avec Tom ait produit une fille, Daisy en tant que mère suggère le détachement. Elle roucoule des mots tendres à l'enfant, Pammy, et puis la renvoie. Une seule fois dans le roman, il est rappelé au lecteur que Daisy est une créature de chair et de sang et, détail significatif, c'est à cause d'un doigt que son mari a meurtri. Daisy regarde son petit doigt "avec épouvante". "Tu ne l'as pas fait exprès, dit-elle à Tom, mais tu l'*as* fait !" Ce passage n'est pas seulement prémonitoire de la brutalité de Tom, qui éclate de façon horrible à New York quand il casse le nez de Myrtle, ni du corps broyé et déchiré de Myrtle sur la route. L'épouvante de Daisy exprime sa relation lointaine avec son propre corps et avec la mort elle-même, que l'argent réussit à dissimuler, pas pour toujours, bien sûr, mais pour le moment.

Ce que Tom et Myrtle possèdent, et que Jay et Daisy ne possèdent pas, c'est une relation personnelle, avec ce que cela comporte de physique et de désordonné. C'est pourquoi, après avoir concédé à Nick que Daisy a peut-être aimé Tom autrefois "pendant une minute", Gatsby se console en ajoutant : "De toute façon, ce n'était que personnel." Ce que poursuit Gatsby depuis tant d'années n'est ni *personnel* ni *physique*. La transcendance peut en avoir été logée dans la personne de Daisy, mais n'est pas limitée à elle. L'absence de profondeur de Daisy est précisément ce qui rend possible le rêve de Gatsby. Mais Myrtle Wilson n'est pas une simple personnification de la chair et de ses faiblesses. Elle aussi abrite des rêves. Comme chez Gatsby, son souhait immatériel a pris chez elle la forme d'un objet. Dans son tiroir, à la maison, enveloppée de papier de soie, M. Wilson découvre la luxueuse laisse que Tom lui a un jour achetée pour le chien qu'il avait également acheté. Le chien n'est pas revenu. Le bel objet inutile est le témoin d'une absence, d'une série d'absences, en réalité : du chien, de l'amant, et même le vide du désir. De même qu'on peut compter parmi les "objets enchantés" de Gatsby la lumière verte brillant sur la maison de Daisy, qu'il perd lorsque Daisy entre réellement à nouveau dans sa vie, la laisse du chien possède une sorte de magie. C'est le papier de soie qui me donne envie de pleurer, qui assigne à cet objet frivole un tout autre registre, qui confère à la laisse d'argent et de cuir un caractère véritablement pathétique.

Le tangible et l'intangible se rencontrent pour jeter un sort. Mais peut-on jamais mettre à nu quelqu'un ou quelque chose ? Pouvons-nous jamais découvrir la réalité cachée sous les significations que nous attribuons aux gens et aux choses ? Je ne le pense pas. Et je crois que Fitzgerald ne le pensait pas non plus. Son livre médite sur la nécessité de la fiction, non seulement pour ses mensonges mais aussi pour ses vérités. Le jeu entre le matériel et l'immatériel dans *Gatsby le Magnifique* n'est pas simple, il se joue par énigmes. Le conte de fées contient la vallée des cendres aussi bien que le château au bord de la mer, la masse pesante du cadavre comme les corps charmants emportés par le vent. Et qu'est-ce qui est le plus réel ? La mort est-elle plus vraie que la vie ? Les rêves ne font-ils pas partie de la vie tout autant que l'éveil ? Le livre va au cœur même du problème de la fiction en soutenant que la fiction est nécessaire à la vie – non seulement dans les livres, mais aussi dans les rêves, ces rêves qui cadrent l'univers et lui donnent un sens. Nick imagine Gatsby au bord de la piscine juste avant que Wilson ne le tue. Gatsby a compris qu'il n'y aurait pas de message de Daisy, que la grande idée est morte.

> Il doit avoir levé les yeux, à travers d'effrayants feuillages, vers un ciel peu familier, et frissonné de découvrir quel objet grotesque est une rose et avec quelle cruauté le soleil écrasait le jeune gazon. Un monde nouveau, matériel sans être réel, où d'infortunés fantômes, respirant des songes en guise d'air, dérivaient au hasard… telle cette fantastique silhouette cendreuse qui se glissait vers lui entre les troncs informes.

Ce passage raconte une transformation dramatique, mais ce n'est pas une transformation de l'illusion en réalité, de la nature enchantée en nature réelle. Il est possible que ce monde soit nouveau, mais il y a là des fantômes, et ils sont fantastiques. C'est désormais un monde fait de matière, mais cette matière n'est pas plus réelle que les lumières et la musique magiques des fêtes estivales qui l'ont précédée.

On peut soutenir que presque chaque mot des dialogues prononcés dans le roman, chaque échange et chaque événement sont ordinaires. Tom Buchanan et les pauvres Wilson sont, ostensiblement, médiocres et peu séduisants. L'associé de Gatsby, Wolfheim, est intelligent et malhonnête sans la grandeur d'une nature satanique. Le charme de Daisy n'est attesté par rien de ce qu'elle dit. Gatsby s'exprime avec une raideur et des clichés qui laissent Nick pantois. Jordan triche. Ces personnages ne s'élèvent pas au-dessus de la foule. Ils ne sont en rien remarquables et pourtant, à lire ce roman, on a l'impression de se promener dans une forêt enchantée, comme si, en lisant, on avait des aperçus du sublime.

La magie du livre réside dans le récit, dans les nuances de ses clairs-obscurs, ses allusions aux contes populaires, à la musique, aux chansons, à des chaussures de bal poussiéreuses et à des voix joyeuses. Mieux que tout autre auteur à ma connaissance, Fitzgerald rend l'aura d'ébriété des fêtes, ce délicat brillant spirituel qui apparaît après deux verres de champagne. Le monde ordinaire frémit ici d'un enchantement adjectival – la prose de Fitzgerald est pétrie d'adjectifs surprenants. Même si certains personnages ont la langue bien pendue, ce n'est pas le cas du narrateur. Le sortilège qui imprègne le livre ne peut être expliqué comme l'effet magique de la richesse, bien que c'en soit un élément, ni même par la jeunesse. Ils sont presque tous très jeunes, ces gens, et la vie leur réserve encore du nouveau. La voix de Nick Carraway exprime une compréhension plus profonde de l'enchantement, qui fonde et élève à la fois le récit. Nous voici ramenés au début. Les paroles du père témoignent d'un monde dans lequel tout être humain, quels que soient ses défauts, jouit d'une dignité essentielle. Souvenons-nous-en, chacun est le produit de sa propre histoire, laquelle ne ressemble pas nécessairement à la nôtre. Chacun est issu d'une histoire personnelle, et juger tel homme ou telle femme est injuste à moins que nous ne connaissions cette histoire. Ce conseil constitue un appel à l'empathie, acte ultime de l'imagination, et fondement véritable de toute fiction. Tous les personnages sont nés de cet effort pour être un autre. Et leur réussite s'enracine dans les fondements de l'être. L'"insouciance" de Tom et Daisy se manifeste dans leur instabilité. Dépourvus de lest, ils papillonnent d'un endroit à un autre, et leur richesse ne fait que faciliter leur incohérence. Et pourtant nous avons confiance en Nick, cet homme qui nous parle, et nous le croyons quand il dit : "Je suis l'un des rares individus honnêtes que j'aie jamais rencontrés." Et nous nous fions à ses imaginations, parce que l'imaginaire joue un rôle essentiel dans son récit. Il n'a pas été témoin du meurtre de Gatsby. Il ne peut pas être Gatsby, mais il dit : "Il a dû..." La voix de Nick Carraway est empreinte de la certitude née de son empathie.

Ce n'est pas par facilité que Fitzgerald a confié à Michaelis une partie du récit de Nick. En faisant relayer celui-ci par le voisin grec de Wilson, Fitzgerald élève la narration au-dessus du "personnel". Nick voit au-delà de lui-même, et cette seconde vue est renforcée par les yeux d'Eckleburg et les yeux de hibou de l'homme dans la bibliothèque. Nick voit par procuration ce que Michaelis et un autre homme ont vu dans sa réalité : le corps de Myrtle morte, ce corps que Daisy ne veut pas voir, qu'elle ne peut regarder en face. C'est plus que suffisant. Les deux hommes ont défait le chemisier de Mme Wilson, encore humide de transpiration, et vu que "le sein gauche, arraché, pendait comme un rabat, il était donc inutile d'écouter le cœur au-dessous". Plus tard, Nick dit à Gatsby : "Elle a été éventrée." Il n'avait pas besoin d'y être pour voir. Pendant un instant, avec Nick, le lecteur contemple le cœur même de l'existence, et ce cœur a cessé de battre. Je vois ce que je n'ai pas vu. Je fais l'expérience de ce qui se trouve au dehors de ma propre expérience. C'est en cela qu'est magique la lecture de romans. C'est ainsi que se résout le problème de l'illusion. Je prends un livre sur l'étagère. Je l'ouvre et je me mets à lire, et ce que je découvre entre ses pages est réel.

1997

FRANKLIN PANGBORN : APOLOGIE D'UN COMPARSE

Je ne sais pas quand j'ai remarqué pour la première fois le sieur Franklin Pangborn. Homme des marges de l'écran, c'est par la répétition qu'il s'impose. Il surgit ici dans un film, là dans un autre. Il domine tantôt un instant, tantôt une scène entière, jamais tout un film. Ce n'est qu'après avoir vu de nombreux films américains des années trente et quarante que j'ai associé son nom au comparse solennel pour qui je m'étais prise d'affection. J'apprécie le sérieux de son personnage, et son nom me plaît. Il associe les connotations élevées de *Franklin*, comme Benjamin ou Roosevelt, au caractère dramatique de *pang* (affres), et le fait que ce *pang* soit accouplé à *born* (né) m'enchante par sa pertinence dickensienne.

A quelques modulations près, Pangborn jouait toujours le même rôle. Avant qu'il n'eût proféré un mot, son personnage était en place. Le coincé par excellence, constamment sur ses gardes. Le maintien rigide au point de friser la difformité : dos cambré, cul pointé, menton levé d'un quart de pouce, gestes teintés d'un soupçon de prétention efféminée, c'est lui qui, s'il demeure assez longtemps à l'écran, sera défait. Sa vie est une vie ridicule, faite de règles maintenues quoi qu'il en coûte, de dignité ampoulée, de veston toujours boutonné de bas en haut, de propreté et de correction obsessionnelles. Quand il parle, c'est d'une voix enflée par des intonations qui ne sont décidément pas américaines. En vérité, c'est d'un ton qui ressemble de façon suspecte à cet autre anglais parfois qualifié d'"anglais du roi". Pour les Américains, cet accent connote soit une authentique grandeur, soit la prétention. Pangborn a la voix d'un snob au petit pied.

Qu'est-ce donc qui me le rend sympathique ? Pourquoi ai-je du plaisir à voir revenir, dans un film après l'autre, cet individu au formalisme pointilleux ? C'est en partie sa constante inefficacité. Dans une situation de pouvoir véritable, le même personnage serait odieux, mais Pangborn figure invariablement le "gérant" de quelque chose – magasin, hôtel, immeuble –, dont les directives sont subverties par un chahut déchaîné autour de lui. Et pourtant son désir de maintenir l'ordre, de respecter des limites, d'ignorer la folie des autres revêt une dimension aussi noble que pathétique. Souvent contrarié, rarement vaincu, il poursuit

son chemin avec raideur, guidé par le seul décorum. Il est l'image même de la civilité menacée.

Quand j'étais enfant, ma Norvégienne de mère manifestait un respect des formes, un attachement aux signes de la vie bourgeoise qui ne correspondaient pas toujours aux idéaux plus démocratiques de mon père américain. Il y a quelque temps, ma mère m'a raconté que, en Norvège du moins, on ne dispose jamais de bougies pour un dîner sans avoir allumé les mèches. Il faut que les bougies soient entamées. Elles peuvent être neuves, mais les mèches doivent être noircies avant que les invités n'arrivent. J'ai demandé à ma mère pourquoi. "Je n'en ai aucune idée, m'a-t-elle dit en riant. C'était comme ça, voilà tout." J'allume désormais les bougies avant l'arrivée de mes invités à un dîner. Cela témoigne certainement d'un aspect "pangbornien" de ma personnalité, d'un désir de formalisme tout à fait indépendant de la raison. Mon père ne trouvait évidemment rien à redire aux mèches noircies. Il est même possible qu'en quarante-quatre ans de mariage, il n'ait jamais remarqué cette manifestation de bonnes manières. Les bougies, c'était le domaine de ma mère – un domaine domestique et féminin.

Il existait néanmoins entre mes parents, à propos de clôtures, un désaccord plus profond dont la signification me fait également penser à Pangborn. Ma mère aurait voulu qu'une barrière entourât notre propriété dans le Minnesota. Ce désir répondait chez elle à une nostalgie, tant du côté rassurant de la clôture que de sa valeur esthétique. A l'Européenne qu'elle était, les clôtures paraissaient normales. Mon père, lui, a eu l'enfance d'un petit paysan de la Prairie. Il a des souvenirs de constructions collectives de granges, de séances de patchwork et de *square dances*. Les clôtures empêchaient les vaches de divaguer, mais l'idée de borner sa propriété sentait son mauvais voisinage. Le personnage de Pangborn est défini par des barrières, des divisions formelles qui marquent des limites, des différences, des hiérarchies. Dans la mythologie américaine au sens large, ces barrières ont un caractère féminin. Le personnage de Franklin Pangborn s'oppose avec opiniâtreté à un idéal masculin libre et démocratique, conforme à la vision qu'en donnait le cinéma américain dans les années trente et quarante.

Une première et brève apparition dans *The Palm Beach Story (Madame et ses flirts)*, de Preston Surges, montre Pangborn, gérant d'un immeuble de Park Avenue, introduisant des locataires potentiels dans l'appartement d'un couple interprété par Claudette Colbert et Joel McCrea qui, les temps étant durs pour eux, n'ont pas payé leur loyer. Pangborn sert de repoussoir à un Weenie King (Roi de la Saucisse) dur d'oreille, millionnaire californien en pardessus informe de couleur claire et chapeau de cow-boy, accompagné de son épouse habillée avec une élégance extravagante. Aussi saoul que grossier, le King frappe à coups de canne les murs du corridor en proférant des insanités, et Pangborn s'efforce de conserver sa dignité face à ces débordements vulgaires. Caricature hollywoodienne de l'Ouest américain, le Weenie King se moque de toutes espèces de formes, grammaire, bonnes manières ou barrières. Les réponses de Pangborn à la plupart des premières questions du King commencent par le refrain "bien entendu", interrompu par un raclement de gorge significatif, tic récurrent de son personnage. On dirait que sa désapprobation tout entière s'est logée, tel un dépôt glaireux, dans son larynx. L'épouse du Weenie King fait observer que l'appartement est sale. Le gérant l'admet et présente des excuses. Mais le King s'exclame qu'il aime la saleté, qu'elle est aussi naturelle que (entre autres choses), "la maladie" et "les cyclones". Sturges sait que la saleté joue ici un rôle essentiel. Pangborn est, avant tout, immaculé.

Peu après avoir atteint l'âge adulte, je me suis mise au nettoyage. Je suis devenue une adepte zélée du ménage, une frotteuse de sols, accro à l'eau de Javel, ennemie jurée de la saleté, de la poussière et des taches. Il va sans dire, je suppose, que ma mère s'est adonnée avec ferveur au nettoyage toute sa vie durant. A mon époux, qui me surprend parfois engagée dans une telle entreprise – à quatre pattes au fond de quelque placard –, il est arrivé de s'écrier : "Arrête !" Ordre et propreté ne sont pas primordiaux à ses yeux. Pourquoi suspendre sa veste si on va la remettre dans une heure pour sortir ? Pourquoi vider le cendrier s'il y reste la place d'écraser le mégot d'un cigare ? Pourquoi, en effet ? J'organise et je range parce que j'aime voir autour de moi les contours de chaque objet nettement dessinés, parce que dans ma vie domestique je me bats contre le flou, l'ambiguïté, les cyclones et la dégradation (sinon la maladie). C'est une attitude féminine classique, ce qui ne signifie pas que de nombreux hommes ne la partagent pas. Je ne sais pas si l'on voit jamais Pangborn véritablement occupé au nettoyage dans un film, mais il n'est pas nécessaire de le voir faire. Impeccable et obsessionnel, il personnifie un ordre parfait. En termes de mythologie américaine, c'est un traître à son sexe, un anti-cow-boy qui a pris le parti des femmes. Tout le plaisir consiste à le froisser, à le faire transpirer, trébucher, se salir.

Toujours attentif aux préjugés de classe des Américains, qui ne s'en délectent pas moins des excès de l'argent, Sturges fait de ce Weenie King venu de la côte ouest la "bonne fée" du film. Le King détache des billets d'un rouleau gros comme deux fois son poing et les tend à la maîtresse de céans, qu'il a découverte cachée dans la douche. Pangborn reste abandonné dans le vaste salon de cet appartement ultrachic, épuisé et consterné par la rigueur des épreuves qu'il se voit forcé de subir dans l'exercice de ses fonctions, épreuves dont il sort quelque peu chiffonné.

Sans ce populisme *western* et ses Weenie Kings, le personnage de Franklin Pangborn ne pourrait avoir la même force. Affecté, pincé, courtois et efféminé, il est l'illustration des préjugés en vigueur dans la Prairie, et la distinction de son élocution et de ses manières fait de lui un objet de ridicule. Dans *My Man Godfrey*, on ne le voit que durant quelques secondes, mais ces secondes sont importantes. En tant que réalisation de souhaits en ces temps de Dépression, ce film demeure l'un des meilleurs qui soient. Fidèle à lui-même, Pangborn y joue le rôle d'un individu qui tente de gérer une situation dans une atmosphère de chaos. On devine qu'il est le président de l'association caritative malavisée qui a organisé une chasse au trésor chez les rupins. La liste des "objets" que les joueurs doivent rapporter comprend un "homme oublié". Carole Lombard découvre William Powell (Godfrey) dans une décharge au bord du fleuve et, après de nombreuses allées et venues, la créature écervelée mais généreuse qu'interprète Lombard introduit un Godfrey barbu et dépenaillé dans une brillante réunion de gens en robe longue et en habit. Afin de vérifier l'authenticité de l'homme oublié, Pangborn demande l'autorisation de lui tirer les poils (un autre joueur a essayé de tricher en amenant un imposteur). Pangborn accompagne sa demande d'une inclinaison de la tête, des mots "Puis-je ?" et d'un raclement de sa merveilleuse gorge. Mais c'est son geste qui séduit mon cœur : les doigts levés, en un moulinet digne d'un courtisan français du XVIIIe siècle, il agite la main en direction de la barbe et la déclare authentique. L'instant est splendide. Cette main exprime à la fois les rigueurs de la politesse, qui interdit tout contact intime avec le corps d'autrui, et le dégoût inspiré par un corps qui n'est ni lavé, ni parfumé, ni acceptable en aucune manière. Après avoir été authentifié en tant qu'homme véritablement oublié, Godfrey traite la société qui l'entoure de "bande de zozos", Lombard l'embauche en qualité de majordome et l'histoire commence.

Il y a vingt ans maintenant que je vis à New York et je me suis retrouvée de temps à autre chez les zozos. Bien que je n'aie jamais souscrit au préjugé de ma ville natale – selon lequel les riches sont gens pires que les autres –, il est vrai que, en quantités considérables, l'argent tend à paraître ridicule vu de l'extérieur, que le spectacle de la prodigalité et du jeu a un côté tape-à-l'œil qui soulève le cœur du natif du Middle West. En tant que spectacle de pure sottise et d'autosatisfaction complaisante, le bal de charité n'a guère d'égal. On en était conscient, à Hollywood, et on s'en est servi. Alors que la ferme de mes grands-parents tombait en ruine dans le Minnesota, on voyait à New York des citadins combinards qui avaient réussi à se cramponner à leur magot. *My Man Godfrey* fut projeté aussi au fin fond des cambrousses, devant des spectateurs qui se délectaient de l'opulence des somptueuses demeures new-yorkaises tout en riant des absurdités de ceux qui les habitaient. Godfrey est le prince-crapaud d'un conte de fées américain, un homme que son expérience de la pauvreté a métamorphosé. Pangborn, en revanche, met les enchanteurs au défi. Jamais ce représentant immuable de la gestion bureaucratique ne subira de métamorphose.

C'est dans *The Bank Dick (Mines de rien)* que ce caractère trouve sa plus belle expression. Pangborn y joue le rôle d'un inspecteur bancaire, J. Pinkerton Snoopington. En complet noir ajusté, chapeau melon et pince-nez, il est l'image même du conformisme. Pangborn a pour destin d'être éreinté par Fields – Egbert

Sousé. La haine de Fields pour les banques et les banquiers est notoire. Et bien que son esthétique relève de l'anarchisme plutôt que d'un populisme agraire, de la misanthropie plutôt que de l'humanisme, son dégoût des banquiers doit avoir touché une corde sensible chez son public en 1940. On peut se rappeler que l'idée de torturer un inspecteur bancaire représentait à cette époque un fantasme plus savoureux que de nos jours.

W. C. Fields n'était pas davantage un champion des femmes. Il joue le rôle d'un homme dont chaque action est circonscrite par quelque sotte notion féminine. Dans la mythologie de Fields, le mariage, l'ordre, les codes de comportement et, par-dessus tout, la tempérance sont autant d'inventions féminines destinées à imposer des limites aux appétits naturels de l'homme. Remarquons que, lorsque Sousé attire Snoopington, sa victime, au Black Pussy Cat Café, il demande à l'inspecteur bancaire s'il a remarqué les filles magnifiques de Lompoc. L'inspecteur répond péniblement, en se raclant la gorge, qu'il est marié et qu'il a une grande fille "âgée de dix-huit ans". En d'autres termes, le mariage l'a rendu aveugle aux autres femmes. Cet homme n'est pas un homme. Sousé, lui, continue à marmonner sous cape : "C'est comme ça que je les aime, dix-sept, dix-huit ans…" Au Black Pussy Cat Café, après avoir mis Snoopington au tapis en lui faisant boire un "Mickey Finn", Sousé l'entraîne, l'emporte dans une chambre de la New Old Lompoc House, d'où il le laisse (ou le fait) tomber par la fenêtre de ce nouveau ancien établissement ; il hisse alors dans l'escalier l'inspecteur contusionné et dépenaillé, le ramène dans la chambre et le met au lit – tout cela parce que Snoopington n'a pas de plus grand désir en ce monde que d'examiner les livres de la banque où Sousé et son futur gendre, Og, ont contracté un emprunt "non autorisé".

Tout succinct qu'il soit, ce résumé révèle l'esprit dickensien de Fields, un comédien qui prend autant de plaisir à nommer les choses qu'à en donner une vision comique. Si nous avons des doutes concernant la source de l'inspiration du cinéaste, l'inspecteur bancaire nous vient en aide. Du fond de son lit de souffrance, Snoopington le pointilleux exprime à haute voix son inquiétude pour son épouse. "Ma pauvre femme, gémit-il, ma Petite Dorrit." Mais il va s'avérer que Sousé a sous-estimé l'énergie morale du bureaucrate. Celui-ci réussit tant bien que mal à se traîner hors du lit et arrive à la banque prêt à accomplir son devoir. Bien qu'il soit manifestement vaseux et un rien mal assuré sur ses pieds, son complet bien repassé ne trahit en rien ses récentes mésaventures. Retors, Sousé combine d'écraser les lunettes de Snoopington afin de le priver de la vue. Il réussit à écraser les lunettes sous son pied, et aussitôt l'inspecteur ouvre son porte-documents. La caméra cadre en gros plan son contenu. Cinq paires de lunettes sont rangées là-dedans en bon ordre. Tout est dit. Mû par son sens du devoir, cet homme est venu paré. Dans le domaine tatillon des registres, des chiffres et des comptes, il est sans rival. Nous savons néanmoins, avec une certitude absolue, qu'il vivra et mourra inspecteur bancaire. Sousé, lui, grâce à des hasards déments et des connivences échevelées, deviendra fabuleusement riche. A la fin du film, on le voit installé, heureux, dans son hôtel de maître, où sa famille jadis agressive l'entoure à présent d'affection. Fields fait une sortie satisfaite. Il s'en va au Black Pussy Cat Café, comme autrefois. Sa famille le déclare changé, devenu "un autre homme".

Encerclé, coincé sur un barreau de l'échelle sociale, l'homme qu'incarne Pangborn n'a pas d'appétit pour le changement. De même que la plupart des enfants, il préfère l'uniformité, la routine, la continuité. Cela aussi, je le comprends. La répétition est essentielle au sens. Sans elle, nous sommes perdus. Mais, poussé à l'extrême, l'amour du système devient absurde. Franklin Pangborn jouait un personnage qui adorait le système dans lequel il se trouvait, système dominé par cette divinité américaine manichéenne, son Dieu et son Satan : l'argent. L'argent obsède le personnage de Pangborn dans presque tous ses films. Lui-même n'en possède guère, mais il est victime de ses charmes, saisi dans ses mécanismes tout-puissants et exagérément impressionné par sa puissance. Gérant par excellence, il est la dupe des riches. Dans un autre film de Preston Sturges, *Christmas in July (Le Gros Lot)*, Pangborn joue le directeur d'un grand magasin, empressé à faire plaisir au héros et à sa bonne amie qui, se croyant devenus riches, se sont mis à faire des achats. Le directeur leur fait voir un lit, meuble doté d'un mécanisme complexe qui leur offrira, sur simple pression d'un bouton, toutes sortes de commodités. Pangborn déploie cette merveille de la société de consommation américaine et puis, sur un ton à la fois noble, convenable et obséquieux, il annonce : "Alors, au point du jour…" Il appuie sur le bouton proverbial et le lit reprend sa forme première.

Je me rends compte que ce n'est pas seulement au personnage de Pangborn que je suis attachée mais au fait qu'il ait joué dans des films tournés à Hollywood à une époque où le dialogue jouait encore un rôle primordial au cinéma, où l'expression archaïque "au point du jour" pouvait susciter le rire, où W. C. Fields pouvait lancer une réplique en hommage à la Petite Dorrit, où un *Weenie King* pouvait se livrer à un soliloque sur son amour de la saleté, des cyclones et de la maladie. Il est rare aujourd'hui qu'un film hollywoodien nous offre grand-chose en matière de dialogue et, quand cela arrive, le langage employé n'est guère chargé d'histoire, c'est un langage amorti par la politique des comités et des préprojections. Et, tout en le déplorant, je sais très bien que les studios avaient alors et ont encore aujourd'hui pour objectif une idée foncièrement populiste : celle d'attirer le plus grand nombre possible de spectateurs et de leur faire voir un film qui plaira à tous ou à presque tous – intellos et grippe-sous exceptés. Même dans les mauvais films de l'époque de Pangborn, les dialogues jouaient un rôle plus important qu'à présent. Je regrette l'absence de dialogue dans les films.

Et il est vrai que, lorsque je sors de chez moi à Brooklyn et que j'écoute les gens dans la rue, leurs expressions et leur diction, leurs tournures et leurs phrases ressemblent peu à ce que j'entends sur l'écran des "grands" films. Les gens de mon quartier sont coutumiers de toutes sortes de formules grandioses, d'impropriétés et d'affectations langagières. L'autre jour, j'ai entendu une femme qui disait à une autre : "Ce type-là, c'est rien qu'un petit – elle s'est tue un instant –, une petite coquille." Assis devant l'épicerie coréenne du quartier, un homme méditait à voix haute à propos du mot *humanisme* : "On appelle ça humanisme, humaniste, humanité", rugissait-il à la cantonade. Il y a quelques années, un vieillard, assis dans la station de métro de la 59e Rue, psalmodiait une succession de mots magnifiques : "Coppélia, épiscopale, écholalie…" Il avait une voix sonore, une voix de stentor qui me résonne encore aux oreilles. Un jour, au comptoir de la Bagel Delight, un *deli* des environs, ma langue a fourché et j'ai demandé un bagel *Reagan*-cannelle, au lieu de raisins-cannelle. Le serveur m'a regardée, et il m'a répondu : "Nous n'en avons pas, mais je peux vous donner un Nixon nature." Le miracle de l'esprit reste vivace dans le langage de tous les jours. Simplement, à Hollywood, on n'en tire pas parti.

La vérité, c'est que, souvent, la réalité et nos fantasmes se recoupent. Le personnage de Franklin Pangborn, ce bonhomme pompeux, méticuleux, tiré à quatre épingles, n'existe pas seulement en tant que fiction sur l'écran. J'ai un jour vu, de mes yeux vu sa réincarnation. Voici quelques années, nous étions à Paris, mon mari et moi. Paul y avait à faire et on nous avait logés dans un grand hôtel proche du Louvre. Il advint que Gérard Depardieu s'était mis en tête de rencontrer mon mari, et qu'un rendez-vous fut organisé dans le hall de l'hôtel. Le nom de Depardieu était, depuis un bon moment déjà, devenu chez nous synonyme de cinéma français. J'avais l'impression de retrouver ce type dans tous les films français que je voyais. Sa célébrité paraissait incontournable. L'acteur entra dans l'hôtel. A la différence de nombreuses stars du cinéma, il n'était pas décevant hors écran. C'est un homme très imposant, un homme formidable, brûlant d'énergie. En blouson de cuir, son casque de moto calé sous le bras, il se dirigea vers nous d'une démarche décidée mais caracolante. Il émanait de lui tant de testostérone, de virilité brute, un tel naturel populaire que, franchement, j'en fus chamboulée. Du coin de l'œil, je vis le gérant de l'hôtel remarquer qui venait de pénétrer dans son établissement. Une émotion palpable quoique maîtrisée envahit ses traits. Son visage exprimait de toute évidence que plus Depardieu s'approchait de nous, plus notre statut s'élevait dans cet hôtel. Son regard perçant ne quittait pas la célébrité. L'acteur arriva à notre table dans le hall. Il salua mon mari, les deux personnes qui se trouvaient avec nous, et moi. Je me souviens qu'il prit plaisir à faire sonner mon nom, qu'il me serra la main de la poigne puissante à laquelle je m'attendais, et qu'il s'assit. Le maître d'hôtel se précipita. Droit comme un I, le menton levé, scrupuleusement mis, en complet noir de bonne coupe et cravate élégante, il s'efforçait de conserver son impassibilité. Il n'y parvint pas. Dans sa joie, il se mit à agiter les bras, rien qu'un peu, comme s'il essayait de s'élever dans les airs. Ensuite, en inclinant la tête avec dignité en direction du grand homme, il lui demanda ce qu'il désirait boire. M. Depardieu demanda simplement un verre de vin rouge. Le gérant tourna aussitôt les talons et s'en fut à pas pressés le lui chercher. Il n'avait pris la commande de personne d'autre. Il nous avait oubliés.

En le regardant s'éloigner, je pensais à Franklin Pangborn. Franklin Pangborn revivait dans ce hall d'hôtel, et je me trouvais là, témoin de sa sottise inspirée. Le pauvre gérant s'était comporté de façon absurde, et pourtant j'avais pitié de lui. Il avait contrevenu à ses propres critères rigoureux d'étiquette et s'était rendu ridicule. Il est vrai qu'il nous arrive à tous, de temps à autre, de nous rendre ridicules. Et c'est cela, je crois, qui se trouve à l'origine de cet hommage décousu mais sincère au caractère "pangbornien".

1998

HUIT JOURS EN CORSET

L'été dernier, j'ai fait de la figuration dans la version cinématographique de *Washington Square*, le roman de Henry James. Je ne suis pas comédienne. Agnieszka Holland, la réalisatrice, est une amie à mon mari et moi, et la personne qui l'intéressait réellement était notre fille, Sophie, à qui elle avait confié le rôle d'un des enfants de Mme Almond. Sous un soleil torride de juin, nous arrivâmes à Baltimore, Sophie et moi, pour un essayage. On habilla d'abord Sophie, et elle me parut aussi jolie que n'importe quelle jeune héroïne de roman. L'une des deux habilleuses me donna un corset, une crinoline et un jupon, que je revêtis, et puis elle ajusta mon corset. Elles cherchèrent une robe assez longue pour moi, et je l'enfilai devant le vaste miroir du vestiaire.

Au bout de quelques minutes, je me sentis partir. Je me mis à souffrir de la sensation que j'éprouve toujours quand je m'évanouis : un embarras aigu. S'y ajoutait cette fois le poids d'une crainte : celle de m'effondrer sur le sol devant ma fille de huit ans. Je vacillai, je tombai, mais je ne perdis pas connaissance. J'aimerais pouvoir dire que ces dames s'écrièrent : "Délacez son corset !", qu'elles se précipitèrent à la recherche de sels et qu'elles agitèrent un éventail devant mon visage livide. Mais ce ne fut pas le cas. Elles m'apportèrent aimablement de l'eau et du raisin tandis que je me remettais. Je plaisantai de ma trop grande identification au rôle, des quelques minutes qui avaient suffi à me transformer en l'image classique d'une dame du XIXe siècle sujette aux pâmoisons, et pourtant je ne crois pas que c'était le corset. Il m'était déjà arrivé de manquer m'évanouir devant un miroir – pendant un cours de yoga. Cette fois-là, j'étais en collant de danse et en sweat-shirt. Mon professeur corrigeait ma position et, sans crier gare, je m'étais écroulée et retrouvée en train de respirer profondément, la tête entre les genoux.

C'est dans les miroirs que je me surveille – en quête de brins de persil coincés entre les dents, d'imperfections, de cheveux sales –, que je me demande quelles chaussures porter avec telle robe. Mais, de temps à autre, les miroirs deviennent quelque chose de plus : le site d'un corps dont je sais qu'il finira par rendre l'âme. A la manière de ce qui se passe dans les contes, le miroir représente pendant un instant mon double fantôme, et je n'aime pas cette vision. C'est un instant où je me sens étrangère à moi-même. Reste qu'un reflet étranger dans un miroir ne provoque pas forcément un choc. Les transformations ont quelque chose d'attirant et les vêtements sont le chemin le plus court pour sauter de sa propre vie dans celle de quelqu'un d'autre. Le corset à baleines que j'ai porté pendant huit jours m'a catapultée à une autre époque et dans une autre esthétique, et cela m'a plu.

Le corset est un article calomnié de l'habillement. Il était et est encore tenu pour responsable de quantité de malheurs féminins, tant physiques que spirituels, des dommages causés au corps des femmes à la limitation de leur intelligence. Il est intéressant d'observer, toutefois, qu'alors que les femmes en portaient, les médecins qui menaient campagne contre les corsets étaient des hommes. La plupart des femmes leur étaient favorables. Au XXe siècle, les féministes, se joignant aux médecins, attaquèrent le corset jugé débilitant. Il ne fait aucun doute que, dans la chaleur de l'été ou devant le feu d'un salon en hiver, des femmes perdaient connaissance dans des corsets lacés trop serré pour leur bien. Mais, à porter le mien jour après jour, j'ai succombé à son charme. Porter un corset, c'est un peu comme se sentir embrassée en permanence, dans un enlacement de la taille qui jamais ne se relâche. C'est agréable et vaguement érotique : une étreinte qui dure.

Mais la sensation du corset ne constitue qu'une partie de son effet. Comme tout vêtement, il est, principalement, une idée. En l'occurrence, il propose une idée du corps de la femme dans sa différence radicale d'avec celui de l'homme. Pendant l'été 1986, j'ai voyagé en Asie avec mes trois sœurs et nous avons visité, dans les montagnes de Taiwan, deux monastères bouddhistes, l'un de moines et l'autre de nonnes. Ces moines et ces nonnes se ressemblaient *absolument* – petits corps nets et glabres, aux crânes rasés. Les robes des moines étaient orange, celles des nonnes, blanches. S'ils s'étaient tous déshabillés et montrés nus, la différence entre eux eût été ridiculement faible, rien de plus ni de moins que ce que cette différence est véritablement – une variation génitale, assortie de quelques caractères sexuels secondaires au niveau de la poitrine et des hanches. Jamais je n'avais ressenti aussi fort la vérité concernant les vêtements, les coiffures et le maquillage. Les atours culturels du sexe sont omniprésents. Nous les fabriquons, nous les vivons, nous *sommes* eux.

Le corset s'empare de la différence entre hommes et femmes, et c'est le délire. La courbure de la taille d'une femme devient extrême et la tension du laçage pousse les seins vers le haut. Tout à coup, j'avais de nouveaux seins. Je ne savais pas à quel point mon corps avait changé avant de voir une photo de moi en costume et de m'émerveiller de cette addition à mon anatomie. Le corset laisse les seins quasiment libres et ne couvre pas le sexe. Fermement installé entre le haut et le bas du corps, il a pour effet de rendre plus visible leur articulation et de les définir en tant que zones érotiques distinctes. Le corset a contribué à créer une notion de la féminité, et la silhouette qu'il dessinait n'a cessé, depuis, de connaître les aléas de la mode. Si je n'avais jamais vu de corset auparavant ou si je ne m'étais jamais imaginée en portant un, son pouvoir aurait sans doute été moins grand, mais ma jeunesse a été nourrie des romans du XIXe siècle et j'avais étudié de près les illustrations de mes Dickens et Thackeray. Sanglée dans mon corset, dotée d'un corps que je n'avais encore jamais vu, je devins à mes propres yeux une illustration d'un monde que je ne connaissais que par mes lectures.

Le corset n'existait pas seul, toutefois. Dans les années 1860, époque où James inscrit son roman, il était accompagné d'autres vêtements essentiels pour la bourgeoise américaine : la crinoline et le jupon rembourré aux hanches. Le rembourrage accentue la minceur de la taille dessinée par le corset et la crinoline fait de la femme une sorte de cloche ambulante. Les cerceaux de la crinoline représentent une menace réelle. On s'assied et, si l'on ne prend pas garde, ils vous volent par-dessus la tête. Impossible de récurer les sols en crinoline. En porter une, c'est signifier que *jamais* on ne se met à genoux. On peut arranger des fleurs en crinoline, saisir une tasse de thé, lire un livre et indiquer leurs tâches aux domestiques. La crinoline témoignait de l'appartenance à une classe sociale ; les restrictions qu'elle imposait étaient synonymes de luxe. A l'instar des ongles longs d'un mètre du mandarin chinois, la crinoline raconte une histoire : "Je ne travaille pas pour de l'argent." Et j'ai observé, en effet, parmi certaines des figurantes, un soupçon d'envie chez celles qui jouaient des domestiques en triste robe grise envers celles d'entre nous qui froufroutaient dans leurs ballons privés. Nos mouvements pouvaient en être gênés, mais nous occupions beaucoup d'espace, et cet espace, je m'en suis rendu compte, était un sujet de fierté.

Et alors, hélas, on m'a coiffée. Le corset me plaisait. Les jupons m'amusaient et je riais de la crinoline, sauf lorsqu'il me fallait reculer lentement dans les toilettes, vêtue de cette chose insensée. (Les femmes, à cette époque, ne procédaient pas de la sorte. Leurs sous-vêtements étaient fendus, et elles pouvaient pisser debout. Oui, comme un homme.) La coiffure, ce fut une autre affaire. Je mesure un bon mètre quatre-vingts. J'avais quarante et un ans. Quand on en eut terminé avec moi, j'avais l'air d'une girafe à bouclettes. Les seules personnes au monde qui ont naturellement des bouclettes, ce sont les bébés. A cette époque-là, toute femme qui en avait les moyens se faisait boucler – jeunes, vieilles et entre les deux. C'était une mode infantile et, à mon avis, ça donnait à toute femme de plus de vingt ans l'air ridicule. De même que la taille de guêpe, le retour à l'enfance par l'habillement ou la coiffure est un phénomène récurrent. Les courtes robes sacs des années soixante ramenaient à l'enfance, ainsi que les grands yeux et les frisettes de la même époque. Il y a quelques années seulement, j'ai lu qu'il existait chez les adolescentes qui vont en boîte une mode consistant à se passer une tétine autour du cou après s'être enfilées dans des vêtements de bébé. Peter Pan femelles.

En d'autres termes, ce qui compte, c'est l'idée. Les vêtements nous offrent un aperçu d'une culture et de ses aspirations, des individus et de leurs désirs. Plus encore que ce que vous êtes, les vêtements expriment ce que vous souhaitez être. J'ai eu du mal avec les bouclettes, parce que j'aime à me considérer comme adulte, parce que j'aspire à une certaine dignité dans ma tenue, mais cette dignité n'est guère qu'un message que je désire faire passer, et qui sait si j'y réussis ? J'aime les vêtements et, souvent, j'en ai convoité ardemment – telle robe ou tel manteau splendides dans une vitrine. Ce que je désire, c'est la transformation dont j'imagine qu'elle se produira, une sorte de métamorphose de ma personne.

Les enfants sont plus proches que les adultes des transformations fantastiques, plus proches de la magie du costume et du changement issu de l'illusion, mais nous avons tous des dispositions à cet égard et, tous, nous avons entendu et nous nous sommes répété l'histoire de la chemise de nuit en soie, des bas, du complet à fines rayures derrière lesquels on se dissimule. De telles histoires sont souvent des clichés, des récits rebattus qui nous tiennent à cœur. J'ai revêtu la chemise de nuit en soie, je me suis brossé les cheveux et pincé les joues. J'entre dans la chambre à coucher, et le voilà – le héros, Clark Gable ou William Powell, selon mon humeur. Il se retourne, étouffe une exclamation : "Tu es…" Complétez suivant le pointillé. Quels qu'ils soient, les mots ne sont jamais : "Tu es pareille à toi-même."

Tout élément significatif de l'habillement fait partie d'une histoire culturelle plus vaste. Il y a des années de cela, je suis allée à une soirée d'Halloween déguisée en homme. Vêtue d'un complet emprunté, le visage débarrassé de tout maquillage, les cheveux cachés sous un chapeau, je me suis regardée dans un miroir, et je ne m'attendais pas à un tel changement. Les femmes flirtent fréquemment avec des vêtements d'homme mais, quand on y va à fond, le résultat est étonnant. Je me sentis masculine. Mon pas se fit plus ample. Mon comportement changea. C'était facile de jouer à être un homme, aussi facile que de jouer à être une femme. Le complet avait libéré un fantasme de virilité dont je m'amusais de bon cœur. Une autre fois, je me rendais à une grande soirée et je marchais dans une rue mal éclairée de New York. J'avais à peine vingt ans alors, et je faisais à l'occasion des expériences vestimentaires osées. En combinaison de sport rouge et hauts talons assortis, qui ajoutaient plusieurs centimètres à ma stature déjà élevée, je passai à côté d'un homme qui se mit à cracher sur moi des insultes. Je poursuivis mon chemin. Il me fallut plusieurs secondes pour assimiler ce qui se passait. L'homme m'avait prise pour un travesti. Comique et triste à la fois, cette aventure me fit prendre soudain conscience du venin que peuvent distiller les apparences, sans parler de la ligne parfois indistincte entre la féminité et son double parodique.

Une fois de temps en temps, un vêtement saute d'une culture à une autre. J'ai passé trois mois en Thaïlande en 1975, quand j'étais étudiante, et je garde un souvenir très vif d'une bande de durs à motocyclette que j'ai vus passer en rugissant dans les rues de Chiang Maï, sous la pluie, coiffés de bonnets de douche. Plusieurs de ces bonnets étaient décorés de fleurs et autres ornements typiquement féminins. J'étais ahurie, mais personne d'autre ne l'était. Mes associations culturelles ne fonctionnaient pas. Le bonnet de douche était né à une vie nouvelle, en un autre lieu, avec une signification totalement différente.

S'il est vrai que certains individus sont attachés à une idée qui les détermine rigoureusement – que ce soit "Les vêtements ne m'intéressent pas du tout" ou "Je suis une déesse sexuelle" –, nous caressons pour la plupart, ou nous avons, à un moment ou à un autre, caressé des rêves multiples.

Je possède une robe noire qui me rappelle Audrey Hepburn. Je n'ai pas l'illusion de ressembler à Audrey Hepburn dans cette robe, mais la délicieuse silhouette de l'actrice en Givenchy l'a néanmoins enchantée et sa magie fait partie du plaisir que j'éprouve à la porter. Le cinéma et les livres sont pour les amateurs de vêtements des drogues puissantes. Katharine Hepburn marchant à grands pas en pantalon, Lana Turner en drap de bain, Claudette Colbert en veste de pyjama d'homme, Marilyn Monroe en n'importe quoi. Tolstoï accordait une grande attention aux détails de l'habillement et du corps des femmes, Natacha à son premier bal et les épaules blanches d'Hélène au-dessus de sa robe décolletée. Opposée aux fanfreluches des sottes visiteuses de Rochester, la simplicité des robes de Jane Eyre est tonique. Autant d'images prises dans des histoires plus vastes qui nous captivent, les histoires de gens qui vivent leur vie et leurs complications romantiques, tant comiques que tragiques.

Ma fille se déguise. Elle est une femme riche, et puis une pauvresse mourant de faim dans la rue. Elle est une vieille paysanne qui vend des pommes. Elle est au téléphone, "déjeunons ensemble", dit-elle, sur un ton affecté. Elle descend l'escalier en dansant, en faisant claquer son chewing-gum et en affectant l'accent de Brooklyn. Elle porte mes chaussures et chante en émule de Barbra Streisand. Elle est toujours quelqu'un d'autre. Quant à moi, mon mari assure que j'ai au moins deux personnalités : la lettrée bossue et binoclarde et la dame élégante. L'une vit surtout à la maison. L'autre sort. Réfléchir me voûte et, de toute façon, j'oublie de quoi j'ai l'air. Dans une jolie robe, je me tiens droite et ne me laisse jamais aller. Je vis en fonction de la robe que je porte même si je ne me vois pas la porter. Les autres me voient plus souvent que je ne me vois. Ma famille sait mieux que moi de quoi j'ai l'air. Je présente au miroir un visage paisible, telle une statue inanimée, et de temps à autre cette image figée peut me faire peur. Mais je ris beaucoup, aussi, et je souris. Je plisse mon front quand j'ai des soucis, j'agite les mains en parlant et, ça, je ne le vois jamais.

Finalement, le port de vêtements est un acte de l'imagination, une invention de soi, une fiction. Il y a plusieurs années, j'étais assise avec mon mari à l'hôtel Carlyle, en train de prendre un verre. Je portais une très belle robe. Je me rappelle qu'il m'a regardée avec plaisir, en face de lui à la table, et qu'il m'a demandé : "Quand tu étais petite, dans ta cambrousse au fond du Minnesota, t'es-tu jamais imaginée assise dans cet hôtel chic, vêtue de cette robe extraordinaire ?"

Et j'ai répondu : "Oui." Parce que, bien sûr, c'était vrai.

1996

ÊTRE UN HOMME

Eveillée, je suis une femme mais, parfois, dans mes rêves, je suis un homme. Cette masculinité est rarement simple affaire d'anatomie. Ce n'est pas que je m'aperçois qu'il m'est poussé un pénis ni qu'il me vient de la barbe, c'est plutôt que je me rends compte que je suis un homme à l'instant même où je me sens troublée par le souvenir vague d'avoir un jour été une femme. Mon sexe ne prend de l'importance dans le rêve que dès lors qu'il est mis en doute. C'est d'abord le doute, et non une certitude, qui suscite la question de mon identité sexuelle et, ensuite, le besoin d'être l'un ou l'autre, homme ou femme. Bien que la mode veuille, aujourd'hui, qu'on rejette les rêves comme autant de bavardage neurologique dépourvu de sens, j'ai fait trop de découvertes dans mon sommeil pour croire cela. Il est évident que mes rêves de virilité, révélateurs d'un moment d'incertitude, éclairent des recoins de mon propre psychisme confus, mais je crois aussi qu'ils peuvent servir de clé pour comprendre le terrain culturel plus vaste où s'articule la frontière entre féminin et masculin.

La plupart d'entre nous acceptent les réalités biologiques de leur sexe et s'en accommodent plus ou moins, mais il y a des moments où le corps est ressenti comme une limitation. Pour une femme, cela peut se passer lorsqu'elle entend une tonalité condescendante dans la voix d'un homme et qu'elle doit affronter le fait que ce qui a provoqué cette tonalité, ce n'est pas ce qu'elle a dit, c'est le sexe auquel elle appartient. Bien entendu, une telle occurrence n'est pas facile à analyser parce que toute rencontre sociale est chargée de non-dit et de non-perçu. Deux personnes créent inévitablement entre elles un troisième champ dans lequel le sexe n'est qu'une des innombrables forces en action, et pourtant, à l'instar de l'envie, de la rancune, du snobisme ou du racisme, on peut détecter le préjugé sexuel à l'instar d'une odeur dans la pièce ; trop forte, cette odeur suscite un fantasme d'évasion : qu'aurait-il dit s'il m'avait considérée comme un homme ? Je suis sûre que dans mes rêves de virilité il s'agit au moins en partie d'échapper aux attentes culturelles qui pèsent sur la féminité, mais je crois aussi que ces rêves ont un caractère plus complexe, qu'ils témoignent de l'existence en moi d'un homme en même temps que d'une femme, et que cette dualité est effectivement un élément de la nature humaine, un élément dont il n'est pas toujours aisé de s'accommoder.

Dans mes rêves, mon corps réel ne m'impose aucune limite. Je vole et j'ai des capacités de télékinésie. Il m'est venu de la fourrure, j'ai souffert de plaies béantes, perdu mes dents et répandu assez de sang pour m'y noyer. De même, quand j'écris un roman, je quitte mon corps réel et je deviens une autre personne, femme ou homme, à mon gré. Pour moi, la création artistique a toujours été une forme de rêve conscient. Le matériau d'une histoire ne vient pas de ce que je connais mais de ce que je ne connais pas, d'impulsions et d'images qui, souvent, semblent advenir sans directives de ma part, en un processus étrange à tous égards, et qui se manifeste lorsque je deviens quelqu'un d'autre dans mon travail. Et pourtant l'acte d'écrire consiste en une seule chose – poser des mots sur une page afin qu'ils soient lus par autrui. A la fin, les mots sont tout et, à strictement parler, ils sont asexués. En anglais, contrairement à beaucoup d'autres langues, les noms n'ont pas de genre, mais il est intéressant de se demander si un texte peut être masculin ou féminin, et d'où viendrait qu'il soit l'un ou l'autre.

Tous les parents, et quiconque a passé un certain temps en compagnie de jeunes enfants, savent qu'il faut un certain temps pour que l'identité sexuelle se fixe et que, à l'âge des premiers pas, les petits savent rarement s'ils sont garçon ou fille. Quand elle avait trois ans, ma fille a demandé à mon mari si elle aurait un pénis quand elle serait grande. Elle a posé cette question pendant une période de sa vie que j'appelle "la phase tutu-souliers de bal", une saison de clinquant et de dorures, de tiares en faux diamants et de hauts talons en plastique. Alors que les petits garçons bombaient le torse en jouant aux super-héros, ma fille circulait dans la maison telle une version démente et pas très propre de Titania. Au même âge, la fille d'une de mes amies arborait une perruque platinée à la Marilyn Monroe et refusait de l'enlever. Elle mangeait, jouait, allait au parc, au bain et au lit coiffée de la perruque d'une blancheur de plus en plus douteuse et qui, à en croire sa mère, la faisait ressembler davantage à un méchant nain de conte de fées qu'à une bombe sexuelle blonde. Si comiques qu'ils puissent paraître aux adultes, c'est très sérieusement que les enfants jouent à découvrir ce qu'ils sont – garçons ou filles – et ils vivent cette différence sur le mode imaginaire d'un jeu de rôles sexuel souvent dramatique. En dépit de l'optimisme de certains chercheurs, la question de savoir où finit la biologie et où commence la culture n'est sans doute pas du ressort de la science. Même les tout-petits, dont l'existence non définie rend la question de l'identité sexuelle absurde de leur point de vue, sont nés dans un monde où cette question est essentielle d'un point de vue extérieur, où la première question posée après la naissance est : "C'est un garçon ou une fille ?" En d'autres termes, avant qu'eux sachent, nous savons. Et ce que nous savons fait partie d'un vaste paysage symbolique dans lequel des lignes sont tracées entre une chose et une autre par l'acte linguistique qu'est la nomination. Lorsque les enfants se sentent assurés d'être soit garçons, soit filles, les capes de Zorro, tenues de Superman, couronnes et costumes de princesse cèdent la place à des vêtements plus androgynes. Les atours extérieurs de la féminité et de la virilité peuvent être abandonnés dès lors que la conscience de l'identité sexuelle s'intériorise, et une partie de cette certitude intime se manifeste dans le langage. Un enfant de six ans peut en général affirmer avec assurance qu'il ou elle est un garçon ou une fille, deviendra en grandissant un homme ou une femme et, à moins d'une opération, ne changera pas de sexe en chemin. Dès lors aussi, le sens plus général des notions de féminité et de masculinité devient beaucoup plus ambigu. *Masculin* et *féminin* sont des mots qui évoquent des associations si denses, si anciennes, si publiques et en même temps si privées que tracer entre les deux une ligne nette pose des problèmes ardus. Il faut dire, toutefois, que le masculin et le féminin constituent dans le langage des catégories bien vivantes, chargées de nos histoires culturelles et personnelles profondes, en évolution et transformation continuelles, et qu'il est d'une folle naïveté de supposer que le remplacement de *chairman* par *chairperson**, par exemple, purgera le langage de ses connotations sexuelles.

* Dans *chairman* (président), la terminaison *-man* (homme) est nettement masculine ; *chairperson* aurait un caractère neutre *(N.d.T.)*.

Nous étions quatre filles dans ma famille. Avant chaque naissance, mes parents avaient tenu prêt le prénom Lars mais il se fit qu'ils durent attendre une génération. Le premier fils de ma sœur s'appelle Lars en l'honneur de notre grand-père et de ce fils Hustvedt fantôme qui n'est jamais né. J'ai souvent pensé qu'il était plus facile que nous soyons toutes des filles. S'il y avait eu un garçon, on aurait pu nous comparer et nous opposer à lui, et les différences auraient pu tous nous limiter. Nous sommes nées par paires. J'étais la première. Ensuite, dix-neuf mois plus tard, est née ma sœur Liv. Un espace de cinq ans a suivi avant l'apparition d'Asti et, seulement quinze mois plus tard, Ingrid était là. Nous étions toutes les quatre très proches et très attachées les unes aux autres dans l'enfance, et nous sommes restées, à l'âge adulte, des amies fidèles, chose que nous avons plus ou moins considérée comme allant de soi. Mon mari, en revanche, a toujours considéré notre harmonie comme à la fois remarquable et quelque peu incompréhensible. Pourquoi y a-t-il si peu de conflit entre nous ? Quand nous étions petites, Liv et moi, nous aimions jouer aux catastrophes – naufrages, tornades, inondations et guerres. Liv était toujours John, et j'étais toujours Mary, ce qui signifiait en général que John avait à sauver Mary. J'aimais être sauvée et, dans la vie comme dans le jeu, c'était ma sœur la courageuse, pas moi, et en plus d'une occasion elle m'a défendue contre les attaques d'autres enfants, bien que je fusse son aînée. Les rôles étaient répartis de façon similaire entre les deux plus jeunes. Asti préférait généralement celui de la fille, dans leurs jeux, et Ingrid aimait être le garçon. Liv et Ingrid ont fait du cheval et sont toutes les deux devenues championnes amateurs de rodéo. Plus tard, Liv est entrée dans le monde des affaires. Ingrid est devenue architecte. Asti et moi avons l'une et l'autre fini à l'Université, elle en français, moi en anglais.

Bien que loin d'être complet, ce croquis rapide aide à comprendre pourquoi, après dix ans de mariage, mon mari s'est dressé dans le lit un matin et m'a déclaré : "J'ai tout compris. Tu es la femme. Liv est l'homme. Asti est la fille, et Ingrid est le garçon." Nous sommes toutes adultes à présent, mes sœurs et moi, toutes mariées et toutes mères de famille, mais nous reconnaissons dans cette affirmation une vérité, à propos de notre famille, que personne n'avait encore exprimée. Bien que nous soyons toutes des filles, nous avons établi entre les sœurs un schéma de caractères féminins et masculins alternés. On peut observer que c'était la plus jeune des filles de chaque paire qui adoptait le rôle le plus masculin, ce qui contribuait à compenser le déficit en âge. L'effet en était simple. Dans chaque paire, la rivalité caractéristique entre frères ou sœurs du même sexe et presque du même âge s'en trouvait fort diminuée. Pas de compétition possible si on ne joue pas le même jeu.

Plusieurs années après cette définition succincte de mes sœurs et moi, je lisais un recueil de textes de D. W. Winnicott, le pédiatre et psychanalyste anglais, quand je suis tombée sur une conférence intitulée "Clivage des éléments masculins et féminins chez l'homme et chez la femme", qu'il avait prononcée en 1966 à la British Psycho-Analytical Society. Il introduit le sujet en ces termes : "En tant que fondement de l'idée que je désire développer ici, je suggère que la créativité est l'un des dénominateurs communs aux hommes et aux femmes. Dans un autre langage, la créativité est néanmoins la prérogative des femmes et, dans un autre langage encore, c'est un trait masculin. C'est du dernier des trois que je vais traiter." Et Winnicott d'expliquer qu'un jour, durant une conversation avec un patient, il eut l'impression d'entendre une femme et dit : “Je suis en train d'écouter une femme. Je sais parfaitement que vous êtes un homme, mais c'est une femme que j'écoute.” Le patient répliqua : “Si je devais parler de cette femme à quelqu'un, on me traiterait de fou.” Winnicott fit un pas de plus : “Ce n'est pas *vous* qui en avez parlé à quelqu'un ; c'est *moi* qui vois la femme et qui l'entends parler alors qu'en réalité il y a un homme sur mon divan. Le fou, c'est moi.” Le patient répondit : “Moi-même, jamais je ne pourrais dire (sachant que je suis un homme) : «Je suis une femme.» Ma folie n'est pas de cet ordre. Mais *vous* l'avez dit, et vous avez parlé aux deux parties de moi.”

L'interprétation que suggère Winnicott de cet extraordinaire dialogue (qui, souligne-t-il, n'a rien à voir avec l'homosexualité) s'articule sur la compréhension du fait que la mère défunte de cet homme, ayant déjà un fils lorsqu'elle avait accouché de son second enfant, avait souhaité une fille et s'était entêtée à ne pas admettre le sexe du bébé. Le souhait de la mère était un mensonge, lequel à son tour fit naître chez le fils un douloureux fantôme : celui de la fille tant désirée. Nous n'avons pas souffert comme le patient de Winnicott, mes sœurs et moi, des rôles que nous jouions dans notre famille, et c'est sans doute parce que notre mère ne s'y trompait pas. Elle aimait ses bébés en tant que filles. J'ai tendance à penser que ce qui nous est arrivé est venu plus tard et est en rapport avec mon père. Nous rions encore, toutes les quatre, du fait que, lorsque mon père voulait de l'aide au garage, c'était en général Liv ou Ingrid qu'il appelait.

J'ai passé six ans à écrire un livre dans lequel le narrateur est un septuagénaire du nom de Leo Hertzberg. Quand j'ai commencé ce roman, j'éprouvais une certaine inquiétude à l'idée d'incarner un homme et de parler d'une voix masculine.

Assez vite, cette inquiétude a disparu mais il est devenu évident à mes yeux que je faisais quelque chose de différent, que ce narrateur vivait en lui-même d'une vie autre que de la mienne et que, néanmoins, afin d'*être* lui, je puisais dans une part masculine de moi-même. J'avais déjà joué avec l'ambiguïté sexuelle dans mon travail. L'héroïne de mon premier roman, *Les Yeux bandés* – un livre écrit, lui aussi, à la première personne –, se coupe les cheveux, emprunte le nom d'un personnage d'un récit qu'elle a traduit et erre dans les rues de New York vêtue d'un complet d'homme. Pendant que j'écrivais ce livre, je savais qu'Iris devait porter ce costume, mais je ne savais pas du tout pourquoi, en dehors de l'existence d'un rapport entre son travestissement et sa traduction du bref roman allemand *Der Brutale Junge*, ce déplacement d'une langue à une autre, et du fait qu'en se faisant passer pour un homme elle perd un peu de sa vulnérabilité et acquiert un certain pouvoir, ce dont elle a un besoin désespéré. Je me rends compte aujourd'hui seulement que la technique de survie consistant à adopter une position masculine est enracinée dans ma propre famille, qu'en portant ce costume Iris vit la dualité et l'incertitude de mes rêves et que, dès lors qu'elle se réinvente en personnage masculin, elle devient enfin capable d'imaginer son salut personnel. En tant que "Klaus", elle parle différemment, elle jure, elle affecte une démarche fanfaronne qu'elle associe aux hommes. Récemment, j'ai rencontré une psychiatre qui m'a confié qu'elle fait lire *Les Yeux bandés* à certaines de ses patientes. "Ça ne leur fait pas de tort ?" ai-je demandé, en ne plaisantant qu'à demi. "Non, m'a-t-elle répondu. Ça les aide à voir que les frontières sont importantes." Le travestissement d'Iris est défensif, c'est une façon d'esquiver le caractère ouvert, fragile et mal défini qu'elle attribue à sa féminité.

Etre Leo, ce n'était pas affaire de traduction. Après quelque temps, j'ai commencé à l'entendre. J'entendais un homme. Il est sans doute impossible d'expliquer d'où il venait, mais je suis persuadée que j'ai puisé dans l'expérience que j'avais vécue en écoutant les hommes que j'ai aimés, mon père et mon mari en particulier, mais d'autres aussi qui ont joué un rôle important dans ma vie intellectuelle – ces voix masculines désincarnées dans les livres innombrables que j'ai lus au fil des années. Leurs mots vivent en moi, mais c'est également le cas de ceux de femmes écrivains. Jane Austen, Emily et Charlotte Brontë, George Eliot, Emily Dickinson, Gertrude Stein, Djuna Barnes ont, elles aussi, modifié mon imagination, et pourtant je ne parle pas de différence sexuelle en termes de corps réels, mais je reprends ce qu'en dit Winnicott : "(...) je ne pensais plus désormais à des garçons et des filles, ni à des hommes et des femmes, écrit-il, mais en termes d'éléments masculins et féminins qui appartiennent à tous." Après des années d'expérience, Winnicott avait appris à écouter ses patients d'une façon qui transcendait l'anatomie. Lire signifie ne pas voir l'auteur. Mary Ann Evans est devenue George Eliot pour dissimuler son sexe, et cela a fonctionné quelque temps. Flaubert n'a jamais été plus sérieux que lorsqu'il déclarait : "Madame Bovary, c'est moi."

En tant que lectrice, je suis convaincue que les mots ont un pouvoir quasi magique de création, non seulement de nouveaux mots, mais aussi d'images, d'émotions et de souvenirs éphémères. Certains romans, certains poèmes ont eu le pouvoir d'exhumer en moi des éléments primitifs et ignorés, ils ont été tels des miroirs dont je ne soupçonnais pas l'existence. Dans tout livre, l'auteur est physiquement absent, et cette absence fait de la page un lieu où nous sommes vraiment libres d'écouter l'homme ou la femme qui sont en train de parler. Lorsque j'écris un livre, j'écoute aussi. J'entends parler les personnages comme s'ils étaient en dehors de moi et non en moi. Dans un livre, j'entendais une jeune femme qui jouait à être un homme ; dans un autre, j'entendais un homme. Dans mes rêves, je me trouve tiraillée entre les deux sexes, incertaine de celui qui est le mien. Cette ignorance me contrarie mais, quand j'écris, cette même ambivalence devient ma libération et je me sens libre d'habiter aussi bien des hommes que des femmes et de raconter leurs histoires.

2003

QUITTER SA MÈRE

C'était le week-end des visites, au camp, et je tenais ma fille Sophie, âgée de douze ans, blottie dans mes bras tandis que nous bavardions, assises sur son lit. A l'autre bout de la cabane, j'entendis une fillette gémir : "J'aimerais que ma mère vienne. Où est-elle ?" Une autre, étendue à plat dos sur son lit, adressa sa plainte au plafond : "Ouais, je voudrais bien être assise sur les genoux de *ma* mère." Elles attendaient encore l'arrivée de leurs mamans. Quand les parents partirent, ce jour-là, quelques enfants pleurèrent ; d'autres pas. Quelques-uns s'accrochaient désespérément à leurs mères et leurs pères. D'autres ne leur accordaient qu'une étreinte rapide, pour la forme. Un spectateur habitué de ces week-ends de visite me raconta qu'il pouvait toujours repérer les parents divorcés parce que, lorsque la mère ou le père disait au revoir à l'enfant, son compagnon ou sa compagne, beau-père ou belle-mère, se tenait à l'écart – à une distance respectueuse d'au moins dix pas. Les adieux marquent le début des séparations, et il n'est pas facile de se séparer de ses parents, même si nous finissons tous par le faire. Mon mari aime à dire que notre rôle de parents consiste à élever des enfants qui seront assez forts pour s'en aller et s'accomplir sans nous.

Quand j'avais sept ans et ma sœur Liv cinq, nous avons dit au revoir à nos parents et pris le train pour Chicago en compagnie de notre oncle David. Celui-ci n'était pas vraiment notre oncle, mais le cousin de mon grand-père et, en 1962, il était déjà âgé, sans doute octogénaire depuis peu. Oncle David avait toujours fait partie de nos vies et nous lui étions très attachées, Liv et moi. Il avait quitté la Norvège à vingt-deux ans pour faire fortune en Amérique, et il avait abouti aux abords de Chicago, où il avait exercé la profession de charpentier. Nous trouvions l'oncle David amusant. Il parcourait tous les jours des kilomètres à pied, jouait avec nous à des jeux exténuants et nous manifestait son affection par d'affectueuses bourrades qui, en dépit de leur caractère enthousiaste, manquaient nettement d'agrément.

Je ne me rappelle pas avoir éprouvé d'autre sentiment que de l'excitation lorsque, ma sœur et moi, nous sommes montées à bord du train avec l'oncle David, et je n'ai aucun souvenir conscient d'avoir dit au revoir à mes parents. Nous avions, Liv et moi, l'impression que ce voyage allait être l'aventure de notre vie et nous nous y engagions de tout cœur. Cela commença bien. Nous étions assises en face de l'oncle David dans les vastes sièges du train quand, tout à coup, deux hommes aux visages dissimulés par des mouchoirs rouges déboulèrent dans la voiture en courant. Deux policiers armés de revolvers les serraient de près. Ahuries, Liv et moi demandâmes à oncle David qui étaient ces hommes. Sans sourciller, il répondit : "Sans doute des voleurs de bagages." Nous étions ravies, ma sœur et moi : de vrais voleurs.

L'oncle David vivait avec sa fille célibataire, une institutrice, que nous appelions tante Harriet. Leur maison était obscure, dans mon souvenir. Peut-être que les rideaux étaient souvent tirés ou que les fenêtres recevaient peu de lumière – je ne sais pas – mais c'était un endroit ténébreux et qui sentait le vieux. Le premier soir de notre séjour, tante Harriet nous dit de "monter prendre notre bain". Nous échangeâmes un regard, Liv et moi, montâmes l'escalier, ouvrîmes la porte de la salle de bains, pénétrâmes dans la pièce et restâmes plantées devant la baignoire. Nous n'avions jamais pris notre bain toutes seules. Nous n'avions jamais fait couler l'eau dans une baignoire. Notre mère remplissait le bain. Elle nous lavait les cheveux, et elle réchauffait des serviettes dans le séchoir pour éviter que nous ne prenions froid. Souvent, en hiver, notre père nous emballait dans ces serviettes chaudes et nous emportait dans ses bras pour nous déposer devant un feu. Je me rappelle clairement que nous nous consultâmes, Liv et moi, sur ce que nous allions faire. Nous avions reçu un ordre. Nous ne songeâmes pas un instant à y désobéir, pas plus qu'à demander de l'aide. Nous avons pris un bain – dans un petit fond d'eau froide. Cela nous prit environ deux minutes.

Durant les jours qui suivirent, pas une fois nous ne quittâmes Highwood. Pendant que tante Harriet était au travail, oncle David s'occupait de nous. L'un des grands moments du séjour, dont je me souviens avec une vive clarté, fut l'après-midi où oncle David nous invita dans sa chambre. Tandis que nous le regardions, ma sœur et moi, il s'étendit voluptueusement sur son lit, chaussures sur le couvre-lit, et sortit en grande cérémonie un billet de banque de son portefeuille. Nous nous penchâmes en avant pour le regarder. C'était un billet de cent dollars. Nous n'avions encore jamais vu autant d'argent à la fois. "Si jamais il vous en faut un comme ça, dit-il, vous pouvez vous adresser à moi." Liv et moi fûmes profondément impressionnées.

Je ne sais plus très bien quand j'ai commencé à regretter notre maison et à me languir de mes parents, mais je soupçonne que ce ne fut guère plus de deux jours après notre arrivée. Le séjour entier ne peut pas avoir duré plus de deux semaines. Ce qui me paraît intéressant aujourd'hui, c'est que je ne me suis pas formulé ce que j'éprouvais. Je n'ai pas dit : "Je veux rentrer chez nous", ni : "Ma maison me manque." En même temps, j'avais le sentiment très fort que, Liv et moi, nous ressentions les mêmes choses, que nous en parlions ou pas. Nous ne nous quittions pas, nous nous étonnions ensemble de trouver l'oncle David si différent de ce à quoi nous étions habituées, mais nous ne pleurions pas et ne demandions pas qu'on changeât quoi que ce fût. C'est alors que j'écrivis une lettre à la maison. Je crois que c'était une lettre joyeuse, que j'y racontais à mes parents ce que nous faisions à Highwood, mais je joignis à cette lettre un dessin de Jésus. Les histoires de la Bible que j'avais apprises à l'école du dimanche avaient fait beaucoup d'effet sur moi et, à sept ans, j'étais une petite fille pieuse. Dieu, les anges, les miracles et la terrible histoire de la crucifixion habitaient mon monde intérieur, et l'idée m'était venue de dessiner un portrait de Jésus en train de prier Dieu, son père, dans le jardin de Gethsémani, avant qu'on vienne s'emparer de lui pour le crucifier. J'y travaillai avec application. A mon avis, c'était le plus réussi, le plus beau dessin que j'eusse jamais réalisé. Le Christ était agenouillé, en prière, vêtu, je crois, d'une robe bleue. Je pliai mon œuvre et l'envoyai avec mes nouvelles.

Ma mère jeta un coup d'œil au dessin et décida de prendre un train pour Chicago. Pour moi, le message était tout à fait inconscient, mais ma mère ne s'y trompa pas. Il signifiait : "Eloignez de moi ce calice." Je me rappelle encore l'apparition de ma mère à la gare, le son de sa voix, la sensation de son corps et l'odeur de son parfum quand nous nous jetâmes, Liv et moi, dans ses bras grands ouverts.

Ce voyage et l'arrivée de ma mère sont au nombre de mes souvenirs les plus vifs des événements de mon enfance. Oncle David et tante Harriet ne nous avaient pas annoncé la venue de ma mère. Elle m'a raconté par la suite qu'elle était opposée à leur idée mais n'avait pas pu faire grand-chose pour les dissuader de nous faire la surprise. Parce que nous ne nous y attendions pas, son apparition nous fit à toutes les deux l'effet d'un événement magique, tel un souhait réalisé dans un conte de fées. Ce caractère enchanté était accentué par le fait que j'avais appelé ma mère sans savoir que je le faisais, et qu'elle, dotée de ce que je considérai comme une capacité surnaturelle de pénétrer les recoins secrets de mon âme, avait entendu mon appel et accouru.

Parce que nos mères sont nos premières amours, parce que c'est grâce à elles que nous commençons à prendre conscience de nous-mêmes en tant qu'êtres distincts dans un monde nouveau, elles ont, pour le meilleur et pour le pire, un pouvoir immense. Nos oncle et tante nous avaient traitées avec gentillesse, Liv et moi, et pourtant ce séjour demeure dans sa mémoire et dans la mienne comme notre première incursion dans un environnement inconnu. Je me rappelle les couvre-lits étranges et les curieux bols à céréales. Je me rappelle même l'herbe jaunissante du jardin, comme si elle aussi avait été touchée par une autre réalité. L'expérience aidant, la majorité des adultes perd cette intensité de sensation de l'inconnu – cette sensation de n'être *pas chez soi*. Bien entendu, si notre mère nous avait accompagnées, nous n'aurions pas ressenti le changement avec autant de force, Liv et moi. La vérité, c'est que l'idée de notre *chez-nous* et celle de nos père et mère étaient inséparables.

A sept ans, j'étais plus qu'assez âgée pour avoir prise sur le réel, pour être assurée de revoir mes parents, et pourtant ils me manquaient. Mes parents étaient comme le sol sous mes pieds. Sans eux, je me sentais en suspens, incertaine de mes pas. Toute personne qui a eu un bébé sait qu'un enfant de huit mois, par exemple, n'est *pas* sûr qu'on va revenir, que le seul fait de sortir de la pièce suffit à provoquer une protestation furieuse. Je me souviens que, lorsque ma fille venait d'apprendre à marcher et que je parlais au téléphone, elle devenait soudain exigeante. Pour quitter un enfant, il n'est pas besoin de sortir de la pièce. Mon désir de parler à quelqu'un d'autre suffisait à l'angoisser et à l'irriter. Lorsque, le téléphone raccroché, je lui redevenais tout à fait disponible, elle s'éloignait souvent de moi, soudain très occupée et apparemment indifférente à ma présence. Voilà le hic. La véritable indépendance d'un enfant est le produit d'une présence parentale forte et rassurante, et c'est cette présence que nous emportons lorsque nous passons la porte pour de bon.

Bien que je travaille à la maison, j'ai quitté ma fille plus souvent au fil des années que ma mère ne m'a quittée. Quand Sophie avait quatre ans, je suis allée en Allemagne faire une tournée littéraire de deux semaines et demie. Elle est restée chez nous avec son père et ma mère, qui l'adorent, l'un et l'autre, et qui se sont on ne peut mieux occupés d'elle. A mon retour, elle s'est accrochée à moi tout en manifestant à ma mère une grande froideur. Pas besoin d'être fin psychologue pour comprendre que ce n'était pas à ma mère qu'elle en voulait mais à moi, qui l'avais quittée, et que c'est la mère de remplacement qui a encaissé. De nombreux beaux-parents se sont trouvés dans la même situation : en butte à une colère détournée. Après cela, pendant deux ans, chaque fois que je partais en voyage, ma fille me regardait en disant : "Tu ne vas pas en Allemagne, hein, maman ?" *L'Allemagne*, un pays qu'elle aurait été incapable de trouver sur une carte, devint pour elle le signe que j'allais lui manquer et, si je suis heureuse d'avoir voyagé pour mon travail, le chagrin de ma fille, confiée à des gens qu'elle aimait et qui l'aimaient, suggère que même ce que l'on pourrait considérer comme une séparation idéale laisse des traces. Quand Sophie avait neuf ans, je suis retournée en Allemagne pour mon deuxième roman. A ce moment-là, le nom du pays avait perdu ses connotations douloureuses et elle était simplement ravie de se retrouver en compagnie de sa grand-mère en mon absence et au-delà. A neuf ans, elle était, au plan émotionnel, beaucoup mieux armée pour comprendre mon départ qu'elle ne l'avait été à quatre ans.

Il est bien connu que les jeunes enfants interprètent souvent de façon personnelle une absence parentale, que d'une manière ou d'une autre ils se sentent responsables du départ d'un parent tendrement aimé. Tous les petits enfants aiment leurs parents et, en même temps, leur en veulent pour leur omnipotence et, si l'un des parents disparaît, les enfants ne peuvent s'empêcher de supposer que leurs sentiments agressifs pourraient y être pour quelque chose. Et, s'ils se sentent vulnérables vis-à-vis de leur plus grand amour, ils peuvent manifester leur colère ailleurs – envers un objet plus anodin. J'ai connu un petit garçon qui, lorsque son père était parti, traitait régulièrement d'"idiot" son oncle bien-aimé. Tous les pères étaient suspects. Lorsque son père revenait, l'enfant frappait de ses petits poings ce parent qui lui avait manqué avant de se laisser aller à une étreinte passionnée et mêlée de larmes.

Les douleurs normales d'amour et de colère dont souffrent la plupart des enfants séparés d'un de leurs parents disparaissent en général dès le retour de celui-ci. Certaines séparations sont inévitables. L'hospitalisation d'un enfant ou d'un parent pour cause de maladie ou d'accident, par exemple. Le pédiatre et psychanalyste anglais D. W. Winnicott raconte l'histoire d'une fillette de quatre ans qu'il a soignée à l'hôpital pour une tuberculose présumée. "C'est une petite fille solennelle, écrit-il, et dépourvue de joie de vivre." Winnicott découvrit alors qu'à l'âge de deux ans, la fillette avait été hospitalisée parce qu'elle avait la diphtérie. On l'avait emmenée à l'hôpital pendant qu'elle dormait, et elle s'était réveillée dans un environnement inconnu, avec des inconnus dans sa chambre, et sa mère n'avait pas été autorisée à venir la voir avant trois mois ! On peut imaginer le désespoir qu'éprouvait cette enfant à se retrouver dans un lit d'hôpital. Winnicott ajoute : "Il est possible que l'on s'aperçoive que son éloignement du foyer familial a constitué pour son développement émotionnel un traumatisme grave. Je ne peux rien affirmer."

Winnicott fait preuve d'une honnêteté caractéristique. Nous ne pouvons raconter une histoire qu'au passé, pas dans l'avenir, mais à tout le moins nous devons comprendre que les allées et venues des parents que nous sommes, nos présences et nos absences sont affaire délicate. Il est bien connu que des enfants qui sont, à plusieurs reprises, abandonnés ou ballottés d'un responsable à l'autre souffrent souvent de troubles du développement, tant cognitifs que comportementaux, et que parfois ce qui aurait pu être de l'amour se transforme en rage. Dans le second volume de son ouvrage de référence, *Attachement et perte*, John Bowlby cite deux analyses de cas d'adolescents qui ont tué leur mère. L'un d'eux déclara : "Je ne pouvais pas supporter de la laisser partir." L'autre, qui avait placé une bombe dans la valise de sa mère alors qu'elle prenait l'avion, expliqua simplement : "J'ai décidé qu'elle ne me quitterait plus jamais."

Si le bambin de quatre ans qui boxe son père parce que celui-ci l'a quitté et les adolescents coupables de matricide peuvent apparaître comme des créatures originaires de planètes différentes, il se pourrait que cette différence soit une question de degré, non de nature. On a, de longue date, fait le lien entre le trauma de la séparation d'avec les parents et la délinquance, et, dans le cas où la séparation matérielle est renforcée par une distance émotionnelle ou un rejet de la part d'un parent, le dommage infligé à un enfant peut être irréversible.

En écoutant les gamines du camp de vacances de ma fille se lamenter de l'apparition tardive de leurs mères, je me suis rappelé à quel point le temps de l'enfance est long, si long qu'un été peut sembler une année, et une année une décennie. Je me suis rappelé le voyage à Chicago, l'arrivée magique de ma mère, et le fait que, dans le train qui nous emmenait à Chicago, nous n'avions pas ressenti la moindre peur, Liv et moi, en voyant ces voleurs de bagages passer à côté de nous en courant, mais que la vision de la baignoire vide, sans mère pour la remplir, avait fait naître en nous un effroi considérable. En bref, je me suis souvenue de moi-même enfant. Considérant ma fille, qui aborde aujourd'hui l'adolescence, je n'ai pu écarter l'idée que je devrais maintenir en vie mes souvenirs, que, si je me rappelle les épreuves parfois amères de cet âge, nous serons, elle et moi, mieux à même de négocier notre inévitable séparation, celle qui marquera le début de l'aventure de sa propre vie, une vie qu'elle se fera seule.

2003

VIVRE AVEC DES INCONNUS

Dans le Minnesota rural de mon enfance, il était d'usage de saluer toute personne qu'on croisait sur la route, qu'on la connût ou non, en disant "salut". Un "salut" peu sonore, marmonné, sans inflexion était tout à fait acceptable, mais il fallait que le mot soit dit. Croiser quelqu'un en silence n'était pas seulement grossier ; cela pouvait entraîner une accusation de snobisme – le pire péché qu'on pût commettre dans mon petit coin de cet Etat égalitaire.

Quand je me suis installée à New York en 1978, j'ai vite compris ce que cela signifiait de vivre parmi des hordes d'inconnus, et à quel point il eût été incommode et peu sage de les saluer tous. Dans mon deux-pièces de la 109e Rue ouest, j'entendais craquer le plafond quand mon voisin du dessus allait et venait sur son plancher. J'entendais les cris belliqueux du couple qui habitait au-dessous, deux voix furieuses ponctuées de bruits sourds ou de chocs violents et d'éclats de verre brisé. J'avais pour seule vue le mur arrière d'un immeuble distant d'une dizaine de mètres. De mon lit, la nuit, je regardais parfois les deux garçons qui habitaient de l'autre côté du puits d'aération, alanguis dans la lumière de leur fenêtre, vêtus de leurs seuls sous-vêtements. Sur les trottoirs, j'avais à me frayer passage dans la foule entre bousculades et coups de coude. Dans le métro, je me trouvais en contact avec des gens que je ne connaissais pas, le corps si serré contre les leurs que je pouvais sentir leurs brillantines, leurs parfums et leur sueur. Dans ma vie antérieure, une telle proximité n'était pensable qu'avec un petit copain ou la famille. Il ne me fallut pas longtemps pour assimiler le code non écrit de la survie dans cette ville – une convention communiquée en silence mais avec force. Cette loi simple, à laquelle presque tous les New-Yorkais souscrivent chaque fois que possible : Fais comme si de rien n'était.

Cette technique largement pratiquée est ce qui distingue les New-Yorkais des touristes et les citoyens chevronnés des nouveaux venus. Un ami iranien m'a raconté qu'une semaine environ après son arrivée en ville, il se trouvait dans le bus de la Deuxième Avenue roulant vers le nord. A l'arrêt de la 24e Rue, la porte s'ouvrit pour une femme vêtue seulement d'un léger peignoir sur son corps nu. En haut des marches, elle se mit à fouiller dans ses poches et puis, l'air bouleversée, elle s'exclama : “Mon jeton ! mon jeton ! Oh, mon Dieu, je dois l'avoir laissé dans l'autre peignoir !” Le conducteur soupira et lui fit signe d'entrer dans le bus. Mon ami n'avait pas quitté cette femme des yeux pendant toute la scène, mais il s'aperçut avec un peu de honte qu'il était le seul. Personne d'autre ne lui avait jeté ne fût-ce qu'un coup d'œil.

En octobre dernier, je me trouvais dans une rame de la ligne F lorsque je vis entrer dans le wagon un homme au regard exalté. Il clama quelques vers de l'Apocalypse et puis, d'une voix également forte, entonna son sermon, nous informant que le 11 Septembre avait été le juste châtiment envoyé par Dieu pour nos péchés. Je sentais chez les passagers une résistance froide et raide à ses propos, mais pas un seul d'entre nous ne lui accorda un regard.

Voici une quinzaine de jours, après avoir assisté à un spectacle à la Brooklyn Academy of

Music, nous avons descendu, mon mari et moi, les escaliers de la station d'Atlantic Avenue à Brooklyn pour y attendre un train de la ligne 2. J'étais fatiguée, j'avais envie de m'asseoir, et je remarquai une banquette dont plusieurs sièges étaient inoccupés. Un homme était assis au bout de cette banquette, entouré de cinq ou six sacs en plastique, et, bien qu'il se trouvât sans doute à une vingtaine de mètres de moi, je sentis que c'était peut-être un type à éviter car même à cette distance il émanait de lui une hostilité silencieuse. Néanmoins, rassurée par la présence de mon mari, j'entraînai celui-ci vers la banquette. Nous nous assîmes à l'extrémité, laissant quatre sièges libres entre l'homme et nous. Au bout d'une minute environ, il rassembla ses sacs, passa devant nous d'un pas traînant et cracha dans notre direction. Il n'avait pas très bien visé, mais en baissant les yeux je vis briller sur un genou de mon pantalon une minuscule micro-tache de salive. Nous laissâmes passer.

Ces trois histoires – la dame en peignoir, le prêcheur fanatique et le cracheur – exposent un éventail de comportements de plus en plus offensants en présence desquels on peut appliquer la loi du *fais-comme-si-de-rien-n'était.* Et pourtant, ainsi que me l'a fait observer mon mari, s'il y avait eu sur moi davantage de salive, il se serait senti obligé d'agir. Et agir, chacun le sait dans cette ville, peut être dangereux. Il vaut mieux, en général, traiter comme des fantômes ceux d'entre nous qui sont imprévisibles, des fantômes errants qui interprètent leurs récits solitaires devant un public apparemment sourd, muet et aveugle.

Passer à l'action peut être considéré comme courageux ou simplement stupide, en fonction des circonstances et du point de vue. Il y a quelques années, mon mari a été témoin d'un échange mémorable dans une rame de métro qui roulait vers Penn Station. Un Noir de haute taille entra dans la rame en compagnie d'une femme en short très court et hautes bottes de vinyle noir. Tous deux avaient l'air d'être sous l'influence de quelque substance pharmaceutique puissante. La femme se trouva une place assise et s'endormit aussitôt. L'homme, qui vacillait sur ses pieds, prit une cigarette et l'alluma. Dans les secondes suivant cette infraction, un Blanc de petite taille, à cheveux blonds, âgé sans doute d'un peu moins de trente ans et vêtu d'un imperméable beige boutonné jusqu'au cou, protesta poliment. "Excusez-moi de vous importuner, monsieur, dit-il d'une voix manifestement formée quelque part dans le Middle West, mais je voudrais vous faire remarquer qu'il est interdit par la loi de fumer dans le métro." De toute sa hauteur, le grand type toisa son interlocuteur, fit une pause, et prononça d'une voix suave la phrase : "T'as envie de mourir ?"

Là se termineraient la plupart des histoires new-yorkaises, mais pas celle-ci. Non, reconnut le blondinet, il n'avait pas envie de mourir, mais il n'avait pas non plus dit tout ce qu'il avait à dire. Il persista à défendre la loi et sa justesse démontrable. L'autre continuait à tirer des bouffées de sa cigarette tout en dévisageant son contradicteur avec un amusement croissant. La rame s'arrêta. Le moment était venu pour le fumeur de descendre mais, avant de faire sa sortie, il se tourna vers l'infatigable petit homme du Middle West, hocha la tête et déclara : "Mes respects à Dale Carnegie*."

Cette histoire a fini bien et avec esprit, mais elle n'apporte aucune indication morale sur l'opportunité d'agir ou de ne pas agir. Ce n'est que l'une des nombreuses scènes qui ne cessent de

* Auteur célèbre d'ouvrages tels que *Comment se faire des amis* ou *Comment parler en public. (N.d.T.)*

se produire dans la ville entre des inconnus, qui souvent n'ont pas grand-chose en commun en dehors du fait d'y habiter. Il arrive parfois, néanmoins, qu'un sourire ou un commentaire bienvenu détourne le cours de ce qui aurait pu devenir un événement regrettable. Depuis un an et demi, ma fille de quinze ans a mis au point l'expression figée et absente qui accompagne la loi du *fais-comme-si*, parce qu'elle passe chaque jour deux heures dans le métro pour se rendre de Brooklyn à son école dans l'Upper West Side de Manhattan et en revenir. Son walkman bien plaqué sur les oreilles, elle feint la surdité quand l'inévitable gêneur essaie de s'en prendre à elle.

Un jour, elle s'est retrouvée assise en face d'un "Blanc d'une trentaine d'années" qui la fixait si effrontément qu'elle en était mal à l'aise. Elle évitait de le regarder et se sentit soulagée quand l'homme sortit enfin de la rame. Mais, avant que celle-ci ne quitte la station, le type se jeta contre la vitre en face d'elle et se mit à la marteler de ses poings. "Je t'aime ! hurlait-il. Je t'aime ! Tu es la plus belle fille que j'aie vue de ma vie !" Profondément gênée, Sophie ne bougeait pas. Les autres passagers traitaient l'homme comme s'il était muet et invisible, mais tandis que le train redémarrait en grondant, laissant là l'histrion troubadour et sa déclaration, l'homme qui était assis à côté d'elle leva les yeux de son journal et dit d'un ton impassible : "On dirait que vous avez un admirateur."

Sophie se sentit mieux. En enfreignant le code, cet homme reconnaissait qu'il avait été témoin de ce qui, en dépit de la feinte ignorance générale, avait été un éclat très public. La modération de son ton ne faisait pas seulement ressortir la comédie inhérente à la scène, elle délivrait ma fille de la douleur solitaire causée par l'attention non désirée dont elle avait été l'objet devant des inconnus participant collectivement à un jeu d'effacement. Avec ces quelques mots, et sans qu'il lui en coûtât rien, il lui avait donné ce dont elle avait besoin – le sentiment d'une solidarité humaine ordinaire.

Quoi que nous puissions *feindre* de ne pas voir, entendre ou parfois sentir lors de nos séjours à New York, nous voyons, entendons et sentons en réalité beaucoup de choses. Derrière le masque d'indifférence se cache la vigilance (ou la lassitude résultant de l'obligation d'une telle vigilance). Rêvasser sur une route de campagne est une chose. Rêvasser sur la Cinquième Avenue entre les centaines d'autres personnes qui arpentent le même trottoir en est une tout autre. Mais parce que nous sommes une telle foule, ici, la reconnaissance active d'autrui relève du choix. Et pourtant compliments, insultes, plaisanteries, sourires et véritables conversations entre inconnus font partie de la vie de la cité, de son côté stimulant, de son charme. Vivre constamment dans la stricte observance de la loi du *fais-comme-si* serait d'un ennui intolérable. Pour nous autres citadins, ceux qui le sont de naissance et les convertis comme moi, il y a un plaisir délicieux à penser sur le vif, à évaluer une situation et à prendre la décision d'agir ou de ne pas agir. La plupart du temps, nous nous isolons par nécessité, mais de temps en temps nous nous ouvrons à autrui et découvrons des profondeurs insoupçonnées d'intelligence ou de cœur ou de simple gentillesse. Et, chaque fois que cela m'arrive, me revient une vérité : tout le monde a une vie intérieure aussi vaste, complexe et riche que la mienne.

Quelquefois un bref échange avec un inconnu nous marque à jamais, non parce qu'il est profond mais parce qu'il est d'une vivacité peu ordinaire. Il y a plus de vingt ans, j'ai vu un homme étendu sur le trottoir à l'angle de Broadway et de la 105e Rue. Je lui aurais donné dans les soixante ans, mais il était peut-être plus jeune. Pas rasé, sale et déguenillé, il était couché sur le côté dans une stupeur apparente, une main serrée autour d'une bouteille dans un sac en papier déchiré et froissé. Au moment où je passais à côté de lui, il se redressa soudain sur un coude et me lança : "Eh, beauté, tu veux dîner avec moi ?" Sa question était si sonore, si directe que je m'arrêtai. En baissant les yeux vers l'homme à mes pieds, je répondis : "Merci beaucoup pour l'invitation, mais je ne suis pas libre ce soir." Sans un instant d'hésitation, il me sourit, éleva sa bouteille comme pour porter un toast et demanda : "Et à midi ?"

2003

9/11 : LE 11 SEPTEMBRE, OU UN AN APRÈS

1

9/11 est devenu un idéogramme international évoquant un matin catastrophique aux Etats-Unis et les trois mille morts qui en ont résulté. Les deux nombres font désormais partie du vocabulaire de l'horreur : les noms de lieux et les termes idéologiques utilisés pour désigner des dizaines, des centaines, des milliers, parfois des millions de victimes – des mots comme My Lai, Oklahoma City, les disparus d'Argentine, Sarajevo, Cambodge, collectivisation, Révolution culturelle, Auschwitz. *9/11* est également devenu un seuil, un repère dans le temps – avant et après, pré- et post-. On s'en est servi pour signifier l'aube d'une ère nouvelle, une ligne de faille économique, le début d'une guerre, la présence du mal en ce monde et la perte de l'innocence américaine. Mais pour nous autres, New-Yorkais, que nous nous soyons trouvés à distance ou à proximité des points d'impact, le 11 Septembre reste un souvenir plus intime. Des semaines durant, après les attentats, la première question que nous posions aux amis ou aux voisins que nous n'avions plus vus depuis était : "Votre famille va bien ? Vous n'avez perdu personne ?"

L'interrogation des médias : "En quoi la vie a-t-elle changé dans la ville depuis le 11 Septembre ?" a été répétée inlassablement dans la presse locale et étrangère, mais il est impossible d'y répondre en passant sous silence le jour même. Il ne peut y avoir ni avant ni après, il ne peut être question de changement sans nos récits de ce matin-là et de tous les matins qui l'ont suivi, parce que, même pour ceux d'entre nous qui ont eu la chance de ne pas perdre quelqu'un qu'ils aimaient, le 11 Septembre est en définitive une histoire de traumatisme collectif et de chagrin éternel.

Douze des trente pompiers de notre caserne locale, à Brooklyn, sont morts quand le World Trade Center s'est effondré. Charlie, le marchand de vin dont la boutique ne se trouve qu'à quelques pâtés de maisons de chez nous, un homme qui depuis des années nous conseille, mon mari et moi, dans le choix de nos vins, a perdu sa belle-sœur. Elle était hôtesse de l'air dans l'avion qui s'est écrasé en Pennsylvanie. Les terroristes lui ont tranché la gorge. Des amis à nous qui habitent John Street se sont trouvés pris au piège dans leur immeuble lorsque les tours sont tombées, leurs fenêtres avaient volé en éclats sous l'impact. Avec l'aide de la police, ils ont finalement réussi à sortir mais, en s'éloignant, ils se sont aperçus qu'ils enjambaient des morceaux de corps humains gisant sur le sol.

Ma sœur Asti, qui vit avec son mari et sa fille Juliette dans White Street, à Tribeca, marchait vers le sud et l'école élémentaire 234, située à deux blocs d'immeubles au nord du World Trade Center. Elle y avait amené Juliette peu avant, mais elle avait décidé d'aller la rechercher après que le premier avion s'était écrasé. Asti se souvient de s'être demandé si elle ne cédait pas à une réaction excessive. C'est alors qu'elle entendit l'explosion du second avion qui s'écrasait au-dessus d'elle. Elle regarda en l'air, vit le trou béant dans l'immeuble qui la surplombait, menaçant, et se mit à courir. A ce moment-là les gens se ruaient vers le nord. Elle entendit quelqu'un dire : "Oh, mon Dieu, ils sautent." Une femme, près d'elle, vomit dans la rue.

Mon ami Larry, qui travaille au *Wall Street Journal*, dont les bureaux se trouvaient juste en face des tours, s'échappa de son immeuble et courut jusqu'à ne plus pouvoir courir. Il s'arrêta pour reprendre haleine, se retourna, et vit des gens en flammes qui sautaient par les fenêtres. Plusieurs heures plus tard, il parvint à passer le pont de Brooklyn et à rentrer chez lui. Quand sa femme, Mary, paniquée, ouvrit la porte, elle vit un homme fantôme, couvert de la tête aux pieds d'une fine poudre blanche. Elle l'étreignit et, lorsqu'il se dégagea, Mary s'aperçut qu'elle avait les bras en sang à cause des particules de verre pulvérisé qui faisaient partie de cette poussière laiteuse.

2

Voir n'est pas toujours croire. Les événements traumatisants sont souvent accompagnés d'une forme de dissociation. Ce qui se déroule sous nos yeux semble irréel. Bien que j'aie vu de la fenêtre de notre maison les dégâts causés par le premier avion, c'est à la télévision que j'ai vu le second plonger dans la seconde tour. Les deux images que je conserve en mémoire sont étrangement mal assorties. La première a une force qui manque à la seconde. C'est en partie une question d'échelle et en partie une question de vision immédiate. Voir de ma fenêtre la fumée qui s'élevait du gratte-ciel familier m'a bouleversée. L'image sur un écran de télévision de vingt et un pouces avait un caractère étrange, quasi hallucinatoire, qui m'obligeait à me répéter, les yeux fixés sur elle : "Ceci est vrai ; ceci est réel." Asti, elle, qui avait été témoin du second crash, qui avait entendu et vu la terrifiante destruction se produire à quelques rues de l'endroit où elle se trouvait, avait gardé son calme. Ce n'est qu'après avoir mis Juliette au lit ce soir-là et en voyant à la télévision l'avion s'enfoncer dans l'immeuble qu'elle s'est mise à pleurer.

La question de l'image en direct et de l'image médiatisée est importante dans le cas du 11 Septembre et de ce qui a suivi, non seulement parce que, grâce à la télévision, le monde entier ou presque a été témoin de ce qui s'était passé, mais aussi parce que les terroristes savaient qu'ils mettaient en scène un événement médiatique spectaculaire. Ils savaient que dans le bref intervalle séparant l'écrasement du premier avion de celui du second des équipes de télévision arriveraient sur les lieux à temps pour enregistrer l'image atroce d'un avion de ligne s'enfonçant dans la deuxième tour, et que cet enregistrement serait diffusé en boucle à l'intention du monde entier, et ils savaient aussi que cela ne ressemblerait à rien tant qu'à un film catastrophe hollywoodien à gros budget. Manipulée par les terroristes, une fiction usée, rabâchée *ad nauseam* par les studios, devenait une réalité monstrueuse. En même temps, il faut dire que les scénaristes n'avaient besoin que de très peu d'imagination pour s'emparer de réels événements de terreur et les agrandir aux dimensions de leurs notions personnelles de ce qui fait un spectacle passionnant. Le 11 Septembre n'était pas inimaginable. Nous pouvions tous l'imaginer. C'est sa réalité qui a annihilé la fiction.

Le 12 septembre, j'ai pris le métro pendant ce qui est normalement l'heure de pointe afin d'aller rechercher ma fille Sophie, alors âgée de quatorze ans, qui était restée bloquée depuis la veille dans l'Upper West Side près de son école. Nous étions peu nombreux dans la voiture – moi et cinq ou six autres passagers silencieux, sonnés, qui avaient estimé qu'il leur fallait se déplacer. La ligne normale ayant été endommagée à la suite des attentats, je descendis d'un train pour aller en prendre un autre et remarquai, collée au mur de la station, une grande affiche annonçant un film d'Arnold Schwarzenegger. Une image géante de l'acteur était accompagnée d'un texte qui, pour l'essentiel, parlait d'un pompier qui a perdu sa femme et son enfant lors d'un attentat terroriste et cherche vengeance. Cela me rendit malade.

Je n'étais pas la seule. Tout de suite après la dévastation subie par New York, Hollywood abjura. On put lire dans le *New York Times* des articles où les gros bonnets de puissants studios déclaraient sur un ton dramatique que tout avait changé. Nous étions à l'aube d'une ère nouvelle. Une romancière et scénariste affirma à la télévision qu'elle n'écrirait plus jamais les mêmes histoires. La sincérité revint en force. Plusieurs périodiques annoncèrent la mort de "l'ironie". Un critique de cinéma acerbe et souvent cynique termina son article sur une déclaration venue du cœur à propos de l'amour. Il semblait sincère. Mon beau-frère, un sculpteur, rapporta une conversation qu'il avait eue avec d'autres artistes qui se disaient en train de repenser leur travail. Pendant quelque temps, des photographies de pompiers et d'agents de police remplacèrent les portraits de célébrités dans les tabloïdes et sur les couvertures des magazines. Les chaînes d'information supprimèrent la publicité de leurs programmes, comme si elles se rendaient compte qu'il serait inacceptable d'alterner des séquences filmées sur le site, où des sauveteurs creusaient à la recherche de débris de corps, avec des promotions pour tel liquide vaisselle ou tel médicament contre l'allergie. A présent, il n'est presque plus question de cette transformation des eaux culturelles. *Dommage collatéral*, le film de Schwarzenegger, fut retiré de l'affiche mais ressortit ensuite, et maintenant il est venu et reparti. Les grands patrons du cinéma revinrent sur leurs déclarations, expliquant qu'ils étaient en état de choc et ne savaient pas ce qu'ils disaient. Il y a longtemps que la publicité a été réintroduite à la télévision, et des images de cadavres gisant dans des champs ou dans des villes sont coupées par des incitations à se ruer chez le représentant Ford le plus proche afin d'économiser des centaines de dollars sur un nouveau 4x4. Quant à "l'ironie", on avait si souvent fait mauvais usage du mot dans la presse avant le 11 Septembre, on l'avait clamé haut et fort comme le ton de notre époque, comme s'il n'avait été que le synonyme d'une distance froide et cynique. L'ironie est toujours double. La juxtaposition entre les déclarations faites dans les médias immédiatement après le 11 Septembre, qui annonçaient un monde nouveau et plus sérieux, et le retour aux affaires habituelles quelques mois seulement plus tard pourrait bien constituer une preuve singulière du fait que l'ironie est quelquefois la seule manière légitime d'interpréter la réalité dans laquelle nous vivons.

3

On ne voit plus tellement de drapeaux dans la ville maintenant. Quelques-uns pendent encore devant des maisons ou palpitent à l'antenne radio de voitures et de taxis, mais ils ne sont plus omniprésents. Dans la ville, nous comprenions ces drapeaux, mais de nombreux Européens avec lesquels j'en ai parlé les assimilaient à tort à un chauvinisme américain. Ce n'était pas le cas. Ils étaient ce que nous avions – un signe de solidarité – et ils apparurent spontanément en ce jour de septembre. Qui se doutait que tant de gens possédaient de vieux drapeaux dans leurs placards ? Le vendredi suivant les attentats, un flot de vingt mille habitants de mon quartier défila sur la Septième Avenue en portant des bougies en l'honneur des pompiers décédés de notre caserne de Park Slope. Beaucoup de gens tenaient à la main des drapeaux, étaient vêtus de drapeaux ou s'étaient habillés en rouge, blanc et bleu. Il y a de nombreux anciens hippies dans notre quartier. Lors des élections, quatre-vingt-dix-huit pour cent d'entre nous votent démocrate. Beaucoup d'entre nous, dont mon mari et moi, ont manifesté contre la guerre du Viêtnam. Ce soir-là, dans la foule, quelqu'un se mit à chanter *We Shall Overcome*, le vieux chant protestataire du mouvement pour les droits civiques qui avait été repris par le mouvement anti-guerre. La dernière chose que souhaitait qui que ce fût dans cette foule, c'était encore du sang. Les Etats-Unis sont encore en guerre et, si les New-Yorkais étaient chauvins, les drapeaux seraient encore omniprésents – et pourvus d'une autre signification.

4

"Tout le monde était si gentil après le 11 Septembre, tu te rappelles ?" disait une femme à une autre dans le métro, il y a quelques mois. Elle avait une voix sonore, à l'accent russe prononcé, et, tout en se tenant d'une main à une barre verticale, elle gesticulait de l'autre avec emphase. D'une voix douce, où j'entendais la musicalité des îles, la Trinité ou Sainte-Lucie, sa compagne en convint : "C'est redevenu comme avant, maintenant." C'est vrai. Nous avons été merveilleux pendant la crise, pleins de tendresse les uns envers les autres. Des flots de volontaires arrivaient sur le site. Au bout de quelques jours seulement, ils étaient si nombreux qu'on les renvoya par centaines. La librairie de notre quartier devint un centre de dépôt des dons et ce fut un tel envahissement de sacs-poubelles, lampes de poche, bottes, chaussettes et gants que la propriétaire afficha des messages polis mais fermes expliquant qu'elle ne pouvait en accepter davantage. Ici, à Brooklyn, chaque rue organisa des concours de gâteaux, des vide-greniers et des ventes de livres afin de réunir des fonds destinés aux familles des morts. Des inconnus se parlaient dans la rue, dans les magasins et dans le métro. Ce besoin de poser des questions, de raconter, a disparu aujourd'hui. Les gens ont recommencé à s'occuper de vivre leur vie privée.

Ceux d'entre nous qui ne sont ni veuves, ni veufs, ni orphelins de l'un de leurs parents sont passés du chagrin actif à la répression nécessaire pour s'en remettre, état d'esprit qui n'est possible que parce que la ville n'a pas été réattaquée et que, contrairement aux populations de certaines parties du monde, nous ne sommes pas occupés et ne vivons pas quotidiennement en état de siège. Les monuments commémoratifs improvisés, faits de bougies, d'ours en peluche, de poèmes et de lettres, ont disparu. Il y a longtemps que plus personne ne m'a parlé de masques à gaz, d'antibiotiques, d'échelles de secours ni de kayaks. Il y avait eu en ville une ruée sur les kayaks, qu'achetaient des citoyens angoissés projetant de les lancer dans les rivières et de pagayer vers le Nord de l'Etat ou vers le New Jersey quand la prochaine cible serait atteinte. Les feux ont enfin cessé de brûler sur le site, et la ville de compter et recompter ses morts.

L'école élémentaire 234 est restée fermée pendant quatre mois. Les enfants ont repris la classe en janvier, et Juliette était contente de s'y retrouver. L'une de ses copines, une fillette qui, après les attentats, a refusé pendant des semaines de lâcher le corps de sa mère, est restée cramponnée au corps maternel où qu'il fût – aux toilettes, dans la baignoire ou au lit, endormi –, est redevenue une écolière autonome. Le gamin de trois ans qui prétendait ne plus marcher, disant à ses parents qu'il ne voulait pas toucher le sol de ses pieds parce qu'il avait peur des "bâtons brûlants", n'a plus besoin qu'on le porte en tous lieux. Les barrages de police au bas de Canal Street ont disparu et à présent des centaines de visiteurs de la ville font la queue pour acheter des tickets donnant accès au site de la dévastation. Le trou béant dans le sol est devenu l'attraction touristique numéro un de New York. Je ne connais qu'une seule famille de mon quartier qui a vendu sa maison après les attentats pour aller s'installer dans les faubourgs. Le Connecticut est une cible peu probable. Pendant des mois, les gens sont restés inquiets au sujet de l'air *downtown*. Nul n'aurait pu dire ce qu'il y avait dedans. Si je traverse le pont de Brooklyn en taxi, il m'arrive encore d'imaginer une explosion brutale, l'acier et le béton cédant sous le véhicule et ma propre mort soudaine et lamentable dans l'East River. Mais, à l'instar d'un grand nombre de gens de la ville, je suis fataliste ou, comme disait ma mère, "philosophe".

La vérité, c'est que je ne pourrais pas quitter New York parce que j'en suis folle, je suis éperdument amoureuse de cet endroit, d'une manière qu'on réserve habituellement à une personne. Et, là encore, je ne suis pas la seule. C'est une grande ville cruelle et merveilleuse – bruyante, tapageuse, désagréable, mais aussi aimable et bienveillante. Il y a vingt-quatre ans que j'y habite, et je n'en ai pas fini encore de mon histoire d'amour. Certains quartiers de cette ville sont si laids que je les trouve magnifiques. J'ai toujours éprouvé de l'attachement pour les vieux papiers, les graffiti et les trains bruyants et cahotants et, en dépit de l'antipathie qu'ils m'inspirent, je suis plutôt attachée aussi aux éboueurs revêches, aux chauffeurs de taxi renfrognés et aux garçons de restaurant exagérément charmants. Le silence a régné à New York pendant quelque temps – ce calme angoissant qui accompagne le rituel du deuil. On le ressent encore aux alentours de Ground Zero mais, à distance du site, les gens ont recommencé depuis des mois à se bouffer le nez. On enguirlande les contractuelles. Les chauffeurs de poids lourd hurlent des obscénités aux piétons indisciplinés et les passagers debout se bousculent les uns les autres dans le métro. Mais, exactement comme auparavant, les gens se précipitent pour venir en aide à un passant tombé sur le trottoir ; ils donnent leur menue monnaie aux clochards, aux soi-disant artistes, aux musiciens et aux bandes de jeunes garçons qui chantent dans les transports en commun. Et les New-Yorkais des deux sexes et de toutes classes sociales vous lancent encore mine de rien compliments ou encouragements : "J'adore ton chapeau, ma belle", "Super, le manteau" ou "Eh, là, mignonne, un petit sourire".

5

Un jour de mars, mon mari regardait à la télévision *42nd Street*, une comédie musicale tournée en 1933. Peu avant la fin, Ruby Keeler fait une apparition, vêtue d'un corsage à longues manches blousantes sur un short minuscule. Elle balance les bras et ses pieds se lancent dans de folles claquettes – elle frappe, glisse et tape du pied sur la scène comme s'il n'existait pas de lendemain. Assis sur le canapé devant la dynamique danseuse, à la fois si costaude et si féminine, Paul sentit les larmes lui monter aux yeux et se laissa aller un instant à un sentimentalisme débridé. "Pour le vieux New York, me dit-il, pas pour le 10 septembre, mais pour ce que c'était autrefois." Paul est né en 1947. En 1933, il n'était personne, mais New York est en effet un mythe autant qu'un lieu et, parce que nous participons tous à cette fiction, nous lui conférons une part de réalité. Après le 11 Septembre, le New York imaginaire du siècle désormais passé – le monde sarcastique et bagarreur des gangsters et des filles, des vendeuses de cigarettes aux tenues absurdes, du Cotton Club, du *hot jazz*, des *hipsters* et de la beat generation, des clubs discrets et enfumés ou des expressionnistes abstraits faisant le coup de poing au Cedar Bar – est devenu pour nous plus émouvant que jamais.

Les habitants de cette ville ont toujours su que, dans le reste du pays, on ne nous aime pas beaucoup, que New York inquiète, fâche et irrite l'Amérique profonde. Je le sais. J'y ai grandi. Nous avons eu notre moment au soleil. Pendant quelques mois, nous avons eu droit à toute la sympathie des autres parties des Etats-Unis mais, de tous ceux à qui j'en ai parlé en ville, personne ne pensait que cela durerait, et cela n'a pas duré. Nous ne sommes pas tellement aimés de ceux du dehors et nous nous aimons donc nous-mêmes farouchement, nous perpétuons et célébrons nos propres mythes – poèmes, livres, théâtre et cinéma, et toutes ces chansons chantant notre grandeur – et la terrible blessure infligée à cette ville n'a fait que renforcer la ferveur de nombre d'entre nous.

6

Il n'est pas facile de distinguer le New York réel du New York imaginaire. L'étoffe d'une ville n'est pas que matérielle ; elle est également spirituelle. Ce qui est vrai, c'est que quarante pour cent d'entre nous sont aujourd'hui originaires d'ailleurs. Il y a quelques années, j'ai lu dans un journal que, dans une seule école élémentaire du Queens, les enfants parlaient chez eux soixante-quatre langues différentes. Dans le métro, je vois couramment des gens plongés dans des journaux en espagnol, en russe, en polonais, en chinois, en arabe, et en d'autres langues que je suis trop ignorante pour identifier. Les New-Yorkais ne sont pas unis par une langue commune ou par des antécédents partagés. Nous sommes tout le monde, venus de partout et, la plupart du temps, nous nous tolérons plutôt bien les uns les autres. Les gens de cette ville savent qu'en cela nous sommes uniques. Nul autre endroit n'approche notre diversité. Nous avons notre lot de laideur et de brutalité, et des poches de racisme cruel et imbécile, mais le fait est que, si vous n'aimez pas la trépidante bousculade d'innombrables cultures, langues et manières d'être, vous n'aurez pas envie de vivre ici. Les terroristes n'avaient rien compris. En frappant New York, ils ont frappé le monde entier.

En ce moment, les New-Yorkais parlent du 11 septembre 2002 et se demandent comment nous allons passer cette journée. Ce n'est pas seulement qu'on craint un nouvel attentat contre la ville, mais que la date elle-même nous obligera à revivre un traumatisme qui, en dépit de nos efforts pour vivre normalement, reste encore à vif et mal digéré. Ma sœur Asti m'a confié qu'elle craint si intensément l'anniversaire à venir qu'elle s'efforce de ne pas y penser. Une journaliste de mes amies, qui a voyagé dans le monde entier afin de rendre compte pour la radio publique nationale des zones de guerre les plus dangereuses, présente un programme ce jour-là. Elle m'a dit que, pour la première fois, elle est inquiète à l'idée de craquer et de pleurer sur les ondes. A quoi devrait ressembler le Mémorial et ce qu'il conviendrait de construire sur les lieux font l'objet de polémiques passionnées. Des gens de plus en plus nombreux déclarent qu'ils aimeraient qu'on reconstruise les tours. Je comprends ce qu'ils éprouvent. Depuis un an, maintenant, voir la silhouette de la ville me fait mal. Nous nous étions tous habitués à ces deux piliers énormes et, franchement, assez laids, qui se dressaient au-dessus de nous. Mais on ne peut ramener les morts à la vie et, même si la ville devait rebâtir des répliques exactes des structures effondrées, elles ne pourraient jamais être que les fantômes jumeaux d'une ville que nous ne pourrons jamais retrouver. Mieux vaut affronter leur absence comme notre douloureuse cicatrice collective, et célébrer et protéger ce qui n'a pas changé à New York : la ville des immigrants, du pluralisme et de la tolérance.

De tous ceux qui se trouvaient ici dans la ville, nul n'oubliera ce jour d'assassinat collectif et, au fur et à mesure qu'approche le premier anniversaire, je reconnais que pour la plupart d'entre nous l'affreux souvenir ressurgit à la moindre sollicitation, et que, pour chacun d'entre nous, le souvenir est différent. Certains ont vu des bras et des jambes tomber du ciel. Certains ont attendu un coup de téléphone qui n'est jamais venu. Certains ont fui à toutes jambes. Certains sont restés figés dans la rue, incrédules. Certains ont erré dans Brooklyn avec un masque sur le visage tandis que les débris volaient dans le quartier. Certains, dans le Bronx et le Queens, ont seulement vu le ciel bleu devenir noir de fumée.

Aux Etats-Unis et dans le monde entier, *9/11* est désormais un euphémisme médiatique qu'on se renvoie de droite comme de gauche dans les débats politiques avec une désinvolture et une aisance assez effrayantes. Mais il me semble que, à l'instar d'autres crimes commis contre des êtres humains partout dans le monde au nom d'idéologies et de religions diverses, les attentats contre le World Trade Center ne peuvent être compris qu'à partir des individus, car si nous perdons de vue le particulier – la souffrance et la perte subies par un homme, une femme ou un enfant – nous risquons de perdre de vue notre commune humanité, et cela, ce serait une forme de cécité, à l'égard non seulement des autres mais aussi de nous-mêmes.

2002

LES BOSTONIENNES : PROPOS PERSONNELS ET IMPERSONNELS

“Non que j’aie quoi que ce soit d’étrange ou de nouveau à raconter”, écrivait en 1872, alors qu’il avait vingt-huit ans, Henry James à Charles Norton. “A vrai dire, lorsqu’on entreprend de résumer *plume en main** la vie à Cambridge, ce qui paraît étrange, c’est son aridité.” En 1913, deux semaines avant son soixante-dixième anniversaire, James se servirait du même mot, cette fois sous forme d’adjectif, pour décrire la ville où sa famille s’était installée dans le Massachusetts. Il y avait alors de nombreuses années qu’il vivait en Angleterre et, dans une lettre à sa belle-sœur, Alice, il qualifia d’impossible un séjour en Amérique. Il ne pouvait pas, expliqua-t-il, passer l’été dans “ce Cambridge foncièrement aride et vide”. Cette répétition m’intéresse parce que, en dépit de l’image de sécheresse, douze ans après la première lettre et vingt-neuf ans avant la seconde, Henry James a consacré tout un roman à cette “aride” partie du monde et l’a intitulé *Les Bostoniennes.*

Bien que Henry James Jr. soit né à New York et qu’il ait passé une bonne partie de son enfance en route d’une ville européenne à l’autre, baladé, ainsi que ses frères et sœurs et sa mère, au gré des incessantes errances continentales de

* En français dans le texte. *(N.d.T.)*

Henry James Sr., Boston et Cambridge allaient devenir pour le romancier des lieux très familiers. Au cours de l'année scolaire 1862-1863, il étudia le droit à Harvard avant d'y renoncer pour consacrer sa vie à l'écriture. Sa famille arriva à Boston en 1864 et, peu après, s'installa définitivement à Cambridge au 20, Quincy Street. Mais, bien avant cette réimplantation de la famille, Henry Sr. avait déjà dans le sang les idées qui circulaient en Nouvelle-Angleterre. Les enfants James furent élevés dans un climat d'idéalisme, de réforme et de pensée nouvelle. Henry David Thoreau, Ralph Waldo Emerson et autres transcendantalistes, dont Margaret Fuller, William Ellery Channing et Bronson Alcott, étaient tous des amis de la famille. Henry Sr. était aussi un ardent avocat de l'émancipation immédiate des esclaves, et il envoya ses deux plus jeunes fils, Garth Wilkinson et Robertson, à la Concord Academy, où Thoreau enseignait et où étaient inscrits trois des enfants d'Emerson ainsi que Julian, le fils de Nathaniel Hawthorne. Sous la direction de l'abolitionniste Franklin Sanborn, collecteur de fonds et conspirateur actif dans l'opération tentée par John Brown à Harpers Ferry, l'école était davantage qu'une expérience de coéducation ; c'était un foyer d'idéologie fiévreuse. Wilkie et Bob la quittèrent, l'un et l'autre, pour combattre dans les rangs de l'Union. Wilkie s'engagea à dix-sept ans et fut incorporé peu après dans le premier régiment noir en tant qu'adjudant du colonel Robert Gould Shaw. Le 28 mai 1863, au son d'une fanfare entraînante, le 54e sortit de Boston au pas cadencé. A la fin du mois de juillet de cette même année, près de la moitié de ses hommes et la plupart de ses officiers avaient été tués au cours de l'attaque de Fort Wagner à Charleston Bay. Wilkie James fut gravement blessé mais survécut. Après la guerre, lui et Robertson, avec l'aide financière de leur père, devinrent propriétaires d'une plantation en Floride qui employait des travailleurs noirs. L'entreprise échoua, mais leur effort demeure comme un témoignage non seulement de l'idéalisme des deux frères mais aussi des espérances du monde qui avait joué un rôle capital dans leur formation : la Nouvelle-Angleterre, zélée et idéaliste.

D'autres idées encore circulaient chez les James – importées, celles-là. Disciple à la fois d'Emanuel Swedenborg, le naturaliste suédois devenu mystique, et de François-Marie Charles Fourier, le philosophe social français, Henry Sr. avait adopté un couplage méphitique d'illumination spirituelle (Swedenborg croyait avoir découvert la clé d'une lecture angélique des Ecritures) et de la vision utopique d'une société nouvelle dans laquelle les humains, dégagés de toute répression ou inhibition, pourraient donner libre cours à leurs véritables natures passionnées et mener des existences ordonnées et harmonieuses dans le cadre de communautés appelées phalanstères.

Comme en tout temps, aux idées intellectuellement rigoureuses se mêlaient des notions plus douteuses. Aux Etats-Unis comme en Europe, le mesmérisme et l'occultisme faisaient fureur dans les milieux à la mode et dans les cercles intellectuels. Les séances de spiritisme abondaient. William James, frère du romancier, grand philosophe et psychologue américain, conserva sa vie durant sa foi dans le spiritualisme et espérait continuer ses recherches au-delà de la tombe. Il demanda à son épouse de tenter d'entrer en contact avec lui après sa mort, et elle essaya bien, mais en vain. Il y eut une occasion, toutefois, où, en l'absence de son épouse, on raconta que William s'était exprimé depuis l'autre côté. Lorsqu'il entendit parler de cette voix fantôme, Henry qualifia l'information de "foutaise la plus abjecte et impudente, la plus creuse, la plus vulgaire et la plus indigne". Alors comme aujourd'hui, le végétalisme était en vogue chez les tenants d'idées avancées, mais les illuminés se laissaient également séduire par d'autres marottes ayant trait à la santé. Bon nombre de transcendantalistes s'éprirent du fletchérisme, une pratique alimentaire qui consistait à mâcher ses aliments de manière à les réduire à l'état de liquide avant de les avaler. Henry Jr. adopta cette doctrine pendant quelque temps, mastiquant avec une telle vigueur que William, qui n'y croyait pas, attribua au fletchérisme l'origine des innombrables problèmes intestinaux de Henry.

Si les lecteurs contemporains trouvent dépassées ces croyances et ces idées, je les prie de prendre le temps d'y réfléchir. Nous vivons une époque de sectes religieuses et de milices folles, de gourous éparpillés dans tout le pays, de la Californie à New York, une époque où l'on s'enthousiasme pour le *channeling*, l'hydrothérapie du côlon, la cristallothérapie et les aliments crus. Aux Etats-Unis, les quêtes utopiques de pureté, de perfection et d'amendement personnel, si farfelues soient-elles, ont toujours trouvé un terrain fertile où prospérer. La question demeure, toutefois : pourquoi Henry James a-t-il décrit comme "aride et vide" le climat intellectuel si actif (jusqu'en ses franges indiscutablement extravagantes) de Boston et de ses environs ? James estimait que la culture américaine était simplement trop jeune et trop ténue pour le sustenter en tant qu'artiste. Il se sentait continuellement attiré par le charme de l'Europe, par son histoire ancienne et visible – son architecture, ses peintres, ses ruines et, bien entendu, sa littérature.

Aux yeux de James, l'unique écrivain américain de première importance était Nathaniel Hawthorne. Très tôt, il avait lu et aimé les livres de Hawthorne et, bien que le jeune romancier ne dût pas rencontrer son mentor littéraire, la connexion entre les deux écrivains ne se dénouerait jamais. Hawthorne, narrateur sublime qui critiquait dans sa fiction à la fois le puritanisme et l'utopisme américain, devint pour James *le* précédent littéraire américain. Lorsqu'il apprit à son réveil, le 19 mai 1864, la mort du grand romancier américain, le jeune Henry James s'assit sur son lit et pleura. Comme la plupart des fils littéraires, il se montra toutefois critique envers son père et, en écrivant à propos de Hawthorne, il exprime son ambivalence à l'égard de la fiction américaine :

> Mais notre auteur doit accepter le côté embarrassant comme le côté plaisant de sa renommée ; car il a l'avantage d'attirer l'attention sur une morale précieuse. Cette morale, c'est que la fleur de l'art ne s'épanouit que là où le sol est profond, qu'il faut beaucoup d'Histoire pour produire un peu de littérature, qu'une machinerie sociale complexe est nécessaire pour mettre un écrivain à la tâche. La civilisation américaine a eu jusqu'ici d'autres choses à faire que de faire pousser des fleurs et, avant de donner naissance à des écrivains, elle s'est abondamment occupée de procurer des sujets à leur inspiration. Trois ou quatre splendides talents d'origine transatlantique constituent la somme de ce que le monde reconnaît habituellement et, dans ce modeste bouquet, il est admis que le génie de Hawthorne a la fragrance la plus rare et la plus odorante.

Si dépourvu de profondeur que pût lui paraître le sol littéraire américain, James reconnaissait que Hawthorne en était issu et *Les Bostoniennes* doivent beaucoup à l'œuvre de son aîné, en particulier à *Valjoie* qui fut inspiré par le séjour bref et peu satisfaisant de Hawthorne à Brook Farm, où Margaret Fuller tentait une expérience transcendantaliste-fouriériste de vie communautaire. Dans son essai consacré à Brook Farm et à Concord, James cite les propos de Coverdale, le sceptique du roman utopien de Hawthorne : "Nul homme sagace ne conservera longtemps sa sagacité s'il vit exclusivement parmi des réformateurs et des progressistes, à moins de retourner régulièrement au système établi des choses afin de se corriger au moyen d'une observation nouvelle à partir de l'ancien point de vue." C'est là une phrase qui s'adresse directement aux *Bostoniennes*, non pas à un personnage en particulier mais à l'effet d'ensemble du récit, lequel fait apparaître sa vérité grâce à la continuelle bousculade de gens et d'idées qui s'y trouvent en opposition radicale.

Dans le roman, deux idéologies et deux personnalités s'affrontent. En termes très simples, le livre nous présente un conflit entre une réformatrice et un réactionnaire, entre un Nord triomphant et un Sud vaincu, entre une femme et un homme. *Les Bostoniennes* sont un roman d'idées, mais les idées exprimées par les deux personnages antagonistes de James, qui sont aussi de vagues cousins – Olive Chancellor, vieille fille de Boston, championne des droits de la femme, et Basil Ransom, un homme amer et archiconservateur, originaire du Mississippi –, ne sont pas les idées que le livre explore. En vérité, ces personnages sont tous deux coupables de proférer des inepties sentimentales et rebattues, et je ne pense pas que leur créateur ait éprouvé un énorme intérêt pour leurs convictions en elles-mêmes. Ce qui l'attirait, c'était quelque chose d'infiniment plus complexe qu'un conflit entre deux positions idéologiques endurcies. A l'instar de tous les romans de James, *Les Bostoniennes* sont une investigation de ce qui se passe *entre* et *parmi* les gens, ainsi que de la façon dont cette arène d'interaction peut acquérir une vie intrinsèque et déterminer le destin des personnages impliqués.

Mlle Chancellor et M. Ransom sont des rivaux féroces dans ce qui devient un triangle amoureux.

Ils veulent l'un et l'autre posséder Verena Tarrant, la jolie, faible et très charmante progéniture d'un charlatan de Cambridge et de la fille d'un abolitionniste. De l'innocente Verena, qui a le "don" de parler sous inspiration, le moins qu'on puisse dire est qu'elle est une enfant des *idées nouvelles.* "Elle s'était assise sur les genoux de somnambules et avait été passée de main en main par des orateurs en transe ; les «guérisons» de toutes sortes lui étaient familières, et elle avait grandi entourée d'éditrices qui plaidaient pour les religions nouvelles et de gens qui désapprouvaient les liens du mariage." A travers cette lutte acharnée pour une personne, Verena, qui est également la créature d'une sous-culture particulière à la Nouvelle-Angleterre, James explore les implications psychologiques de la conviction – la façon dont un climat d'idées peut envahir, affecter et pénétrer un individu en proie aux affres de la passion et être, de manière à la fois consciente et inconsciente, utilisé par lui.

La vigueur intellectuelle du livre, dès lors, ne réside pas dans ce que les personnages *disent* croire, dans leurs positions dogmatiques, mais plutôt dans une tension dialectique entre "personnel" et "impersonnel", "privé" et "public", "particulier" et "général". Ces mots sous leurs diverses formes se présentent si souvent dans le roman qu'ils deviennent un refrain manifeste et significatif. Ce qu'ils *signifient,* toutefois, est une autre question, beaucoup plus compliquée. Parce que, dans *Les Bostoniennes,* le narrateur saute sans cesse du point de vue d'un personnage à celui d'un autre, il nous permet d'accéder aux pensées de tous ses personnages principaux et à l'emploi particulier que chacun fait de ces mots, ce qui en complique encore le sens. Lorsque Basil rencontre pour la première fois sa cousine Olive, il constate l'opulence bourgeoise de sa maison et se dit qu'il ne s'est jamais "trouvé en présence d'une telle organisation de l'intimité". Voici exactement le cadre dans lequel il espère placer Verena. Il a la conviction absolue qu'elle est "faite pour l'intimité, pour lui, pour l'amour". D'autre part, le narrateur nous raconte que Mme Farrinder, formidable porte-parole de l'émancipation des femmes, a "quelque chose de public dans l'œil, qu'elle a grand, froid et calme". La brumeuse et effacée Mlle Birdseye, relique d'un passé abolitionniste, apparaît, elle aussi, comme faite de généralités, une personne qui, bien que la rumeur lui prête un amant hongrois dans sa jeunesse, ne pourrait jamais, nous dit le narrateur, "avoir éprouvé un sentiment aussi personnel. Même en ce temps-là, elle n'était amoureuse que de causes." Le Dr Prance, quant à elle, médecin dévoué et preuve vivante de la compétence féminine dans une profession habituellement réservée aux hommes, n'a que faire de causes. "Elle regardait autour d'elle avec une sorte de désapprobation myope et semblait espérer qu'on n'attendît pas d'elle la moindre généralisation...". Mme Burrage, femme du monde qui ne s'implique dans les causes que de façon marginale, est également une femme dont les "faveurs" sont "générales et non particulières". Selah Tarrant affirme avec insistance que le succès de sa fille en tant que conférencière est "rigoureusement impersonnel" et Verena elle-même assure que, lorsqu'elle s'adresse à un auditoire, "ce n'est pas moi...". A l'opposé, Ransom, quand il assiste à la performance de Verena, se fait la réflexion que ce dont il est témoin est "une exhibition intensément personnelle". Et tandis qu'Olive Chancellor espère et croit qu'elle ne ressemblera jamais à sa sœur, la frivole Mme Luna, qui est "si personnelle, si étroite", Basil Ransom considère qu'Olive est "intensément, effroyablement une personne". Verena découvre, elle aussi, combien son amie Olive est "étrangement constituée, si nerveuse et si sérieuse, si personnelle, si exclusive". Les mots dérapent en fonction des perceptions, des aveuglements et des sentiments de chaque personnage, et seule leur interaction nous offre un début de compréhension du propos de James.

Dans une lettre à son amie Grace Norton, qui traversait une période difficile de sa vie, James donnait le conseil que voici : "Seulement, je vous en conjure, ne généralisez pas trop ces sympathies et ces tendresses – rappelez-vous que chaque vie est un problème particulier qui n'est pas le vôtre mais celui de quelqu'un d'autre, et contentez-vous de la terrible algèbre de la vôtre. Ne vous fondez pas trop dans l'univers, mais soyez aussi solide, dense et fixe que vous le pouvez." Par contre, lorsque Hugh Walpole, romancier et ami de James, cite "le maître" dans son journal, le sentiment exprimé paraît très différent : "Je n'ai eu qu'une grande passion dans ma vie : la passion intellectuelle. Donnez-vous pour règle d'encourager l'intérêt impersonnel plutôt que le personnel – mais n'oubliez pas qu'ils sont, aussi, interdépendants." Ces deux passages mettent l'accent sur ce que j'appellerais l'ambiguïté dirigée du langage de James. Il implorait Grace de ne pas "généraliser" ni "se fondre" mais d'encourager plutôt en elle-même le particulier, le personnel, le fixe, et il conseillait au contraire à Hugh d'encourager "l'intérêt impersonnel", non sans l'importante mise en garde rappelant que l'impersonnel et le personnel sont toujours liés.

La contradiction apparente est révélatrice de la sémantique de James. Dans chacun de ces cas, il s'adresse à un ami en particulier, et la sagesse qu'il exprime reflète sa compréhension des besoins psychologiques de l'un et de l'autre. James doit avoir senti que les effusions abstraites de Grace avaient besoin d'être domptées. A Hugh, d'autre part, il donnait des conseils littéraires paternels. Dans l'univers de James, il n'existe ni absolu, ni vérités définitives, ni réalités figées. La solidité qu'il recommande à Grace Norton n'est que relative. Le langage, après tout, est impersonnel et personnel, particulier et général, à la fois en nous et extérieur à nous, et James écrit avec une conscience profonde de cette réalité. Les mots sont le lieu d'intersection entre le public et le privé. Dans *Les Bostoniennes*, Henry James révèle l'envers du public et du privé, et les moteurs derrière ce renversement sont internes et externes – une atmosphère culturelle particulière et une passion sexuelle.

En termes de cadre, le roman passe de "l'intimité organisée" des appartements d'Olive, au début du roman, à un bâtiment public tout à la fin : la salle des Concerts de Boston, où est programmée une intervention de Verena et où l'histoire atteint son intense crescendo. Entre les deux, des scènes se produisent dans des lieux privés, semi-privés et semi-publics. Le deuxième environnement est celui de Mlle Peabody, un appartement sombre, terne et "sans caractère" où Mme Farrinder est censée s'adresser à une assemblée de sympathisants. La présentation au lecteur de Mlle Birdseye (personnage dans lequel toute la Nouvelle-Angleterre crut discerner une pique à Elizabeth Peabody, sœur de Sophia Hawthorne et belle-sœur du romancier) est d'un pathétique comique qui illustre bien la tension inquiète du roman entre le général et le particulier : "La longue pratique de la philanthropie n'avait pas accentué ses traits ; elle en avait effacé les transitions, le sens. Les vagues de sympathie, d'enthousiasme, les avaient érodés de même que les vagues du temps finissent par modifier la surface de vieux bustes de marbre, émoussant peu à peu leur netteté, leurs détails." Jusqu'au visage de la pauvre Mlle Birdseye est devenu impersonnel et imprécis, aussi vide et peu meublé que les pièces qu'elle occupe, un intérieur qui choque la bourgeoise Olive et l'amène à "se demander si l'absence d'aménagements agréables est un élément nécessaire de l'enthousiasme pour l'humanité". En tant qu'altruiste la plus radicale du roman, Mlle Peabody est affligée d'une perte d'identité.

Beaucoup plus complexe, Olive Chancellor souhaite de tout son être imiter l'abnégation de l'abolitionniste vieillissante, échapper aux douleurs, aux rigueurs et au confinement tourmenté de son corps. Pour Olive, toutefois, l'émancipation des femmes est bien davantage qu'une juste cause de plus à défendre ; c'est un écho profondément personnel de son propre emprisonnement psychologique et sexuel. Avant même qu'elle n'ait posé les yeux sur Verena, le lecteur sait que Mlle Chancellor a rêvé de pouvoir "connaître intimement une fille *très* pauvre". Les employées de magasin qu'elle approche sont néanmoins méfiantes et gênées par ses attentions, et inévitablement liées à quelque jeune "Charlie", empêchement qu'Olive en arrive à trouver "déplaisant à l'extrême". Olive Chancellor est manifestement amoureuse et son amour pour Verena exprime l'avidité d'un besoin sexuel inassouvi, mais ce serait une lecture erronée du roman que d'imaginer Olive et Verena "faisant ça" entre deux scènes ou Olive s'avouant pleinement que le désespoir qu'elle ressent vis-à-vis de Verena est lié à son désir d'amour physique.

Bien que les mœurs du XIXe siècle, surtout aux Etats-Unis, fussent beaucoup plus répressives envers l'homosexualité que celles de notre temps, il régnait néanmoins une plus grande tolérance et bien moins de suspicion devant des amitiés intimes entre femmes, gestes d'affection compris. On utilisait fréquemment le mot *crush* (béguin) pour décrire les sentiments d'écolières qui s'amourachaient d'autres filles, par exemple, sans que l'expression fût "entachée" d'homosexualité. Bien que relativement plus ouverte à l'union de personnes d'un même sexe, la culture américaine contemporaine reste démangée par le besoin de catégoriser l'érotisme, cette force qui, par sa nature même, résiste à toute définition et joue un rôle dans la plupart des relations entre les gens de l'un, de l'autre ou des deux sexes, qu'il y ait ou non passage à l'acte. En d'autres termes, à l'époque de la parution des *Bostoniennes*, les portraits de lesbiennes proposés par James étaient sujets à une plus grande ambiguïté qu'aujourd'hui et, dans certains passages, James joue sur l'instabilité de l'identité sexuelle, sur ce mouvement versatile et indéfinissable entre le masculin et le féminin. "Il était vrai que si elle avait été un garçon elle aurait entretenu une quelconque relation avec une fille, alors que le Dr Prance semblait n'en entretenir d'aucune sorte." Dans son ardente poursuite de Verena, Basil Ransom imagine une fin au dévouement de la jeune fille pour la cause : "(...) mais, en présence d'un homme qu'elle aimerait vraiment, cette mince structure artificielle s'effondrerait à ses pieds, et l'émancipation du sexe d'Olive Chancellor (quel sexe était-ce là, grands dieux ? avait-il l'irrespectueuse habitude de se demander à lui-même) serait reléguée au pays des vapeurs, des phrases mortes."

Mais Ransom n'a pas compris le pouvoir des "vapeurs" et des "phrases mortes", qui jouent dans le roman un rôle modificateur, en public comme en privé. Tel un brouillard contagieux sur la ville, ces énonciations, si rebattues soient-elles, sont investies d'un pouvoir de séduction et d'envoûtement du public – que celui-ci compte des centaines de personnes ou une seule. De part et d'autre, les phrases mortes – propos réactionnaires de M. Ransom et déclarations radicales des féministes bostoniennes – sont animées par la voix humaine, à laquelle le récit assigne un pouvoir quasi magique. Pendant la majeure partie de ce récit, la voix la plus irrésistible est celle de Verena. Elle est l'enchanteresse dont la parole tient ses auditeurs "sous le charme" tandis qu'elle leur adresse des discours qui tiennent davantage de l'interprétation musicale que de la conférence. A l'instar d'une sorcière de conte de fées, Verena "noue des sons vocaux à un fil d'argent". Elle enchante aussi Ransom. Lorsqu'il se lance à sa recherche à Cambridge, il comprend qu'il est en train de tomber amoureux, et la vision qu'il a d'elle est marquée par l'éclat intense qui illumine une bien-aimée. Il la compare à une nymphe, elle le fait penser à "des lieux célestes". De même, Olive imagine que les qualités merveilleuses de sa nouvelle amie sont "tombées tout droit du ciel, sans passer par le filtre de ses parents". Verena Tarrant rayonne, mais la source de sa luminosité, de son emprise ensorcelante sur le public, sur Basil Ransom et sur Olive Chancellor est moins liée à la présence dans sa personnalité de qualités particulières qu'à leur absence. La jeune fille est dépourvue de conscience d'elle-même et, à l'instar de Mlle Peabody, elle est sans personnalité fondée ou définie. Quand elle répète à Ransom une phrase qu'elle a déjà prononcée deux fois au cours du roman – "Oh, ce n'est pas moi, vous savez. C'est quelque chose d'extérieur !" –, elle répète ce que lui ont soufflé ses mentors en même temps qu'elle énonce une vérité la concernant. James touche à une chose que j'ai toujours pressentie : la personne publique glisse inévitablement à la troisième personne, passant du *je* au *il* ou *elle*. Dans *Les Bostoniennes*, il explore une incarnation précoce de ce qui deviendra, avec le temps, la culture américaine de la célébrité. James l'avait vue venir, et le roman annonce le moment où des êtres humains vont être vidés de toutes leurs qualités humaines intimes et transformés en images, en denrées destinées à être achetées et vendues sur le marché libre du profit, une époque où les célébrités vont céder à l'habitude étrange mais seyante de parler d'elles-mêmes à la troisième personne.

Avant le cinéma, la radio et la télévision, qui disait publicité disait journaux. En ce qui concerne le récit, il est approprié que Verena soit née d'une semence paternelle dépourvue de tout caractère individuel ou privé. Selah Tarrant n'est pas seulement un charlatan ; c'est un charlatan obsédé par l'idée de reconnaissance publique et par celle de l'argent qu'on peut en tirer. Tel un papillon de nuit palpitant près d'une lampe, Tarrant se sent attiré irrésistiblement par les feux de la publicité. Le souhait le plus ardent du petit cœur faraud et corrompu de Selah Tarrant consisterait à être interviewé par un journaliste. Il y a dans *Les Bostoniennes* un journaliste actif, un homme dont le nom même est une apologie : Mathias Pardon. Il fait des apparitions dans les marges, d'un bout à l'autre du récit, d'abord chez Mlle Peabody puis, à la fin, dans la salle des Concerts, et quelques fois entre les deux. Incarnation de l'inconsciente obséquiosité de la presse, Pardon n'éprouve de scrupules qu'à travers son patronyme. Il ne se rend nullement compte du caractère indélicat ou indiscret que pourraient avoir ses questions, et il aligne joyeusement des articles insipides. Bien que Pardon soit un personnage comique, sa vulgarité a des résonances sinistres ; l'homme est moralement vacant. "Sa foi, ici encore, était la foi de Selah Tarrant : selon elle, se trouver dans les journaux est une condition du bonheur et il serait fastidieux de contester les termes d'un tel privilège." On ne peut guère lire cette phrase sans être sensible à sa prescience. C'est là une foi qui allait susciter un jour le spectacle national grotesque de la vie américaine contemporaine dans laquelle d'innombrables individus s'humilient et s'avilissent en public pour la gloire douteuse de "passer à la télé".

Le paradoxe de la publicité, c'est qu'elle opère un renversement entre privé et public. La presse, tout spécialement la partie de la presse qui rend compte de la culture, convertit continuellement ce qui est conçu pour la consommation du public – l'art – en simples commérages à propos de la vie privée des gens : "Pour ce fils ingénu des temps [Pardon], toute distinction entre la personne et l'artiste avait cessé d'exister ; l'écrivain était une personne, la personne un aliment pour les reporters, et toutes choses et tout le monde étaient l'affaire de tous." Pardon rôde aux abords de la gloire montante de Verena, avide de récolter une histoire. L'après-midi précédant sa prestation dans la salle des Concerts, le journaliste cherche partout Olive et Verena sans succès et finit par s'insinuer dans la maison de famille, où il assaille la sœur d'Olive de demandes de "n'importe quels petits objets personnels" qu'elle pourrait lui procurer, en rapport avec l'une ou l'autre. Le public, explique Pardon, s'intéresse presque autant à Mlle Chancellor qu'à Mlle Tarrant. Sous la bannière du *public* et de la *publicité*, la grande cause de l'émancipation des femmes, cause qu'Olive défend en tant que force pour le "progrès de l'humanité", est transformée en bavardage vulgaire à propos d'arrangements domestiques.

Bien que Basil et Olive la considèrent l'un et l'autre comme une présence céleste, Verena est bel et bien de ce monde. Elle a vécu sur la scène publique la totalité de sa jeune vie, une vie qui l'a privée de toute permanence profonde, de toute conscience de ses propres désirs, et c'est précisément ce caractère flottant, superficiel, qui la rend vulnérable à l'excès. La jeune femme capable de transporter le grand public sera manipulée avec brutalité dans sa vie privée. Il faut mettre au crédit de James le fait qu'un personnage aussi malléable que Verena, qui ressemble assez à un vaisseau vide rempli au fil du temps des "phrases mortes" d'autrui – d'abord de son père, ensuite d'Olive et enfin de Basil –, soit néanmoins un être humain tout à fait plausible. Son amitié et sa loyauté envers Olive Chancellor, l'attirance qu'elle ressent pour Basil Ransom et son désir tendre et confus de leur faire plaisir à tous deux lui confèrent le caractère bouleversant d'un enfant déchiré entre des parents qui s'en disputent la garde. La conscience naissante du fait qu'elle possède une vie intérieure et des désirs personnels suscite en Verena un secret qu'elle ne confie pas à Olive. Elle ne raconte pas à son amie qu'elle a vu Basil Ransom à Cambridge. C'est là, écrit le narrateur, "le seul secret qu'elle eût au monde – la seule chose qui lui appartînt entièrement". On comprend qu'elle répugne à y renoncer.

Il n'existe rien de plus privé qu'un secret, et un secret est évidemment silencieux. Le silence appartient à la solitude, la voix au monde extérieur. Contrairement à Verena la volubile, Olive est accablée de silence. Nerveuse à l'extrême, elle se trouve parfois incapable de parler et doit lutter contre ses crises de mutisme avant de retrouver la voix. En dépit d'un désir passionné de prendre la parole en public, elle est affligée d'une nature si privée que c'en devient une infirmité. Il y a quelque chose d'un ventriloque chez la vieille fille de James. Elle parle grâce à Verena, trouve sa voix dans le corps d'une autre. C'est Olive, confie Verena à Ransom, qui écrit les discours : "Elle m'indique ce qu'il faut dire : les choses vraies, les choses fortes. C'est Mlle Chancellor autant que moi." Il s'agit là d'un territoire intime, de l'occupation d'une personne par une autre, et cela comporte de la violence – le désir avide, fiévreux, non seulement de ne faire qu'un avec l'être aimé mais aussi d'en prendre totalement possession. Dans *Les Bostoniennes*, les mots remplacent la pénétration sexuelle. Les mots pénètrent en Verena, et les mots sont cause de sa destruction. Les mots les plus puissants, toutefois, n'appartiennent pas à Olive Chancellor mais à Basil Ransom.

De même qu'Olive, Basil souhaite ardemment trouver un forum d'où faire entendre ses idées en public. Ses efforts sont contrariés, non par une timidité pathologique, mais par le simple fait que ses idées sont trop impopulaires, du moins dans le Nord, pour attirer beaucoup d'auditeurs. Bien qu'il ait écrit plusieurs essais et les ait soumis à des éditeurs, tous ont été refusés. Le narrateur nous apprend que dans l'une de ces lettres de refus un éditeur a suggéré à Ransom que trois siècles plus tôt il aurait pu trouver sans peine un journal disposé à imprimer ses réflexions. Il arrive simplement trop tard. En tant qu'auteur non publié, Ransom est privé de voix dans la sphère publique où il voudrait prendre la parole. Sa frustration fait écho à celle d'Olive, et les motifs pour lesquels il poursuit Verena sont d'une égale complexité, en dépit du fait que son désir ultime est le contraire de celui d'Olive. Il veut rendre Verena muette en public. Pour emprunter les mots de Mme Burrage, il a l'intention de "l'enfermer complètement". Nous savons que Ransom dispose en faveur de sa position d'arguments très réfléchis et que, de même que sa rivale, il est sincère. Ni M. Ransom ni Mlle Chancellor ne sont coupables d'hypocrisie mais l'homme du Mississippi est aussi l'indigent mais fier survivant d'un Sud ruiné où sa mère et ses sœurs vivent encore dans les conditions de pénurie dues à la défaite. Olive, elle aussi, a perdu à la guerre ses deux seuls frères (rappel des frères soldats de James) mais, malgré leur mort, étant du Nord, elle n'a pas été privée de son mode de vie. La famille de Ransom a tout perdu sauf sa distinction et, au début du roman, lorsqu'il attend, assis dans le salon d'Olive Chancellor, qu'elle fasse sa première apparition, le lecteur découvre la nuance de ressentiment qui colore son expérience : "Il grinça légèrement des dents en pensant aux contrastes dans le sort des humains ; ce nid féminin capitonné lui donnait l'impression d'être sans logis et sous-alimenté." Ransom est un homme dont chaque mouvement, chaque parole est affectée par le souvenir d'une souffrance et, à l'instar d'Olive, il s'est cramponné à des idées qui sont le reflet de son sentiment d'avoir été personnellement offensé et d'une soif de vengeance non avouée mais néanmoins évidente.

Dès lors que l'attraction qu'éprouve Ransom pour Verena est devenue amour conscient, la cour qu'il lui fait est de plus en plus décrite en termes de rapports de force. "En jouant ainsi avec le sujet, en s'amusant de son hésitation visible, il se sentit vaguement conscient de la brutalité de l'homme – d'une impulsion qui le poussait à mettre à l'épreuve la bonne nature de Verena, laquelle semblait n'avoir pas de limite." Plus tard, il comprend que son insistance incessante l'a rendue "terriblement ouverte à l'attaque", qu'il est engagé dans un "siège". Vers la fin du roman, Verena est prête à "se rendre" et il l'a, "par force musculaire, arrachée" à Olive et au public qui l'attend. L'imagerie guerrière est évidente. James donne à voir une deuxième version, beaucoup plus personnelle, du conflit Nord-Sud, mais la victoire de M. Ransom sur Mlle Chancellor, sa conquête de Verena et l'avenir de celle-ci dans les rets domestiques, n'a pas été acquise par "force musculaire" mais par la parole.

Il est intéressant d'observer que la décision de Ransom d'entreprendre sérieusement la conquête de Verena, en dépit de sa pauvreté et de ses sombres perspectives, est alimentée par une justification assez ténue : l'un de ses essais vient enfin de trouver un éditeur. Cette unique publication ne modifie en rien l'avenir financier de Ransom, mais il s'en empare comme de l'annonce d'une nouvelle voix publique, et cela l'encourage dans sa tentative de réduire celle de Verena au silence. Le statut récemment acquis d'orateur public donne du crédit à la déclaration privée de Ransom, une demande en mariage, exactement comme ses opinions antiféministes justifient son offensive très *personnelle* contre Verena. Les phrases éloquentes, décrivant le pathétique de l'oppression féminine, dont Olive abreuve Verena ne peuvent pas rivaliser avec la séduction verbale de Basil. Il s'avère que l'argument le plus frappant de celui-ci est le reproche adressé à Mlle Tarrant de n'être pas réelle. Il lui dit que, dans son désir de complaire aux autres, elle a fini par ressembler à "une petite marionnette absurde" commandée à distance du fond de la scène, et le soupirant retourne contre sa bien-aimée sa propre phrase : "Ce n'est pas *vous* ; pas le moins du monde." Ce qu'elle considérait à l'origine comme un dévouement altruiste à une cause, conviction qui lui permettait de proclamer fièrement : "Ce n'est pas moi", se voit transformé par l'assaut rhétorique obstiné de Ransom en une accusation de fraude : "(...) ces paroles, les plus efficaces et pénétrantes qu'il eût prononcées, s'étaient enfoncées en son âme et y avaient agi et fermenté. Elle avait fini, enfin, par les croire, et ce fut l'altération, la transformation." Phrase après phrase, Ransom pénètre dans le sanctuaire intime de ses doutes. Bien qu'il ait touché là une vérité et qu'il offre à Verena l'espoir d'assumer sa propre liberté, ce qu'il lui promet n'est en définitive qu'une captivité se poursuivant sous un autre nom. Le sort de Verena est triste, mais son personnage est trop vacillant et trop vide pour être tragique, et la faim qu'a Basil Ransom de Verena Tarrant est augmentée par la stature de son adversaire, Olive Chancellor, qui, contrairement à Verena, est véritablement son égale. Dans les termes de la politique du livre, une telle ironie crée une ultime et terrible résonance. Elle lave aussi James de l'accusation d'avoir fait des *Bostoniennes* un livre en quelque sorte antiféministe. C'est un livre inconfortable pour les causes mais intimement, profondément confortable pour les femmes.

Dans le roman, seule Olive Chancellor atteint à la dimension tragique, et c'est parce que, de tous les personnages du livre, elle est celle dont les sentiments sont les plus intenses, or le sentiment est le domaine où Henry James se montre transcendant. La douloureusement discrète Olive Chancellor subira à la fin l'horreur d'une dénonciation publique et de l'échec en même temps que la perte de la personne qu'elle aime le plus passionnément au monde, et ce destin, c'est elle-même qui se l'est attiré. Sa culpabilité, cependant, ne diminue en rien la profondeur ni la réalité de sa douleur, pas plus que l'immense pitié qu'elle inspire au lecteur. Raide, dépourvue d'humour, bourrée de préjugés et quasi aveugle aux raisons de ses actes, dans la profondeur de son chagrin et de son humiliation, la petite vieille fille bostonienne devient héroïque.

> (…) dès qu'il la regarda il se rendit compte que la faiblesse qu'elle venait de manifester avait passé. Elle s'était redressée, et se tenait droite dans sa désolation. L'expression de son visage était une chose qui le hanterait à jamais ; il était impossible d'imaginer une représentation plus frappante de l'espoir saccagé et de l'orgueil blessé. Sèche, désespérément rigide, elle vacillait néanmoins et paraissait incertaine ; ses yeux pâles et brillants fixaient droit devant elle, comme s'ils cherchaient la mort. Ransom pressentit, même dans la confusion de cet instant, que si elle avait pu

la rencontrer en ce lieu et en cet instant même, hérissée d'acier ou atrocement embrasée, elle se serait précipitée vers elle sans un frémissement, en héroïne qu'elle était.

"En art, a écrit James, le sentiment a toujours un sens." Pour moi, ces mots éclairent non seulement l'*ars poetica* du romancier mais aussi la grande puissance de James en tant qu'écrivain. Son expérience du monde et son empathie pour autrui ont produit une œuvre qui refusait absolument les catégories toutes faites, les idées reçues et les notions préconçues de toutes sortes, pour privilégier l'arène difficile, étrange, tendre et toujours pleine de diversité des relations et émotions humaines. Je pense que James sentait que toute tentative de réduire la vie à un système de croyances – religieuses, politiques ou philosophiques – doit inévitablement aboutir à une forme de mensonge.

Vers la fin de sa vie, il tenta d'expliquer sa défiance à l'égard des systèmes à deux écrivains politiquement engagés, George Bernard Shaw et H. G. Wells. Membre du comité qui avait refusé une pièce de James, Shaw avait écrit à son auteur : "Les gens n'attendent pas de vous des œuvres d'art. Ils veulent de l'aide, ils veulent avant tout un encouragement." Dans sa réponse, James répliqua : "(...) tout «encouragement» direct – ce que vous me recommandez –, encouragement de l'ordre du raccourci et, disons, du naturel, présente en réalité de fortes chances d'être creux et trompeur." Wells avait blessé James en publiant, dans un ouvrage satirique intitulé *Boon*, une attaque cruelle de son aîné, dans laquelle il avait, entre autres, critiqué sa conception de la vie et de la littérature. James lui écrivit : "Je n'ai *pas* de conception de la vie et de la littérature, je l'affirme, sinon que notre forme de cette dernière en particulier est admirable précisément pour son étendue et sa variété, sa plasticité et sa libéralité, l'honnêteté avec laquelle elle se nourrit de l'expérience sincère et changeante du praticien individuel." Et plus loin, dans sa lettre, il entre dans les détails : "C'est l'art qui *fait* la vie, qui fait l'intérêt, qui fait l'importance de ces choses au point que nous les considérions et les appliquions, et je ne connais à la force et la beauté de son action aucun substitut de quelque sorte que ce soit." James croyait au pouvoir de l'art, non parce qu'il pensait qu'il changerait le monde ni parce qu'il imaginait qu'il pouvait être un miroir de la vie. L'art, expliqua-t-il à Wells, "favorise l'extension de la vie, c'est le plus beau cadeau du roman".

James était sans doute trop subtil pour ses correspondants, mais l'idée d'"extension" me paraît juste parce qu'on ne peut séparer l'art et la réalité aussi facilement que nous l'imaginons quelquefois. L'un vient de l'autre, et ils se mêlent dans la conscience que nous, lecteurs, en prenons sur la page. L'art peut en effet créer la vie, comme le dit James, parce que lorsque nous rencontrons une grande œuvre d'art elle fait naître des sentiments, et ces sentiments du lecteur, du spectateur ou de l'auditeur sont finalement ce que l'œuvre *signifie*. J'ai vécu pendant des années en compagnie des personnages et des récits de James, et ils ne me quittent pas. Ils font désormais partie de ce que je suis et je ne peux m'empêcher de penser que leur créateur, que préoccupaient ses ventes médiocres et son manque de popularité auprès du public des lecteurs, aurait été très heureux de savoir ce que je ressens. Il aurait été content de savoir que son œuvre avait duré et pris de l'importance, et que je ne suis que l'une des nombreuses personnes qui ont été durablement transformées par ses livres.

Dans leur étendue et leur variété, leur plasticité et leur libéralité, *Les Bostoniennes* sont une incarnation de la notion non normative qu'avait

James de ce que devrait être un roman. A travers une histoire qui dépeint le pouvoir qu'ont les mots d'obscurcir, d'exploiter et de déformer la réalité humaine, Henry James offre sa prose personnelle, nuancée, précise et sensible, en opposition aux phrases mortes qui s'écoulent des salles de conférences, s'alignent sur les pages des journaux et flottent d'un orateur à l'autre dans le climat aride qu'était celui de Boston. Cette ville a changé et les Etats-Unis ont changé depuis que James a écrit son roman américain, mais les phrases mortes, la rhétorique creuse et la pensée conformiste, de même que les opinions toutes faites et les pures absurdités offertes au public par la presse, ne donnent aucun signe de récession prochaine.

Je pense qu'il est impossible de lire *Les Bostoniennes* sans, au moins, se poser des questions sur les usages que nous faisons du langage ou que le langage fait de nous. Des déclarations politiques moribondes et ineptes continuent à nous influencer et à nous entraîner à cause de la manière dont elles sont prononcées ou écrites. Même la profession la plus sincère de dévouement à une noble cause peut être née de quelque venin intime ou misère privée. Il y a toujours un écart entre ce que nous ressentons et ce que nous disons. Henry James savait qu'il était d'une difficulté déchirante de saisir dans les mots le flux de l'expérience, de résoudre l'énigme des sentiments et des actes humains, mais telle était précisément son ambition et moi, l'une de ses fidèles lectrices, je l'aime à cause de cela.

2004

CHARLES DICKENS ET LE FRAGMENT MORBIDE

“Chaque fois que je me retrouve à Paris, une force invisible me traîne à la morgue. Même si je ne désire pas y aller, je m’y sens toujours attiré.” Charles Dickens a prêté cette phrase au narrateur de l’une de ses nouvelles, mais il s’est servi des mêmes mots pour décrire sa propre tendance irrésistible à contempler des cadavres : “Une force invisible me traîne à la morgue.” En 1847, cette attraction mystérieuse amena Dickens à faire à la morgue de Paris des visites multiples et, à l’occasion de l’une d’elles, il découvrit avec fascination le corps enflé et défiguré d’un noyé. Seize ans plus tard, Dickens commencerait un roman où il est question de noyade : *L’Ami commun.* Ce livre devait être le dernier qu’il achèverait avant de mourir. L’image de ce mort anonyme gisant sur une table de la morgue doit avoir obsédé Dickens des années durant, tel un fantôme en attente d’une histoire. Le récit qu’il finit par écrire s’attaque à la question du cadavre avec un plein arsenal d’armement verbal : humour, ironie et pathétique. Le cadavre fut la muse de Dickens, le catalyseur qui a déclenché la rédaction de *L’Ami commun*, la chose abjecte qui a lancé un torrent de mots à l’assaut de cette vérité à laquelle chacun est confronté : le cadavre est mon avenir. Je mourrai.

Plus je me sens proche de la mort, plus elle devient menaçante. Le jour où j’ai vu une plaie ouverte sur une table d'opération, je me suis évanouie. Il y a quelques années, je me suis trouvée dans un accident de voiture. Immédiatement après la collision, ma vision s'est brouillée, j'ai été prise de nausées irrésistibles et, même si j'ai réussi à rester consciente, je suis tombée en état de choc. Même après être sortie de l'hôpital, renvoyée chez moi avec l'assurance de n'avoir que quelques plaies et bosses, j'ai été réveillée en sursaut plusieurs nuits de suite par l'impact : ce coup terrible et soudain qui faisait exploser le pare-brise et écrasait la voiture autour de moi. Je le ressentais dans mon corps comme si cela se passait à nouveau exactement comme cela s'était passé, et dans ma terreur j'étais arrachée au sommeil. Cette image rêvée n'avait aucun rapport avec les autres rêves que j'avais pu faire : elle était brève et isolée – une répétition de l'instant où la camionnette nous a heurtés. Je soupçonne ce "rêve" d'être très proche de la mémoire traumatique. Les soldats revenus de guerre et les victimes de crimes ou de catastrophes peuvent souffrir pendant des années de tels souvenirs non désirés : fragments épouvantables d'expériences qu'on ne peut digérer parce qu'elles n'ont aucun sens. L'esprit se refuse à catégoriser l'horreur – il ne saurait où la mettre – mais des traces de l'incompréhensible peuvent néanmoins s'y attarder ; plus tout à fait conscientes, elles semblent flotter en dehors de l'espace et du temps.

Le voyageur de Dickens se sent attiré par la vision d'un corps à la morgue et, l'ayant vu, il se met à l'imaginer en tous lieux. Il se rend aux bains et croit voir le "grand corps sombre" flotter vers lui. Lorsqu'il avale malencontreusement une gorgée d'eau du bain, il se crispe, croyant y sentir "la contamination de la créature". Plus tard encore, "le jour même, au dîner, quelque chose sur mon assiette ressemblait à un morceau de lui". Bien que le corps qu'il a vu à la morgue soit entier, le voyageur est hanté par un cadavre qui suinte et se désagrège, un objet répugnant qui menace d'entrer en lui sous la forme d'une bactérie ou d'un aliment. Son dégoût est causé par une angoisse à l'idée que la barrière protectrice entre lui et cet objet se déplace, tombe ou se désagrège. Les films d'horreur jouent sans cesse de cette crainte – que les morts soient... eh bien, ne soient pas morts mais en train de circuler en ce monde, généralement à la poursuite d'une jeune femme qui hurle. Quoique fantastiques, de tels films ne mentent pas. Un jour ou l'autre, la mort finit par nous rattraper tous.

Dès le début de *L'Ami commun*, le lecteur découvre le premier de plusieurs noyés. Un inspecteur de police a pris le cadavre en charge, mais il ne sait trop comment s'adresser à l'objet dont il a la garde. Il commence par tutoyer le mort ; un peu plus tard, il déclare à un badaud : "J'appelle encore cette chose *lui*, voyez-vous." M. l'inspecteur est le premier d'un certain nombre de personnages qui ont des difficultés avec les pronoms. Qu'est-ce que cela signifie d'appeler quelqu'un *toi* ou *lui* ? Quand *lui* se transforme-t-il en *ça* ? Ce sont là des questions essentielles, et elles sont posées inlassablement dans le roman. Quand j'ai présenté à l'université de Columbia, en 1986, la thèse que j'avais rédigée sur Dickens, Steven Marcus, spécialiste de Dickens et auteur de *From Pickwick to Dombey*, m'a demandé si je pensais que Dickens *savait* ce qu'il faisait, s'il savait que son œuvre était métaphysique. J'ai répondu "non" et il était d'accord avec moi. Mais, en art, savoir n'est pas tout – ce que l'on ne sait pas se fraie souvent un chemin vers la surface. Ces dernières années, la neuroscience a démontré que Freud avait sûrement raison en ceci : une immense partie de ce que fait le cerveau est inconscient. Et n'importe quel romancier peut vous dire que, pendant qu'il écrit, des choses se passent. On ne sait pourquoi les personnages ou leurs mots apparaissent ni d'où ils viennent, mais ils sont là et, souvent, ces fantômes étranges et leurs voix, surgis de nulle part, sont précisément ceux qui sont les plus essentiels à l'histoire.

L'intrigue du roman est centrée sur l'identité du noyé. M. l'inspecteur l'appelle *tu*, *lui* et *ça*. Ce corps est repêché de la Tamise par Gaffer Hexam et sa fille, Lizzie, qui remettent ensuite le cadavre aux autorités. Les papiers trouvés sur lui leur permettent de l'identifier comme étant John Harmon, fils d'un magnat londonien des ordures et héritier d'une fortune. Ce fils étant mort, l'argent revient aux Boffin, l'*éboueur d'or* et son épouse, autrefois fidèles serviteurs du vieux Harmon. Silas Wegg, observateur sournois de la richesse nouvelle des Boffin, complote contre eux. Une récompense en espèces offerte pour toute information conduisant au coupable du meurtre inspire à Rogue Riderhood, personnage louche des rives du fleuve, une escroquerie qui l'amène dans les bureaux d'Eugene Wrayburn et Mortimer Lightwood, hommes de loi responsables du patrimoine Harmon. De là découle la rencontre d'Eugene Wrayburn, fils de famille, et de Lizzie Hexam, fille de miséreux, et leur histoire d'amour commence. Mais les autorités se trompent. Le corps trouvé dans le fleuve n'appartenait pas à John Harmon mais à George Radfoot, un ami de Harmon qui ressemblait à l'héritier. Cette erreur permet à John Harmon, absent de chez lui depuis de nombreuses années, de se faire passer pour un autre et de devenir le spectateur de sa propre mort. Il se fait appeler Rokesmith, va habiter dans ce qui était jadis la maison de son père, travaille pour Boffin en qualité de secrétaire et observe là la belle mais capricieuse Bella Wilfer, pupille des serviteurs nouveaux riches, à laquelle il a été promis par le testament de son père – son mariage avec elle étant une condition de son héritage – et leur conquête réciproque commence tant bien que mal. Par le jeu des relations sociales ou de simples coïncidences, tous les éléments épars du récit se croisent : Lizzie et Bella se rencontrent. Bradley Headstone, instituteur du frère de Lizzie, et Eugene Wrayburn s'affrontent et deviennent rivaux pour Lizzie. En proie à une passion terrible et fatale pour celle-ci, Headstone s'acoquine avec Riderhood. Un grand désordre s'ensuit. Riderhood, Headstone et Gaffer se noient. Eugene Wrayburn se noie presque, mais à la fin les couples sont réunis, les méchants sont punis et la plupart des personnages sympathiques semblent promis à ce destin de conte de fées que l'on dit "toujours heureux".

VISIONS

La métaphore modifie notre façon de nous représenter les choses. Lorsqu'une chose est comparée à une autre dans une phrase, les deux se fondent dans l'image mentale que je crée en lisant. Les métaphores de Dickens, toutefois, sont plus radicales que celles de la plupart des écrivains parce qu'elles dérangent les lignes de perception conventionnelles, et quand je lis ses livres je ne cesse de réorienter les images que je vois dans ma tête. La vision normale est déterminée dans une large mesure par ce que nous en attendons. Nous apprenons à distinguer les objets comme des identités isolées, *là-bas*, grâce aux procédés que notre cerveau a mis au point afin d'ordonner les matériaux visuels et linguistiques qui rendent possible la représentation d'"objets entiers". Pour formuler cela simplement, nous ne voyons pas un monde nu mais un champ visuel déterminé par l'expérience, la mémoire et le langage. Tout lecteur de Dickens observe que, dans son œuvre, les objets ont souvent des traits humains et que les individus ressemblent souvent à des objets. Ce mélange de l'inanimé et de l'animé est à la fois amusant et subversif. Quand Fledgeby l'Enchanteur essaie de se faire ouvrir la porte d'une maison, par exemple, le lecteur apprend qu'il "tira de nouveau le nez de la maison, il tira et tira (...) jusqu'à ce qu'un nez d'homme apparaisse sur le seuil". Quand le nez métaphorique est suivi d'un nez littéral, la tension comique engendrée sape leur statut à tous deux, donnant au "vrai" nez une apparence étrange et désincarnée, comme s'il flottait, solitaire, dans l'espace obscur d'un seuil. Le langage de Dickens désorganise les représentations d'objets entiers en décomposant ceux-ci. Au lieu d'isoler le corps humain de son environnement et d'établir des distinctions nettes entre le vivant et le non-vivant, Dickens confond ces distinctions "normales" au point, avec le temps, de réarranger entièrement nos attentes.

Avec Silas Wegg, Dickens crée un personnage qui est déjà, littéralement, en partie un objet. Il a une jambe de bois, dont le narrateur nous dit que Wegg semble l'avoir adoptée naturellement, peut-être parce que l'homme est aussi *métaphoriquement* en bois : "Wegg était un homme noueux, au grain serré, dont le visage, sculpté dans un matériau très dur, avait tout autant de jeux d'expression que la crécelle d'un gardien de nuit." Son corps et ses tics faciaux tiennent davantage de l'objet que de l'humain. Et puis, dans un chapitre intitulé "M. Wegg va se chercher", on découvre que l'homme de bois, répugnant à renoncer à ce qu'il a perdu et obéissant à une merveilleuse logique qui lui est entièrement personnelle, va dans une petite boutique sordide à Londres se rendre visite à *lui-même* :

> "Et comment ai-je été, depuis tout ce temps, monsieur Venus ?"
> "Très mal", dit M. Venus, péremptoire.
> "Quoi, je suis encore à la maison ?" demande Wegg d'un air surpris.
> "Encore à la maison."

La première fois que j'ai lu ce passage, je n'avais aucune idée de ce dont il retournait, mais quand j'ai compris que le *je*, dans ce remarquable dialogue, est l'os de la jambe perdue de Wegg, j'ai éclaté de rire. Afin d'arriver à ce *je*, Wegg doit arracher le pronom familier à son emplacement habituel et l'introduire de force dans un autre : il adopte pour première personne ce qui est normalement la troisième. Le linguiste français Emile Benveniste établit une distinction importante entre ce qu'il appelle la *polarité de la personne* et de la *non-personne* : il existe dans le discours des énonciations qui échappent à la condition de personne en dépit de leur nature individuelle, c'est-à-dire qu'elles ne font pas référence à elles-mêmes mais à une "situation objective". "Tel est le domaine, explique-t-il, que nous appelons la *troisième personne*." La différence entre polarité de personne et de non-personne est évidente : dans un dialogue, la personne est toujours réversible. *Je* peux devenir *tu* et *tu*, *je*, alors que cela n'est pas vrai d'*il*, d'*elle* et de *ça*. En extrayant la première personne du dialogue, la *personne* de Wegg est devenue *non-personne*, en un saut qui me ramène plus haut, à la confusion de M. l'inspecteur quant à la façon dont il doit s'adresser à un mort. L'os qui dit "je" est, après tout, un morceau de cadavre de Wegg, morceau qui s'est retrouvé à la morgue un peu plus tôt que le reste de son corps.

Wegg n'est que l'un des nombreux personnages de Dickens dont le corps est morcelé. Les romans abondent en amputés, en gâchis sanglants, en corps qui explosent, se désagrègent ou se liquéfient, ainsi qu'en innombrables références métaphoriques à la désintégration. Dans *Dombey et Fils*, un train passe à toute vapeur sur Carker avec "sa chaleur embrasée et projette dans les airs ses fragments mutilés". Dans *Bleak House*, Krook est victime d'une combustion spontanée. Dans *Oliver Twist*, Sikes abandonne Nancy assassinée, "en un sombre tas dans une pièce tachée de sang". Dans *La Petite Dorrit*, Blandois écrasé est retrouvé "dans une masse de détritus, la tête pulvérisée". Dans *Martin Chuzzlewit*, Joseph Willet perd un bras, et les jambes fracassées de Simon Tapertit sont remplacées par des jambes de bois. Dans *Le Mystère d'Edwin Drood*, un roman inachevé, il paraît évident que Jasper a disposé de son neveu à l'aide de chaux vive, une substance corrosive qui ronge peau et os. Et ce n'est là qu'une liste brève. Le corps écrasé est un leitmotiv chez Dickens, une image centrale de l'imaginaire de l'écrivain. Dans *L'Ami commun*, ce cadavre dégradé devient le véhicule de l'interrogation obsessionnelle : comment se construit-on une identité ?

La jambe chèrement perdue de Wegg se trouve en possession de M. Venus, un homme qui fait profession d'articuler des os. J'aime à imaginer que, dans cette petite boutique minable, Dickens a rassemblé tous les cadavres disloqués de ses livres précédents et confié à Venus la tâche impossible de les reconstituer. Venus est confronté à trois problèmes : voir, reconnaître et enfin identifier les fragments qu'il a devant lui. D'un bout à l'autre du récit, Dickens isole chaque étape, faisant ainsi écho aux réalités de la perception. Dans un brouillard opaque, je peux *voir* des formes devant moi sans en *reconnaître* aucune ou, ainsi qu'il arrive souvent, je peux *reconnaître* un visage mais ne peux *l'identifier*, lui donner un nom. Venus, en encyclopédiste de l'au-delà, entreprend de mettre en ordre les fragments des morts à partir de ce que le narrateur nous décrit comme un "fouillis d'objets ressemblant vaguement à des lambeaux de cuir et des bouts de bois sec parmi lesquels rien n'est résoluble en quoi que ce soit de distinct". Ce fouillis n'est pas limité à la boutique de Venus ; il est continuellement présent dans l'histoire depuis le début. Le roman s'ouvre dans la pénombre du crépuscule sur la Tamise. Le narrateur désigne deux personnes dans un bateau non identifié, qui n'a "pas la moindre marque distinctive". Quatre paragraphes plus loin, le soleil couchant éclaire un instant la coque de l'embarcation et le lecteur entraperçoit "une tache de pourriture" dont les contours ressemblent vaguement à ceux d'une forme humaine camouflée. *Camouflé*, *fouillis* sont des mots pertinents dans l'univers entier du livre. On distingue mal ce qu'il y a, là, dehors. La poussière vole dans les rues. Des silhouettes obscures apparaissent et disparaissent. "Brume, brume, brume", murmure un autre personnage, Jenny Wren, qui s'efforce de discerner qui est qui et ce qui est quoi dans sa propre vie. "J'y comprends rien."

Comprendre le monde est une énigme perceptuelle dans *L'Ami commun*, et la tâche de M. Venus consiste à reconstituer des corps dispersés. En une étonnante petite parabole illustrant l'art d'isoler, de reconnaître et de nommer les choses, M. Venus fait faire à Wegg un tour de sa boutique : "J'ai continué à m'améliorer, dit-il, jusqu'à être parfait pour l'aspect et les noms."

> "Un édau. Oudils. Os, divers. Crânes, divers. Bébé indien en conserve. Idem africain (...) humains, divers. Chats. Bébé anglais ardiculé.

> Chiens. Canards. Yeux de verre, divers. Oiseau momifié. Ah, ma foi, voilà la vue panoramique générale." Et il tenait et agitait la chandelle de telle façon que tous ces objets hétérogènes semblaient s'avancer docilement à l'appel de leurs noms et puis se retirer.

La chandelle rend les objets visibles et reconnaissables, mais ce sont les noms qui semblent inviter chacun d'eux à sortir de l'obscurité et le rendre lisible. Venus articule ses anatomies dans l'espace et dans le langage, créant du sens à partir du non-sens au moyen de la catégorisation. Wegg exprime son admiration pour le travail de l'anatomiste : "Vous qui avez la patience d'assembler sur des fils toute la carcasse de la société – je veux parler de l'esquelette humain." En amalgamant "la carcasse de la société" et les os du corps humain, Wegg crée à nouveau une confusion brillante. Il va de soi que les gens en société ont besoin de leurs os, mais l'allusion de l'homme de bois à cette "carcasse" résonne dans tout le roman sur deux niveaux : la représentation visuelle du corps dans l'espace et dans le langage.

Nous avons tous besoin de nous assembler, de posséder de nous-mêmes une image active ou une armature que nous portons en nous comme une représentation interne de notre corps, à laquelle nous attachons une identité. Les pathologies de l'image corporelle, qu'elles soient dues à des lésions du cerveau ou à une détresse émotionnelle, montrent bien que de telles représentations sont à la fois essentielles et mystérieuses. Le "syndrome du membre fantôme", par exemple, quand des amputés ont la sensation qu'un bras ou une jambe manquants sont présents et, souvent, les font souffrir est une forme de "weggisme". Ces personnes conservent une relation durable avec une partie d'elles-mêmes qui, en réalité, a disparu. L'*anasognosie*, un autre désordre, dû à une dégradation de l'hémisphère droit du cerveau, laisse les patients dans l'ignorance de leur perte. Ils refusent d'admettre ce qui est évident pour autrui : qu'ils sont paralysés ou ne peuvent pas bouger la main gauche, ou qu'ils souffrent d'un quelconque handicap. D'autres sont dans un état simplement qualifié d'inattention : ils ignorent la moitié gauche de leur corps et tout le côté gauche de l'espace, comme s'il n'y avait rien de ce côté-là. Des gens gravement "inattentifs" peuvent même nier, contre toute évidence, qu'un bras ou une jambe abîmés leur appartiennent – "weggisme" inversé. Des anorexiques, des boulimiques, ainsi que beaucoup de gens qu'on ne considérerait pas comme cliniquement malades, sont également susceptibles d'avoir de leur propre corps une image perturbée. La culture occidentale contemporaine abonde en personnes qui se sentent grosses alors qu'en réalité elles sont minces, qui sont obsédées par leurs cuisses et leur ventre, leurs poches et leurs rides, et même ceux qui ont une image relativement stable de leur corps sont sujets à des mutations dans leurs rêves. Je perds régulièrement des morceaux de moi quand je dors, souvent mes dents et mes cheveux, mais il m'est arrivé aussi de perdre mains et pieds. Des visions déformées, partielles et brisées du corps indiquent clairement que ces représentations sont beaucoup plus précaires que nous ne souhaiterions le penser. C'est précisément cette fragilité intérieure que Dickens représente avec une perspicacité remarquable.

L'allusion de Wegg à l'articulation est double. Les mots sont articulés ainsi que les os, et l'on peut bien qualifier le langage de "carcasse de la société", parce qu'il rend possible notre vie collective. Dans l'univers du livre, le mot *société* désigne un groupe particulier de personnages, dont les plus importants sont les Podsnap, les Lammle et les Veneering. En dépit du fait que la boutique de M. Venus et la bonne société ne pourraient se trouver plus éloignées l'une de l'autre sous l'angle du récit, Dickens les lie métaphoriquement. Ils sont réunis par le fragment morbide, le morceau ou la pièce qui, tel l'os de Wegg, refuse de se laisser incorporer dans une carcasse significative – l'objet impossible à articuler. "Je peux pas vous caser dans un ensemble, pas moyen, dit Venus à Wegg. J'ai beau faire, vous ne vous ajustez pas. N'importe qui d'un peu compétent vous saisirait au premier coup d'œil et dirait : Non ! Pas assorti !"

Dans une scène située chez les Veneering, la "société" de Dickens est décrite comme une anatomie brisée, qu'on ne voit pas en direct mais dans un miroir. Ce long passage est entièrement rédigé en fragments de phrases, comme si la nature composite de ce que dépeint le narrateur avait envahi sa syntaxe.

> Reflète jeune dame mûre ; boucles d'ébène et teint qui resplendit bien quand bien poudré – en train de s'activer considérablement afin de captiver jeune monsieur mûr ; lequel a trop de roux dans ses favoris, trop de torse dans son gilet, trop d'éclat à son épingle de cravate, ses yeux, ses boutons, sa conversation et ses dents.

En tant que lecteur, je vois une étendue plane d'esquilles reflétées, où torse et dents ont même valeur qu'épingle de cravate, boutons, voire conversation, une image qui évoque, une fois encore, les pièces et morceaux de la boutique de M. Venus et ses articulations des "divers". En se servant d'un miroir, Dickens veut manifestement dépeindre la société comme un monde tout en surface, artifice, illusion, comme un *vernis**, mais

* En anglais, *veneer. (N.d.T.)*

il n'a pas besoin pour cela de briser les contours conventionnels du corps. A vrai dire, les miroirs sont les seuls endroits où nous pouvons nous faire une idée de nous-mêmes, de l'extérieur, comme d'un tout visuel. Le *je* occupe la position d'un *tu*. La plupart du temps, nous ne voyons de nous que des parties, nos mains qui bougent devant nous, nos bras, nos doigts, notre torse, ou nos genoux et nos pieds. Cette vision du corps entier dans le miroir est ce qui a conduit le psychanalyste français Jacques Lacan à énoncer sa théorie du stade du miroir, qui signifiait pour lui le moment où un enfant se reconnaît comme une personne à part entière reflétée dans le regard de ce qu'il appelle l'Autre, qui est à la fois une personne réelle et l'ensemble du paysage symbolique dans lequel vit l'enfant – c'est-à-dire le langage. Lacan n'était pas Piaget. Il n'était pas grand observateur des enfants, et je ne crois pas que son stade du miroir corresponde à un événement réel dans l'histoire du développement humain. Je crois plutôt que c'était sa façon de parler du fait qu'en tant qu'êtres humains, nous naissons inconscients des limites de notre corps. Les nouveau-nés sont des êtres fragmentés qui ne se constituent qu'avec le temps en individus entiers, et les limites et catégories établies dans le langage sont essentielles pour la création d'une idée distincte et complète de soi. Ce modèle psychanalytique d'un développement passant d'une image fragmentée à une image complète du corps se renforce, en tant qu'idée, quand on l'associe à des cas de lésion du cerveau ou de maladie mentale tels que ceux auxquels j'ai fait allusion plus haut. Pour Lacan, la personne vue dans le miroir représente une forme de complétude thérapeutique, une sorte de corps idéal, un corps qui n'est jamais complètement achevé parce qu'il est construit sur un substrat de fragmentation.

Chaque fois que les choses tombent en morceaux chez Dickens, le lecteur peut être certain que les identités sont chancelantes et que l'odeur de la mort est dans l'air. Une humeur moribonde imprègne la *société* à la Dickens. Il y a des personnages qui, comme l'os de Wegg, échappent à l'articulation. La vieille Lady Tippins, par exemple : "Dans quels recoins du bonnet et des étoffes annoncés par son nom peuvent être dissimulés des fragments de la vraie femme, sans doute sa femme de chambre le sait-elle." Lorsque ce bonnet et ces étoffes agitent un éventail, le bruit est comparé à un "cliquetis d'ossements", un son qui fait écho à une remarque faite par Eugene Wrayburn au début du roman quand, en voyant le cadavre enflé de Radfoot, il lance : "Pas tellement pire que Lady Tippins." Le morceau sur l'assiette du voyageur est réincarné en une satire mordante. La question est : comment peut-on identifier et nommer ce qu'on ne distingue pas ?

SIGNES FLOTTANTS

Il n'existe pas de connexion magique entre les mots et les choses ou, comme le dit le Vieux Soldat dans *David Copperfield*, "sans le Dr Johnson ou quelqu'un de ce genre, nous pourrions en ce moment appeler un *Italian iron* une tête de lit". Il m'arrive souvent de me surprendre en train de regarder longuement et fixement un mot que je viens d'écrire, un mot comme *mais*, par exemple, et de me demander ce qu'il peut bien vouloir dire et si je l'ai orthographié correctement. A de tels moments, je me trouve confrontée à la nature totalement arbitraire et mystérieuse du langage. Le signe, ou, comme le diraient les sémioticiens, le signifiant – les lettres tracées *m-a-i-s* –, semble s'éloigner du sens et rester planté là sur la page devant moi, nu et absurde.

L'Ami commun est un livre qui insiste sur le gouffre entre les mots et les choses. Le comique de "Lady Tippins", c'est que ce nom, censé en principe désigner une personne entière et visible, évoque plutôt une collection appropriée d'accoutrements féminins interchangeables. La société est toutefois indifférente au monde réel parce qu'elle fétichise le nom de préférence au référent. Le fait qu'on ne puisse pas du tout distinguer Tippins importe peu. Lorsque Veneering se présente à la députation, il espère que l'influent Lord Snigworth "donnera son nom en tant que membre de mon comité. Je ne vais pas jusqu'à demander sa noble personne ; je demande seulement son nom." Veneering achète son élection dans le but, apprend le lecteur, "de pouvoir écrire deux initiales après son nom au tarif extrêmement modéré de deux mille cinq cents livres par lettre". Il échange des billets de banque contre les lettres M. P.*. Fiction culturelle dominante des sociétés développées, l'argent est le signe absurde par excellence. J'ai toujours trouvé ahurissant qu'on puisse, en échange de papier, recevoir un livre ou une robe, que la Bourse monte et descende bel et bien à cause de rumeurs – simples bavardages – et que des gens fassent commerce de quelque chose qu'ils appellent l'avenir, comme si une telle chose était possible. Dickens partageait manifestement mon ahurissement. Quelle que soit sa puissance, l'argent ne représente rien de réel. Les monnaies flottent. Dickens reprend l'idée de Marx, celle de l'argent en tant que charabia fondateur de la société, comme "la confusion et la combinaison générale de toutes choses – le monde à l'envers". Quand l'argent est amassé, il devient plus absurde

* M. P. : membre du Parlement. *(N.d.T.)*

encore parce qu'il n'achète rien. Il ne fait que s'accumuler comme autant de vieux papiers.

> En quoi l'argent devrait-il être si précieux pour un âne bête au point de ne l'échanger contre aucune autre satisfaction, c'est étrange ; mais il n'est point d'animal aussi certain d'en être chargé que l'âne qui ne voit rien écrit à la surface de la terre que les trois lettres sèches L. S. D., non pas Luxure, Sensualité et Dévergondage, qu'elles signifient souvent, mais les trois lettres sèches*.

A une époque où les *labels* des créateurs et les *noms* des célébrités servent à vendre n'importe quoi, des voitures aux rouges à lèvres, où des slogans, des chansonnettes et des acronymes dépourvus de signification sont sans cesse diffusés, déployés et inscrits sur des écrans, des panneaux d'affichage et des couvertures de magazines, où des politiciens de droite martèlent *ad nauseam* les mêmes phrases creuses, corrompant des mots comme *liberté* et *vérité* au point qu'ils ne soient plus reconnaissables et ne signifient absolument plus rien, la satire de Dickens à propos des lettres sèches n'est pas sans rapport avec nous. Ce qu'il y a d'affreux là-dedans, c'est que de telles bêtises disposent d'un tel pouvoir lorsqu'elles sont assénées sous le couvert de l'autorité.

Dans sa jeunesse, Dickens avait appris la sténographie. Des mystérieux gribouillis de ce nouvel alphabet, il disait que c'étaient les "caractères les plus despotiques" qu'il eût jamais connus.

> Les modifications attachées à des points qui, dans telle position, signifient ceci et, dans telle autre, signifient tout à fait autre chose ; les merveilleux caprices des cercles ; les conséquences imprévisibles résultant de traces semblables à des pattes de mouches, l'effet formidable d'une courbe mal placée

* L. comme "livre", S. comme *solidus*, latin pour "shilling", et D. comme *denarius*, "pence". *(N.d.T.)*

ne se bornaient pas à troubler mes heures d'éveil mais reparaissaient aussi devant moi dans mon sommeil.

J'ai un rapport similaire aux nombres. L'algèbre, en particulier, me demeure impénétrable. Nombreux sont ceux qui peuvent se rappeler s'être débattus à l'école sous le poids d'un ensemble étrange de hiéroglyphes qu'ils étaient censés maîtriser et avoir été menacés d'échec s'ils n'y arrivaient pas. On attend des enfants qu'ils assimilent toutes sortes de systèmes arbitraires et les exigences d'en haut peuvent être écrasantes. Bien qu'il eût engendré dix enfants, jamais Dickens, l'écrivain, ne renonça à son statut d'enfant. Il s'identifiait aux enfants et à leurs pareils – ceux qui ne sont pas au pouvoir et subissent les impératifs versatiles et souvent sadiques de ceux qui s'y trouvent. La liste des enfants brutalisés chez Dickens est si longue que je pourrais remplir des pages de leurs noms. Mais à la différence de *Nicholas Nickleby* ou de *David Copperfield*, où les malheurs d'un apprentissage asséné à coups de trique par un maître d'école ou un beau-père cruel sont narrés avec une profondeur poignante dans les histoires de personnages particuliers, *L'Ami commun* s'attaque à la nature abstraite de l'autorité paternelle elle-même.

Le père mort, le père absent, le père devenu un inconnu et le père simplement lointain sont autant de figures d'une perte qui a des répercussions profondes dans la vie et dans la littérature. Les pères sont essentiellement différents des mères parce que nous avons tous habité un temps le corps de nos mères, que nous sommes nés de ces corps et, à nos débuts, nous en sommes nourris. La paternité est plus distante et moins directe que la maternité ; c'est une *revendication* que nous acceptons dès l'enfance, qui est inscrite dans nos noms légitimes, c'est-à-dire légaux. Dans *L'Ami commun*, nombre de pères n'apparaissent jamais en chair et en os – leurs corps ne font pas partie de l'histoire. De même que les lettres et les noms qui flottent dans la "société", les *figures paternelles* sont aussi, dans le livre, des *figures du paternel* – des personnages despotiques que les enfants trouvent indéchiffrables, difficiles à comprendre, et auxquels ils trouvent difficile de parler. Les pères apparaissent en tant que manifestations ou images de la loi auxquelles on ne peut s'adresser directement parce que le personnage qu'elles représentent est soit sourd à autrui, soit carrément absent. Une telle représentation de la loi est très valable. Dans des sociétés qui ne sont ni des monarchies absolues ni des dictatures, la loi ne réside pas dans le corps d'un individu vivant. Elle est *écrite* – enregistrée dans des documents qui proclament des règles, lesquelles comportent la menace de châtiment en cas d'infraction.

Les patriarches de Dickens – lords, députés, juges et pères – constituent dans l'ensemble un groupe impénétrable. Certains d'entre eux n'existent que sous forme de papier ou de lettres. Harmon père, mort avant le début du livre, parle au moyen des multiples "testaments ultimes" et codicilles qu'il a dissimulés chez lui un peu partout et dont chacun dispose de sa fortune d'une façon différente. Il n'y a pas de testament définitif, pas un mot cohérent, rien que des édits contradictoires. Le père d'Eugene Wrayburn n'apparaît que comme un acronyme, P. T. R. (Père Très Respecté). Dans les discussions imaginaires d'Eugene avec P. T. R., le père intériorisé écrase le fils d'interdictions étouffantes. Un autre personnage, Twemlow, possède lui aussi une figure paternelle, le tyrannique Lord Snigworth, de qui Veneering ne sollicite qu'un *nom*. De même que P. T. R., Snigworth n'apparaît jamais en personne dans le récit. Il n'est que représenté par un portrait pendu au mur. Ce que nous savons, c'est que, lorsque Twemlow séjourne à Snigworthy Park, il s'y trouve soumis à "une sorte de loi martiale".

Tout langage écrit a un aspect fantomatique – la voix désincarnée qui vous parle sur la page – mais les manifestations paternelles de Dickens sont de surcroît oppressives, lunatiques et dépourvues de sens. Quand ils parlent, les pères usent du langage d'un roi fou lançant du lointain sommet d'une montagne des directives qui ne font que déconcerter les malheureux sujets, au-dessous, supposés agir en conséquence. Le dialogue n'existe pas avec les pères – la conversation ne va que dans un sens. On comprend sans peine pourquoi Kafka admirait tant Dickens. Dans les pérégrinations de K. au long de couloirs étranges habités par des bureaucrates malpropres et des autorités invisibles, on entend comme un écho des enfants abasourdis de Dickens cherchant à situer et à interpréter les signes mystérieux et despotiques qui leur sont adressés d'en haut. Ce sont les mots de langages morts, qui déguisent la réalité plus qu'ils ne l'énoncent. Lorsque Podsnap entend raconter que six personnes sont mortes de faim à Londres, le patriarche bourgeois recourt à l'argument familier selon lequel c'était bien mérité. Twemlow, modeste porte-parole de la condition d'enfant, s'insurge. Podsnap accuse aussitôt son hôte de "Centralisation". Twemlow réussit à répliquer qu'il se sent "certainement plus bouleversé par ces événements terribles que par des noms, quel que soit le nombre de leurs syllabes". *Centralisation* est un mot comme *liberté*. Dans la bouche des politiciens, des bureaucrates et des idéologues, il sert à déguiser les cadavres qui gisent dessous et les histoires humaines individuelles qui appartiennent à chacune de ces vies perdues. A son degré le plus vil, ce langage n'est que bruit. Le XXe siècle et le nouveau siècle où nous venons d'entrer nous fournissent d'innombrables exemples de termes idéologiques utilisés pour dissimuler et déformer des politiques de négligence et de meurtre.

FOLIE

Pendant qu'il écrivait *L'Ami commun*, Dickens faisait aussi des lectures, activité dont sa famille et ses amis estimaient qu'elle le fatiguait à l'excès et qu'elle hâta sans doute sa mort. A de multiples reprises, Dickens interpréta ce que lui-même et ses proches appelaient simplement "l'assassinat" : celui de Nancy par Bill Sikes dans *Oliver Twist*. "Il régnait dans tout l'auditoire, écrivit Dickens, une expression figée d'horreur à mon égard, qui n'aurait pu être surpassée si j'avais été sur le point d'être pendu." Ce fut, dans la vie de Dickens, une période de désillusion, de tristesse et d'un vide obsédant. "Qu'y avait-il là sinon l'effrayant stimulus des lectures ? écrit son biographe Edgar Johnson. Revenir vers eux en tant que Jasper dans *Le Mystère d'Edwin Drood* le ramenait à la dangereuse excitation de ses visions sous influence." Les lectures devinrent pour Dickens une sorte d'opiacé et, lorsqu'il se produisait en public, il se mettait dans une transe fiévreuse d'émotion intense. Des dames s'évanouissaient, des hommes restaient bouche bée, et à la fin l'auteur épuisé quittait la scène d'un pas mal assuré, le visage inondé de larmes. Il jouait tous les rôles, Fagin, Sikes et Nancy. En tant que Nancy, il suppliait à grands cris qu'on lui laisse la vie ; en tant que Sikes, il tuait sans pitié Nancy à coups de gourdin. Ecrire des romans signifie être pluriel, être partagé entre ses créatures et souffrir avec elles. Sur scène, Dickens se perdait dans ses personnages et dans l'horreur de ce qu'il lisait, et de toute évidence sa santé s'en ressentait terriblement. Dans sa biographie, Peter Ackroyd note qu'au début de 1869, l'écrivain raconta qu'il était "à présent assassiné chaque soir par M. W. Sikes" et, à peu près à la même époque, écrivit aussi dans une lettre à un ami : "J'assassine Nancy (...). J'ai la vague impression d'être «recherché» quand je marche dans les rues." L'usage que fait Dickens de la première personne est significatif, ne serait-ce que parce qu'il démontre que ces deux personnages étaient assez proches de lui pour être "je".

Dickens explorait sans cesse des états extrêmes de désintégration et, dans *L'Ami commun*, il a créé un personnage, Bradley Headstone, dont l'effondrement est présenté en partie comme une répétition pathologique – le tournoiement mécanique, dans sa conscience, d'une tentative de meurtre. Le rapport aux prestations personnelles de Dickens est frappant. Si Headstone, personnage fictif de Dickens, est coupable d'un crime alors que son créateur n'est coupable que d'inventions et d'empathie pour ces inventions, Headstone n'en répète pas moins son crime en imagination longtemps après l'avoir perpétré, exactement comme Dickens ne pouvait résister au besoin de jouer et rejouer son assassinat. Un événement imaginé avec force peut susciter les mêmes émotions qu'un événement réel. Peu d'artistes diraient le contraire, et pourtant il existe assurément des gens qui trouveraient étrange qu'une fiction, si elle est imaginée en détail, puisse provoquer quelque chose de parallèle aux perturbations d'une maladie mentale. La dissolution dans l'art est préférable à la dissolution dans la folie, mais ce que Freud appelait "sublimation" n'est autre que la transformation des drames, craintes et blessures intimes en une œuvre d'art extérieure au corps de l'artiste. Ceci est vrai de tous les arts sauf de celui du comédien, où le corps est l'instrument de la transformation. Il y a des parties de mes livres que je n'ai jamais lues et ne lirai jamais à haute voix – elles sont tout simplement trop douloureuses pour moi. J'évite d'incarner mes propres paroles et mes personnages, préférant les tenir à bonne distance sur la page. Dickens s'était longtemps senti peu disposé à représenter "l'assassinat" mais, lorsqu'il eut constaté la réaction horrifiée des amis devant lesquels il avait fait l'essai de sa "lecture", ce furent leurs visages consternés qui l'incitèrent à recommencer. Bradley Headstone, l'instituteur fou et criminel de *L'Ami commun*, n'est *pas* un double de Charles Dickens. Ce que je suggère est très différent : l'obsession qu'avait Dickens de ces lectures nous ouvre un aperçu de la personnalité de l'écrivain et de ses multiples et complexes identifications secrètes – des identifications qui comprenaient à la fois *je suis assassiné* et *j'assassine.*

En Bradley Headstone, le lecteur découvre un personnage atteint de ce que l'on qualifierait aujourd'hui de "psychose". Le langage de la psychiatrie s'est modifié avec le temps, et poser un diagnostic concernant un personnage de roman est, au mieux, naïf, mais la folie de Headstone me fascine parce qu'elle décrit dans les grandes lignes des réalités qui ont toujours été présentes dans certaines formes de démence. Dans son livre intitulé *Agression in Personality Disorders and Perversions*, Otto Kernberg exprime cela simplement : "Il y a dans la psychose une sensation intense de perte ou de dispersion d'identité." Bien sûr, *L'Ami commun* dans son ensemble exprime à la fois une *sensation intense de perte* et une *dispersion de l'identité*, mais ce n'est pas un texte psychotique ; il traite de ces pertes avec cohérence. Le Dr Daniel Dorman, dans un récit décrivant une patiente schizophrène, Catherine, raconte qu'après être restée figée dans un silence de pierre pendant la quasi-totalité d'une séance, elle annonça juste avant la fin : "Je suis Humpty Dumpty, en morceaux, et il n'y a pas moyen de reconstituer une coquille d'œuf brisée. Je suis cassée." Le silence de Catherine est aussi important que ces paroles de dernière minute. Le moi brisé doit s'édifier des défenses ou mourir, et les mots pour exprimer cet état ne viennent pas aisément. En Bradley Headstone, Dickens offre au lecteur un homme que la complexité de son bouillonnement interne entraîne à la violence avant de le mettre en pièces.

Headstone souffre d'une déconnexion radicale entre ses moi intérieur et extérieur, entre ses sentiments et ses paroles. En dépit des luttes monstrueuses qui se déroulent en lui, sa personnalité d'instituteur est terne, sèche et dépourvue d'émotion. Cette bifurcation entre un trouble intérieur et une insensibilité extérieure possède, elle aussi, une dimension clinique. L'une de mes histoires préférées à propos du pédiatre et psychanalyste anglais D. W. Winnicott est racontée par M. Masud R. Khan dans sa préface au livre de Winnicott intitulé *Fragments d'une analyse.* En 1971, vers la fin de sa vie, Winnicott rencontra un groupe de clergymen anglicans. La question qu'ils lui posèrent était simple. Ils voulaient savoir comment distinguer une personne malade qui avait besoin d'une assistance psychiatrique d'une personne qu'ils pouvaient aider de leurs conseils. Le Dr Winnicott ne répondit pas sur-le-champ mais, après avoir réfléchi, il dit : "Si, en écoutant quelqu'un qui est venu vous parler, vous sentez qu'il vous ennuie, alors il est malade et a besoin d'un traitement psychiatrique. S'il suscite votre intérêt, alors, si graves que soient sa détresse ou son problème, vous pouvez l'aider."

L'extrême intelligence de cette réponse tient à la révélation d'une vérité commune à de nombreux malades mentaux : préoccupés de ce qui se passe en eux, ils sont murés à l'écart des autres et cette barrière les empêche de partager avec autrui une véritable conversation. L'absence de connexion de celui qui parle provoque inévitablement de l'ennui chez celui qui l'écoute. Headstone, comme Podsnap, comme d'innombrables autres personnages du roman, est exclu du langage en tant que *moyen de communication avec autrui.* Les symboles d'autorité paternelle que Dickens dénonce avec une telle fureur se révèlent à travers l'adjectif significatif qu'il utilise pour incriminer les lettres : *sèches.* Tout le monde sait ce que c'est qu'un texte sec : un texte qui ne comporte pas de sentiment, qui vous ennuie à mourir parce qu'il ne parle à rien d'humain, qu'il dissimule l'évident sous l'obscur, ou qu'il est simplement incompréhensible.

> Le discoureur [Headstone] exposant de sa voix traînante à Mes biien chers enffants, disons, par exemple, la belle arrivée au Sépulcre ; répétant cinq cents fois le mot *Sépulcre* (mot d'usage courant chez les petits enfants) sans jamais faire allusion à ce qu'il signifie.

Dans cette évocation de la pédagogie de Headstone, Dickens, de façon caractéristique, extrait du mot *Sépulcre* toutes les significations possibles. Le lecteur sait que le mot veut dire "tombeau", "réceptacle d'un mort". Le lecteur sait aussi que, dans l'histoire racontée, le tombeau est vide lors de la "belle arrivée" des femmes. Pour les enfants qui ignorent le sens du mot, les lettres elles-mêmes sont des symboles creux, verbiage issu une fois de plus de la bouche de leur maître. *Sépulcre* désigne aussi le discoureur émetteur d'insanités, Headstone, dont le nom signifie "stèle pour les morts", un simple nom au-dessus du sol annonçant ce qui a un jour existé mais n'est plus désormais que fragments de chair et d'os dans la terre. En outre, les leçons de l'instituteur, de même que le mot *Centralisation*, déguisent un "événement terrible". Les rythmes atones de son enseignement bourdonnant deviennent le cadre dans lequel Headstone se revoit agressant Eugene, qu'il a battu comme plâtre et laissé pour mort, ensanglanté. "Tout en faisant ses cours, il recommençait sans cesse son acte et en améliorait la manière, pendant la prière, pendant le calcul mental, tout au long des interrogations, toute la journée." Le langage est un vernis sous lequel se cache une rage pure et inarticulée.

Headstone est empêtré dans un manège obsessionnel, obligé de revivre et de revivre encore son crime. Utilisé à plusieurs reprises pour décrire l'instituteur, le mot *mécanique* signale une ressemblance croissante avec une machine et une chose inanimée. Répétition est signification. Sans elle, il n'y a ni souvenir, ni reconnaissance, ni langage, mais des répétitions compulsives n'autorisant aucun écart peuvent aussi être un symptôme de maladie. Dans *Au-delà du principe de plaisir*, Freud a, le premier, établi le lien entre le besoin humain de répéter et la pulsion de mort. Il note dans cet essai ce que savent tous les parents : les enfants ne se lassent jamais de jouer aux mêmes jeux et d'entendre les mêmes histoires indéfiniment, et sont peu tolérants à l'égard du moindre changement. Pour Freud, un tel appétit vorace de répétition à l'identique offre à l'enfant un moyen de maîtriser son environnement mais, à l'âge adulte, ce plaisir disparaît. Chez ses patients, il observait que leur besoin de répéter des événements de l'enfance "ne tenait aucun compte du principe de plaisir". La compulsion de retourner inlassablement à la même chose était activement autodestructrice. Dans *L'Ami commun*, la répétition sans variation est à la fois pathologique et moribonde. Un personnage tel que Podsnap, dont l'existence entière est résumée dans la routine : "Levé à huit heures, rasé de près à huit heures et quart, petit-déjeuner à neuf heures, arrivée à la City à dix heures, retour à la maison à cinq heures et demie et dîner à sept heures", est la version bourgeoise du cycle étriqué de Headstone *refaisant* sans cesse son acte. Ce rythme qui n'autorise ni changement ni écart est un rythme qui cherche à arrêter le temps, et arrêter le temps, cela signifie la mort. L'instituteur a perdu la possibilité que son histoire se poursuive parce que, piégé dans le traumatisme d'un instant unique, il n'en est jamais libéré.

Headstone est l'auteur, et non la victime, d'un acte criminel à l'égard d'autrui, mais sa sauvagerie intérieure participe des deux à la fois, un peu comme la double incarnation par Dickens de Sikes et de Nancy. "L'homme était un meurtrier, il en avait conscience. Qui plus est, il irritait cette conscience avec une sorte de plaisir pervers, de même nature que celui qu'on peut prendre à irriter une plaie qu'on a sur le corps." Bourreau et victime occupent le même terrain psychologique. A la fin, le corps de l'instituteur ne supporte plus la tension et c'est l'éruption. Il perd le contrôle de ses gestes et souffre de spasmes, de saignements de nez et de crises d'épilepsie dont il ne se souvient pas et qui le laissent totalement vidé. Il perd le contrôle de son corps dans l'espace, et son amnésie perturbe sa notion du temps. Ainsi qu'on peut s'y attendre dans une histoire racontée par Dickens, les ravages de cette guerre intérieure explosive ne restent pas confinés au dedans de Headstone. Ils débordent du personnage sur la vaste toile du roman et sont mis en œuvre par d'autres à travers des déguisements, des doubles et des confusions d'identité. Telle est la qualité d'écriture de Dickens, le caractère onirique et surdéterminé de son œuvre. Une fois déclenché, rien n'arrête un thème dickensien. Il s'étend et se répand d'un personnage et d'une histoire dans l'histoire à l'autre.

Afin de commettre son crime, Headstone se déguise en Rogue Riderhood, le "personnage des bords du fleuve", et, ainsi vêtu, il semble n'être pas moins mais davantage lui-même : "Et, alors que dans ses habits d'instituteur il avait habituellement l'air de porter les vêtements d'un autre homme, on eût dit, à présent qu'il portait ceux d'un ou de plusieurs autres, que ces vêtements lui appartenaient." Ils lui "appartiennent" parce qu'ils vont à ce qui est caché, l'*autre* inavoué. Le dedans est passé au-dehors. Le mot *Autre* devient, dans le roman, signe que les frontières s'écroulent et que les gens s'en vont en morceaux. Riderhood surnomme l'instituteur "le Plus Autre". Il est arrivé à ce nom à travers trois hommes qu'il associe dans son esprit : Lightwood, "le Patron" ; Wrayburn, "l'Aut' Patron" ; et Headstone, "le Plus Aut' Patron", qui devient alors simplement "le Plus Autre". Le Plus Autre est un nom qui convient bien à un double, mais il décrit aussi ce que la situation de Headstone a d'extrême et constitue une allusion à son glissement vers l'incohérence verbale et, finalement, à *l'Aut' Monde*, une expression que Riderhood emploie aussi : le monde de la mort et de la décomposition. Les deux hommes se reflètent mutuellement, et cette fonction miroir engendre non seulement une confusion d'identité – lequel est lequel ? – mais aussi une érosion de la ligne entre dedans et dehors. Lorsque Riderhood aperçoit Headstone flottant sur une barge non loin de lui, il fait une remarque qui entre en résonance avec les jeux pronominaux dans l'ensemble du livre : "Je me suis encore jamais trouvé si beau." Je suis toi. Tu es moi.

Il y a des années, une psychiatre m'a raconté une histoire que je n'ai jamais oubliée. Avant un rendez-vous avec un patient schizophrène, elle était allée chez le coiffeur et s'était fait couper ses longs cheveux. Quand le patient entra dans son cabinet pour sa séance, il la regarda et déclara d'une voix choquée : "Vous avez coupé mes cheveux !" *Mes* et *vous* mêlés en une seule exclamation qui confond moi et l'autre et fait écho à la remarque ironique de Riderhood, qui utilise le mot *me* pour désigner son double. Une telle confusion n'est pas rare dans des cas de schizophrénie, et ce chevauchement est un thème familier d'œuvres littéraires où apparaissent et réapparaissent des doubles, des images miroirs et des moi fantômes.

Dans un essai bien connu sur le double, Otto Rank en relie la présence insistante dans l'art à l'image miroir et à la mort, et Dickens ne contredit pas cette théorie. Le double reflété est un signe avant-coureur de désintégration, tant du corps que des mots. Quand Bradley Headstone s'écrie : "On m'a repoussé et on m'a rejeté", l'instituteur est arrivé au bout de la parole réciproque – plus aucun dialogue n'est désormais possible pour lui. Lorsqu'il approche de sa fin, le narrateur nous raconte que Headstone a "de la peine à articuler ses mots". Il bégaie, hésite, et ne parvient pas à les prononcer. Son langage se délite, et ces fragments de paroles, de même que les fragments de phrases utilisés pour décrire le miroir chez les Veneering, connotent un moi en pièces et morceaux. Comme Humpty Dumpty, il est complètement brisé. Les moi reflétés, Riderhood et Headstone, ne peuvent pas demeurer distincts. Ils se battent à mort et finissent dans le fleuve, où ils se noient, les membres d'un cadavre entremêlés à ceux de l'autre.

Le pivot de *L'Ami commun*, c'est cette relation entre le moi et l'autre. Que l'effet miroir entre les deux soit malsain et embrouillé, ou plus autonome et plus sain, jamais le roman ne renonce à cette dialectique. Si la relation est coupée, le moi disparaît. Ceux qui sont emmurés, isolés et non reconnus se noient. A mes yeux, il s'agit là d'une simple vérité humaine, vérité que, de tous les écrivains que je connais, Dickens élabore le plus complètement et avec la plus grande subtilité. Bien que je n'aie jamais été intéressée par les "lectures" étroites de livres à travers les lentilles de tel ou tel système ou philosophie, j'entends fortement, dans la géographie du moi et de l'autre qu'illustre Dickens dans *L'Ami commun*, où il traite des effets miroirs et du rôle du langage, l'écho d'idées qui, en psychanalyse comme en neurobiologie, cherchent des réponses à des questions fondamentales concernant l'identité humaine.

Winnicott, qui avait lu à sa parution, en 1949, l'essai de Lacan sur le stade du miroir, fondait l'idée de Lacan sur son expérience clinique de la relation entre la mère et l'enfant et témoignait du fait que l'enfant apprend à se reconnaître dans les réactions du visage de sa mère. Une telle dialectique est très proche de cette observation d'Allan Shore dans son livre intitulé *Affect Regulation and the Origin of the Self : The Neurobiology of Emotional Development* : "Le premier environnement social, dont le médiateur est la première figure parentale, influence directement l'évolution des structures du cerveau responsables du futur développement socio-émotionnel de l'enfant." Autrement dit, l'éternel dualisme entre l'inné et l'acquis devient contestable. Le dehors aussi devient nous. A la naissance, un être humain est un organisme inachevé et, au fur et à mesure du développement de l'individu, l'expérience des autres prend une réalité matérielle. Le *je* et le *toi* ne sont pas aussi nettement distincts que la culture aime à le croire.

Le langage joue un rôle essentiel dans notre développement et la recherche dans le domaine du cerveau a commencé à vérifier ce que des linguistes tels que Benveniste ont codifié depuis longtemps. Les études de G. Rizzolatti sur des singes l'ont amené à découvrir une classe de neurones qu'il appelle "neurones miroirs", qui sont activés dans le cerveau des singes non seulement quand ils accomplissent certaines actions telles que saisir ou arracher mais également lorsqu'ils observent la même activité chez un autre singe. Bien que Rizzolatti n'y fasse pas allusion, ce phénomène semble très proche de celui que, chez les enfants, on appelle *transitivisme*. Pour le dire simplement, si un bambin tombe et se met à pleurer, l'enfant qui l'a vu tomber fond en larmes à son tour. Dans un article intitulé "Le langage à notre portée", publié en 1998, Rizzolatti et ses collègues soutiennent qu'une action neuronale similaire se produit chez les humains dans l'hémisphère gauche du cerveau et que cette activité réfléchissante constitue la fondation du langage : "Le développement de la capacité de l'observateur à contrôler son système miroir est essentiel afin d'émettre (volontairement) un signal. Lorsque cela se passe, un dialogue primitif est établi. Ce dialogue constitue le cœur du langage." L'effet miroir rend la parole possible ; le langage dépend du caractère réfléchissant de *je* et *tu*, grâce auquel l'interaction verbale devient possible.

Dans *L'Erreur de Descartes*, Antonio Damasio suggère que ce que nous appelons le moi est une représentation de notre organisme qui est continuellement régénérée dans notre cerveau : "Le moi est un état biologique perpétuellement reconstruit", et que ce qu'il désigne comme la *subjectivité* est une autre *image* ou *représentation* d'un organisme en train de percevoir un objet et d'y réagir. Damasio ne le dit pas explicitement, mais cette représentation interne ou image mentale, qu'il présente comme la subjectivité, est dialectique : *l'image d'une relation*. Il ne la confine pas à la relation entre *je* et *tu* mais y inclut également tous les objets extérieurs. Damasio s'intéresse moins que d'autres au rôle du langage dans la subjectivité et propose un récit non verbal du moi. Il écrit, néanmoins, que "le langage peut n'être pas la source du moi, mais il est certainement la source du *je*". Je ne crois pas que le moi soit constitué par le langage mais plutôt que le langage joue un rôle vital dans la perception et le souvenir, et se mêle nécessairement à un récit humain individuel. Elizabeth Bates, qui a étudié le langage et le cerveau à l'université de Californie à San Diego, exprime cela clairement : "L'expérience du langage contribue à créer la forme et la structure du cerveau adulte."

"IL N'Y AVAIT PAS DE *JE*"

Le *je* labile et nécrosique de Wegg reflète une angoisse qu'il est incapable d'exprimer parfaitement : "Je n'aimerais pas, en aucune circonstance, être ce que je pourrais appeler dispersé, une partie de moi ici et une autre là, mais je souhaiterais me rassembler comme une personne distinguée." M. Poupées, personnage mineur du roman et épave alcoolique branlante, ne peut pas du tout se rassembler. Son *je* n'est pas errant comme celui de Wegg. Il a disparu complètement. "Circonstances sur lesquelles n'a pas de contrôle", marmonne Poupées à plusieurs reprises et, recourant à la troisième personne : "Pauvre invalide éreinté. N'embêtera personne longtemps." Fidèle à la logique du livre, le narrateur parle de Poupées comme d'un *ça*, pas d'un *il*. Et, de même que Headstone, Poupées a quelque chose de mécanique : "Jusqu'à la respiration de la figure était méprisable tant ça peinait et raclait dans cette opération à la façon d'une horloge déglinguée." Le *je* de Poupées a disparu sous terre, enfoui avec son vrai nom, Cleaver (Fendoir), encore un mot parmi tant d'autres qui suggèrent la taille et le déchiquetage. M. Poupées est un surnom que lui a donné Eugene Wrayburn parce que la fille de l'épave est la "couturière des poupées", Jenny Wren. Le pronom à la première personne de M. Poupées a été noyé dans l'alcool, et sans lui il ne peut s'adresser directement à autrui. Poupées est un adulte qui se comporte comme un enfant. Sa fille Jenny ne lui dit jamais "tu" ni "père". Elle préfère l'appellation infantile et plus justifiée de "méchant garçon". Les petits enfants parlent souvent d'eux-mêmes à la troisième personne avant de maîtriser le cours mystérieux du *je*, et le roman de Dickens est d'une perspicacité surnaturelle en ce qui concerne ce pronom. Dans ses pages, *je* ne va jamais de soi.

Comment fait-on pour vivre une vie cohérente, avec un moi stable, quel que puisse être ce moi ? *L'Ami commun* propose un itinéraire vers un moi entier, ou plus ou moins entier, au travers de la mémoire, de la reconnaissance en miroir, du dialogue et, enfin, de la narration et de la fiction. En tant que tissu connectif du temps, la mémoire joue assurément un rôle essentiel dans le récit interne que nous créons à notre propre usage. Quand j'ai été hospitalisée en 1983 pour une migraine, j'occupais un lit dans le service neurologique du Mount Sinai Hospital en face d'une femme qui avait été foudroyée par une attaque. Elle parlait peu, et seulement de manière fragmentée. Son mari venait la voir tous les jours, mais elle avait perdu la capacité de le reconnaître. C'était une vieille dame résistante, qui se débarrassait des entraves à l'aide desquelles les infirmières l'attachaient chaque soir, mais elle ne possédait pas de moi existant d'un instant à l'autre – pas d'histoire se déroulant dans le temps. Cela avait disparu. Voici quelques années, une femme s'est adressée à mon mari et lui a raconté l'histoire de son époux, compositeur et musicien doué, dont la mémoire avait été détruite par une méningite. Il tenait un carnet, et il y avait écrit des centaines et des centaines de fois la même exclamation : "12 h 00. Où suis-je ? 12 h 01. Où suis-je ? 12 h 02. Où suis-je ?" Et ainsi de suite. Prisonnier du cauchemar d'une éternelle répétition, il était incapable de connecter une minute à la suivante et pourtant il conservait une conscience suffisante de lui-même en ces instants isolés pour se sentir désorienté. On imagine difficilement un sort plus affreux que la vie dans un état de souffrance continuelle dépourvue du moindre contexte. Pour cet homme, la vie avait perdu tout son sens.

L'une des descriptions les plus émouvantes des efforts d'un homme pour récupérer une identité continue est rapportée dans *L'Homme dont le monde volait en éclats*, d'A. R. Luria. Le patient de Luria, Zazetsky, avait été blessé au cours de la Seconde Guerre mondiale. Des éclats d'obus lui avaient endommagé la région occipito-pariétale gauche du cerveau, provoquant une amnésie et une aphasie importantes. Son champ visuel était détérioré, il avait de grandes difficultés à reconnaître les objets et, même s'il les reconnaissait, c'était souvent sans pouvoir les nommer. Il avait également perdu à la fois la vision et la conscience du côté droit de son corps, souffrait de graves distorsions de l'image corporelle et s'était aperçu avec horreur qu'il ne savait plus lire. En dépit de ces handicaps monstrueux, il avait réappris l'alphabet et réussi à retrouver un certain niveau de capacité à s'en servir. Chose assez remarquable, il pouvait encore écrire – surtout s'il ne levait pas la main du papier. Malgré l'énorme difficulté qu'il avait à se rappeler et à lire ce qu'il avait écrit, il notait des souvenirs et des expériences de sa vie. "Il est déprimant, écrivit-il, de devoir tout recommencer afin de comprendre un monde qu'on a perdu parce qu'on a été blessé ou malade, d'obtenir de ces pièces et morceaux qu'il s'additionnent en un tout cohérent." Zazetsky s'accrochait à l'idée d'un tout, et il travaillait obstinément à tenter de créer un sens à partir de ses souvenirs malgré l'atroce lenteur de cette tâche, mais son médecin, Luria, et Zazetsky lui-même étaient bien conscients du fait que la réalité fragmentée de sa vie quotidienne ne s'améliorait pas avec le temps. Il travailla à ce projet jusqu'à sa mort.

Contrairement à la patiente apoplectique que j'ai connue à l'hôpital, Zazetsky restait douloureusement conscient de ce qui lui était arrivé – sa conscience de lui-même était intacte. Il possédait un moi reconnaissable, mais en lambeaux. Karen Kaplan-Solms et Mark Solms ont évoqué, dans leur ouvrage intitulé *Etudes cliniques*, le cas d'une patiente atteinte d'aphasie de Wernicke, une femme qui, à l'instar de Zazetsky, était intensément consciente de ce dont elle souffrait. "Oh, oui, aurait dit Mme K., je suis en mille morceaux. Mon cerveau entier est en mille morceaux." Ces mille morceaux morbides et la tentative de les rassembler en une structure cohérente *à l'aide du langage* font un écho très fort au drame central de *L'Ami commun*.

La noyade ou la quasi-noyade dans la Tamise signifie la plongée dans un effrayant espace brisé dont les frontières sont glissantes et dans lequel on ne peut distinguer les uns des autres les objets et les corps, un lieu métaphoriquement lié à l'épilepsie chez Headstone et au délire chez Eugene Wrayburn. Après qu'Eugene a été sauvé de la Tamise par Lizzie, le narrateur nous raconte qu'il a le visage mutilé au point que sa propre mère ne le reconnaîtrait pas. Pendant qu'il est inconscient, les propos fiévreux d'Eugene sont comparés aux "fréquentes remontées des profondeurs d'un homme qui se noie". Mais ensuite, dans un instant de lucidité, il déclare : "Si vous me voyez m'éloigner de ce refuge que j'ai si peu mérité, appelez-moi par mon nom, et je crois que je reviendrai." Cet usage d'un nom fait écho à la tournée que fait M. Venus de ses corps articulés et, là encore, on en trouve un parallèle dans l'expérience clinique. Dans *L'Eveil*, Oliver Sacks décrit ce qu'il appelle des "intervalles de lucidité" :

> A de tels moments – en dépit de la présence d'importants troubles fonctionnels ou structurels du cerveau – le patient revient soudain et complètement à lui. On observe ce phénomène en de multiples occasions, au plus fort de délires toxiques, fébriles, ou autres : dans certains cas quelqu'un peut être rappelé à lui à l'appel de son nom ; alors, pendant un instant ou quelques minutes, il est lui-même, avant d'être à nouveau emporté dans le délire.

Dans *L'Ami commun*, le fait d'appeler quelqu'un par son nom est investi de la même magie restauratrice, prometteuse d'une cohésion au moins temporaire. Parce qu'un nom propre est le site symbolique du moi dans le langage, c'est l'indication linguistique d'une réalité collective et non privée. A ce titre, il constitue un moyen de sortir de l'inconscience ou, dans le contexte des noyades littérales et métaphoriques du roman, un moyen de *remonter* à la surface et, là, de *sortir* vers les autres. La différence essentielle entre un mot et une image visuelle interne tient à ce que, lorsque nous parlons, nous nous entendons parler. Parce qu'il franchit la frontière du corps, un mot se trouve littéralement à l'intérieur et à l'extérieur de nous en même temps. Les noms que nos parents nous ont donnés nous marquent pour la vie, offrant un signe de continuité qui apparie un couple peu probable : enfant et vieillard. Les noms sont puissants, et Sacks dit vrai : les entendre prononcer peut ramener quelqu'un à soi ou le maintenir éveillé.

Tout de suite après mon accident de voiture, je regardai si j'étais entière et découvris, miraculeusement, que j'étais intacte. Néanmoins, je me figeai. Je ne bougeai pas. Je crois que j'aurais pu, mais je ne le fis pas. Je savais que mon mari et ma fille avaient réussi à sortir de la voiture par l'autre côté et je dois m'être sentie soulagée de savoir qu'ils étaient sains et saufs, mais je ne me souviens pas de ce sentiment. En vérité, je me sentais complètement vide, très, très calme, et au bout d'un moment – je n'ai aucune idée de sa longueur – ma vision se brouilla, s'obscurcit, et je me sentis sombrer. Alors, comme par magie, il y eut un homme qui me parlait. Avançant les mains par la vitre brisée de mon côté, il les posa sur mon visage et me recommanda de ne pas bouger le cou. Je me souviens qu'il m'expliqua qu'il était auxiliaire médical, qu'il passait là par hasard et qu'il avait vu l'accident. "Je suis en train de perdre conscience", lui dis-je. "Comment vous appelez-vous ?" me demanda-t-il. Je lui dis mon nom. "Quel jour sommes-nous ?" Je le lui dis. Il me redemanda mon nom et je le lui redis. Je suis convaincue que ce simple dialogue, combiné avec le contact stabilisant de ses mains, m'a permis de rester consciente jusqu'à l'arrivée des pompiers.

Eugene est rappelé à de multiples reprises par Lizzie, mais ses marmonnements semi-conscients semblent suggérer qu'il cherche un autre mot et ne peut le trouver. C'est Jenny Wren qui donne ce mot à Mortimer Lightwood, lequel, à son tour, le souffle à Eugene. Le mot est *épouse*. Le mouvement d'Eugene va de quasi-cadavre méconnaissable, sans-moi, à individu nommé et identifié en tant que personne appartenant à d'autres personnes. Exactement le même mouvement en trois temps se produit en deux phrases brèves prononcées par Lucy Manette dans *Le Conte de deux cités*. Une porte est ouverte sur la silhouette brisée d'un homme, un homme qui a été enfermé dans l'obscurité d'une cellule pendant de nombreuses années, un homme qui a oublié sa vie antérieure et son propre nom, un homme dont le manque d'usage a atténué la voix au point qu'elle ressemble à "une voix d'outre-tombe". En découvrant ce personnage en ruine, Lucy dit d'abord : "Cela me fait peur" et puis, un instant plus tard : "C'est de lui que je parle, de mon père." Au passage dickensien de *cela* à *lui* elle ajoute un pas afin d'inclure *mon père*. De même qu'*épouse*, *père* exprime une connexion humaine, et à travers ce lien énoncé commence un processus de récupération et de remémoration. Tel est le caractère *commun* annoncé par le titre du livre. Les mots *L'Ami commun* vont au-delà de la dualité. Ils impliquent au minimum trois personnes.

Un moment capital se présente, dans le roman, lorsque le héros, John Harmon, tente de reconstituer l'histoire de sa presque mort, histoire qui a eu lieu avant le début du roman et après qu'il a mené pendant quelque temps une pénible existence sous pseudonyme. "Un esprit qui a un jour été un homme ne pourrait guère, errant non reconnu parmi les humains, se sentir plus étranger ni plus solitaire que moi." Fils d'un père autoritaire mais indécis et d'une mère morte depuis longtemps, Harmon vit une existence fantomatique entre deux réalités parce qu'il ne veut pas revendiquer son vrai nom en acceptant le testament de son père. Il ne peut pas être rappelé dans une famille. Il regagne l'Angleterre "divisé en esprit, ayant peur de moi-même". Le moi dont il a peur est incarné dans son double, Radfoot, un homme avec lequel on l'a confondu à bord du bateau qui le ramenait chez lui. La division interne de Headstone ne prend fin que dans la mort. Harmon se noie presque, mais il réussit finalement à réunifier son être déchiré. Son monologue marque le début de cette reconstruction :

> Je passe maintenant à des impressions maladives et désordonnées ; elles sont si fortes que je peux m'y fier ; mais il y a entre elles des espaces dont je ne sais rien, et nulle notion de temps ne s'y insinue.
>
> J'avais bu un peu de café quand, à ma vue, il se mit à enfler démesurément (...) nous nous affrontâmes près de la porte (...) je tombai à terre. Etendu impuissant sur le sol, je fus retourné par un pied (...) je vis la figure pareille à moi gisant sur un lit. Ce qui peut avoir été, pour autant que je sache, un silence de plusieurs jours, semaines, mois ou années, fut rompu par un combat violent que se livraient des hommes dans toute la pièce. La figure pareille à moi fut assaillie, et ma valise se trouvait dans sa main. On me marchait dessus et on tombait sur moi. J'entendis des bruits de coups, et je pensai que c'était un bûcheron en train d'abattre un arbre. Je n'aurais pas pu dire que mon nom était John Harmon – je n'aurais pas pu le penser – je l'ignorais – mais, quand j'entendis les coups, je pensai à un bûcheron et à sa cognée, et j'eus comme la certitude que je gisais dans une forêt.
>
> C'est encore correct ? Encore correct, à part qu'il m'est impossible de me l'exprimer à moi-même sans me servir du mot *je*. Mais ce n'était pas *je*. Il n'y avait pas de *je*, à ma connaissance.
>
> Ce n'est qu'après une dégringolade à travers quelque chose comme un tube, et puis un grand bruit et des étincellements et craquements pareils à ceux d'un feu que la conscience m'est venue : voici John Harmon qui se noie ! John Harmon, lutte pour ta vie ! John Harmon, appelles-en au ciel et sauve-toi ! Je crois que j'ai crié cela à

> haute voix dans une grande souffrance, et alors un horrible quelque chose de lourd et d'inintelligible a disparu, et c'était moi qui luttais là seul dans l'eau !

Le récit de Harmon est une douloureuse *remémoration* des événements qui ont abouti à sa presque noyade, au cours de laquelle il se perd lui-même en tant que sujet de l'histoire qu'il désire si ardemment se rappeler : "Il n'y avait pas de *je*." Le monologue inclut encore une imagerie de bois et de coupe, et une bizarre glissade dans "un tube" qui précède le retour de sa conscience. D'abord, Harmon est divisé entre la figure miroir *pareille à moi* (Radfoot) et le *je*. Après la glissade évoquant une naissance, son nom lui revient, mais il s'exhorte lui-même comme s'il était *quelqu'un d'autre* et appelle cet autre *toi* : "Sauve-toi !" Ce n'est qu'après qu'il s'est reconnu comme un autre, un être entier, séparé et distinct, que le cadavre disparaît et qu'il redevient capable d'assumer la première personne et sa propre histoire. Afin que le moi existe, il doit être capable de se percevoir comme un autre, une image miroir, et la reconnaissance de ce moi entier donne naissance au sujet.

La crainte d'une contamination qu'éprouve le voyageur de Dickens à l'égard du cadavre qui revient sans cesse dans son imagination s'enfle dans le monologue de Harmon jusqu'à la terreur d'une annihilation complète. La masse abjecte qui disparaît sous l'eau n'est plus "je" ni "tu" mais "ça" – le non-moi, ou ce qui a cessé d'être moi, non un *autre* mais un *plus autre*. Le monologue de Harmon est le récit d'un homme qui tente de se ressaisir en se souvenant, en dépit du fait que sa mémoire est à la fois gâtée par les distorsions de l'hallucination et criblée de trous d'inconscience. Le récit prend la forme d'un dialogue interne au cours duquel le locuteur s'interroge : "C'est encore correct ?" Tel Zazetsky, avec son besoin d'enregistrer sur la page des fragments de sa vie, Harmon arrange des morceaux du passé afin d'organiser un certain ordre en dépit de l'instabilité de son état mental. Drogué, roué de coups, inconscient par intermittence et enfin jeté à l'eau par-dessus bord, Harmon admet que ses réflexions sont désordonnées. Il y a quelque temps qu'il porte en lui ces impressions ou souvenirs maladifs, et se les rappeler ne suffit pas ; c'est le fait de raconter ou de reconstruire les morceaux qui est thérapeutique et finit par reconstituer une identité.

Il importe de souligner que l'absence d'une narration personnelle continue ne relève pas uniquement du pathologique – résultat de ruptures psychologiques, de dommages au cerveau, de drogues ou d'expériences d'une mort évitée de peu. La vie normale inclut l'interprétation de souvenirs fragmentaires. Ainsi que l'écrit Henry Adams dans *L'Education* : "Son identité, si l'on peut appeler identité un paquet de souvenirs déconnectés, semble demeurer ; mais sa vie a une fois de plus été brisée en morceaux distincts." Nous nous souvenons et nous ressouvenons tous de ces morceaux à travers l'image de soi, la mémoire et le langage. Il y a longtemps que je me rends compte qu'une faille sépare mes souvenirs intimes du récit que j'en fais. Mes souvenirs personnels apparaissent d'habitude sous la forme d'images, éventuellement accompagnées d'une ou de plusieurs phrases prononcées par une autre personne ou par moi, de moments qui pour une raison ou une autre sont implantés dans mon cerveau, mais il reste des zones imprécises ou de vastes trous. Une autre histoire de cadavre encore servira d'illustration. Je me souviens d'avoir vu en Chine, en 1986, le corps embaumé de Mao Tsé-toung. J'ai gardé en tête une image de ce mort cireux, mais elle n'est plus parfaite et je n'arrive plus à me rappeler exactement comment il ou plutôt comment *cela* était exposé. Quoique étrange, l'expérience n'était pas effrayante. Le corps paraissait trop irréel. Je conserve une impression visuelle des gens qui m'entouraient – mes sœurs, des amis, notre guide chinoise et les gens qui attendaient leur tour – mais ils ne sont pas dessinés avec précision. Ce dont je me souviens nettement, c'est que mon ami Eric me demanda : "Pourquoi des centaines de personnes attendent-elles pendant des heures pour voir ce corps ?" Sans réfléchir, je répondis : "Ils veulent s'assurer qu'il est *vraiment* mort." Notre guide, qui avait connu un exil humiliant et pénible à la campagne pendant la Révolution culturelle, éclata de rire et, dans son hilarité, se mit à m'asséner des tapes dans le dos. Je me souviens de la sensation de sa main me frappant le bas du dos mais je serais incapable de décrire son visage. Quand je raconte l'histoire, je me fie toutefois au contexte de l'expérience et aux conventions du langage et de la syntaxe pour transformer ces bribes de souvenir en un récit qui a l'apparence de quelque chose de beaucoup plus complet que les différentes images que j'ai en tête. Après que j'ai eu raconté plusieurs fois cette histoire, le récit a commencé à supplanter les images. J'avais appris à le raconter, et mon récit de ce petit incident avait acquis une solidité dont mes véritables souvenirs sont dépourvus.

Il est intéressant que cette fermeté nouvelle ne s'atteigne qu'en passant par la tâche de rapporter l'histoire à autrui. Les souvenirs qu'on n'a jamais racontés ne sont pas encore des histoires solides ; ce sont des histoires en puissance. Il se peut que l'interlocuteur soit le narrateur lui-même, comme dans le monologue de John Harmon, mais c'est toujours en relation avec l'idée d'un autre, le *je* s'adressant au *tu*, parce que le désir de raconter implique que le conte doit être compréhensible pour un auditeur. Zazetsky écrivait à la fois pour lui-même en tant qu'autre et pour des autres réels. Il espérait que ses descriptions de sa maladie seraient utiles à ceux qui étudient les traumatismes au cerveau, et en cela il a triomphé : ses écrits ont été jugés inappréciables pour les chercheurs. C'est sur ce caractère dialogique de la parole et de la narration que Dickens insiste en distinguant langage *vivant* et langage *mort*. Grâce à son récit, Harmon récupère le *je* que Headstone perd. La seule occasion où M. Poupées prononce le mot *je* dans le roman est celle où il demande à Eugene Wrayburn quelques pennies pour se payer à boire. Si pathétique que soit la demande de M. Poupées, il est engagé là dans un véritable dialogue et il reçoit une réponse. Pendant un bref instant, il s'est situé dans l'axe du discours et émerge en tant que sujet.

La réhabilitation complète de Harmon viendra plus tard dans le roman. Mme Boffin, qui a servi de mère à Harmon quand il était jeune, croit apercevoir d'étranges apparitions de visages dans la grande maison décrépite où ont grandi le garçon et sa sœur. Une nuit, Mme Boffin les voit partout : "Pendant un instant, ce fut celui du vieillard, et puis cela rajeunit. Pendant un instant ce furent ceux des deux enfants, après quoi cela vieillit. Pendant un instant, ce fut un visage inconnu, et alors ce furent tous les visages." Le visage inconnu est celui du héros fantôme du roman et, lorsque Mme Boffin comble ce vide, elle ramène d'entre les morts l'esprit non reconnu et peut l'appeler par son nom. Elle le situe aussi dans un récit qui le dépasse, un récit qui inclut son père et des images de ressemblance héréditaire liant parents et enfants dans une perspective en miroir au-delà du temps.

Le roman trace un itinéraire qui va et vient entre le noyé non reconnaissable, innommé, inconscient, qui est personne *(no-body)*, et l'individu reconnaissable qui est quelqu'un *(somebody)*, un sujet conscient et parlant. Nous parcourons tous un chemin qui passe de l'état relativement inconscient et fragmentaire de la première enfance à une image interne de soi qui fonctionne, un *je* conscient et articulé dans le cadre des structures du langage. Nul ne conserve de véritables souvenirs de sa vie intra-utérine ni de sa prime enfance, mais ce sont néanmoins des expériences que nous avons vécues, et des traces de cet univers flottant et non différencié demeurent en nous et reviennent nous hanter jusque dans le quotidien – dans des peurs, des angoisses, des nostalgies, des pulsions sexuelles, le sommeil et des chagrins innommés. C'est une partie de la vie corporelle qui nous est en majorité dissimulée, et rien n'est plus loin de cette première expérience que la tentative de fixer par écrit cette réalité ou une quelconque version de cette réalité. Et pourtant je pense que c'est par cela que Dickens se sentait attiré – cet espace informe et fragmentaire, auquel j'ai souvent pensé comme étant le *dessous*. Dans les hallucinations, dans les psychoses, dans différentes formes d'atteintes au cerveau, dans les rêves et à certains instants de la création artistique, le dessous semble faire surface en rugissant : des images entières se désintègrent et le temps est perturbé. Cette histoire que nous appelons le moi et que nous articulons en tant que *je*, nous dit Dickens, est tendue et fragile, et nous devons nous battre pour la conserver entière.

L'expérience humaine du monde n'est pas directe, elle passe par la médiation de ce que Wegg appelle “la carcasse de la société”. Cette carcasse est inévitable et nécessaire, mais on peut voir aussi ses articulations comme les fictions ordonnatrices qui rendent la vie vivable. Les représentations d’objets entiers dans le cerveau, qui organisent les choses dans l’espace, ainsi que le langage, qui réorganise ces données de manière séquentielle au moyen de symboles abstraits, servent les unes et l’autre de boucliers intérieurs contre l’assaut de stimuli en provenance du monde réel. Ils nous procurent des catégories qui créent les frontières de la perception et, par ce que l’on en attend, confèrent à la réalité extérieure à la fois une forme et un sens, vérité dont de nombreux artistes, philosophes, linguistes et psychologues ont depuis longtemps eu l’intuition. Sans ces boucliers, nous serions incapables de construire une interprétation interne de nous-mêmes. Les spécialistes du cerveau ont localisé ces deux structures dynamiques, la spatiale (hémisphère droit) et l’audio-verbale (hémisphère gauche), mais, pour moi, ce qui est fascinant, c’est que Dickens semble avoir pressenti à quoi le monde ressemblerait sans ces protections : cette réalité fragmentée et incohérente dont nous avons tous dû faire l’expérience dans la prime enfance avant que notre cerveau ait structuré ce “matériau” externe en objets et en mots. Il paraît évident que, parce que nos identités génétiques et nos histoires personnelles sont toutes différentes, nos cerveaux, bien que similaires entre eux, sont aussi uniques. En d’autres termes, certains individus sont plus sensibles que d’autres aux stimuli. Ils sentent ce qui se passe en eux et hors d’eux. Dickens était de ceux-là. Il comprenait, ou plutôt sentait, ce que Karen Kaplan-Solms et Mark Solms décrivent, à l’aide de mots qui font écho à ceux de Dickens : “D’un point de vue subjectif, un état d’éveil excité dans lequel l’organisme est obligé de réagir également à tous les stimuli produit nécessairement une fragmentation de l'ego ou une annihilation. Le *je* est submergé par une multitude de *ça*."

Nous sommes toujours en train d'agencer les *ça* dans des structures articulées qui rendent la vie vivable, mais il y a des moments où cette intégration échoue, où l'os, comme dit M. Venus, refuse de s'ajuster, pas moyen. Je pense à ces moments comme à des trous dans la structure – fenêtres ouvertes sur le non-sens. Nous avons tous un grand désir de fixité – et certains d'entre nous la trouvent dans l'écriture. Le désir qu'avait Zazetsky de rendre compte de sa vie autant qu'il le pouvait était déclenché par un besoin de boucher les trous, de recréer de la cohérence à partir de ce qui avait refusé d'être cohérent et d'en faire une relation compréhensible par un lecteur extérieur à lui. Quelles que soient ses forces ou ses faiblesses, un texte écrit possède une solidité et une permanence que ne peut avoir le langage parlé. On oublie les conversations ou on en conserve un souvenir erroné, mais on peut citer un livre avec assurance. Il ne change pas. Dans *L'Ami commun*, Dickens introduit une reconnaissance tacite du fait que sa propre fiction est une réaction à une réalité désagrégée située à la fois au-dedans et au-dehors de la personne et à un désir de reconstituer ce qui a été brisé dans l'espace et dans le temps. Son artiste est une enfant infirme et visionnaire, Jenny Wren, autrefois Fanny Cleaver, qui s'est réinventée sous la forme d'un être fictionnel valide et dépourvu de pesanteur. A l'instar d'un romancier, elle a ses personnages – ses poupées – qu'elle fait évoluer dans des histoires empruntées au vocabulaire connu des contes de fées et qu'elle habille de bouts de tissu qualifiés par elle de "loques et déchets". Les fictions de Jenny Wren naissent de tels déchets et, bien qu'elles ne lui permettent pas de se passer de sa béquille, dans ses rêveries et ses histoires elle est entière et indemne.

Dickens était d'une sensibilité surnaturelle aux distorsions du langage. Il savait que les mots peuvent servir d'outils d'obscurcissement, d'hypocrisie et de mensonge à soi-même. Il savait aussi que le langage est arbitraire et limité, qu'il y a des domaines de l'expérience humaine où les mots se brisent – dans les balbutiements asphyxiés de la perte, de la folie et du délire, et lorsque nous approchons de la réalité de nos propres morts inévitables. Il savait que notre mémoire à tous est fragmentée, interrompue par des absences et des silences, et que complétude et continuité ne nous sont pas données mais sont à bâtir en nous et par nous. Il savait profondément que le moi est une entité menacée et que l'art d'en faire un tout n'est pas un jeu solitaire. Il est enraciné dans autrui, en qui nous trouvons le reflet d'un tout, un dialogue et, enfin, une histoire. Le voyage dans ce livre va de *ça* à *je*, puis à *nous*. Ce *nous* dickensien est le langage lui-même ainsi que les histoires essentielles qui en sont faites, qui non seulement nous relient les uns aux autres, mais donnent aussi un sens au monde extérieur et maintiennent à distance le fragment morbide.

2004

EXTRAITS D'UNE HISTOIRE DU MOI BLESSÉ

La première histoire appartient à ma mère, c'est elle qui la raconte et, quand elle la raconte, elle y inclut toujours un unique et terrible instant. Elle se trouvait chez elle, en train de prendre un bain, et elle se demandait : Comment est-il possible que quelqu'un soit aussi triste que je le suis ? Ma mère était malheureuse parce que j'étais née prématurément. Mes poumons ne s'étaient pas développés et le médecin avait dit à mes parents que j'allais peut-être mourir. Je passai quinze jours en couveuse pendant lesquels mes parents attendirent que mon sort se décidât. En ce temps-là, les infirmières ne touchaient ni ne massaient les bébés laissés en couveuse. J'ai été séparée de ma mère pendant les premiers jours de ma vie et je pense aujourd'hui que cette expérience se trouve à l'origine d'une personnalité particulière. Lorsque je fus prise de convulsions le jour où l'on fêtait mon baptême, j'effrayai de nouveau ma mère. Si je lui semblais chaude, ma mère s'inquiétait, et le moindre bruit provenant de mon berceau l'appelait à moi. J'étais le premier enfant d'une mère aimante qui vivait dans la peur de me perdre. Nous ne nous souvenons pas de notre première enfance mais elle vit dans notre corps et, si je n'avais pas été fragile à la naissance, j'aurais été quelqu'un d'autre et j'aurais eu d'autres pensées. Si je regarde en arrière, je ne me souviens pas d'un temps où je n'aie pas porté en moi l'impression d'être blessée. La sensation varie du très léger au plus aigu mais, sourde ou forte, la douleur dans ma poitrine est restée une constante dans ma vie.

C'est la nuit, je suis couchée dans mon lit. Je remarque au-dessus de moi un grand foret planté dans le mur. Personne ne le tient ; il se met à tourner de lui-même et, tandis qu'il tourne, je vois se former dans le mur des fentes longues et minces. Les fentes s'élargissent, et le mur commence à s'entrouvrir. Terrorisée, je me jette contre le mur afin d'essayer de maintenir les fragments ensemble, d'empêcher le mur de s'écrouler. Je pousse des hurlements. Je réveille ma mère. Elle a gardé un vif souvenir de cette nuit et dit que je dois avoir éveillé ma jeune sœur Liv qui, prise de panique, s'est également mise à hurler. Quand ma mère est entrée dans notre chambre, nous étions toutes les deux en train de crier de peur. Elle raconte que je me pressais contre le mur et que j'avais l'air de vouloir l'escalader. Je ne me souviens ni de Liv, ni de ma mère, mais je revois comme si cela s'était passé hier les fissures béantes dans le plâtre et le foret en train de tourner. Je croyais être réveillée, mais ce devait être un rêve, un rêve dépourvu de seuil – j'occupais le même espace dans le rêve et dans la réalité. La peur n'a jamais diminué dans ma mémoire. Je devais avoir environ cinq ans.

Ce rêve, hallucination ou terreur nocturne, m'a hantée à l'âge adulte parce qu'il est si simple, presque abstrait dans sa pureté, et sans pareil dans mon expérience. La majorité de mes rêves d'enfant consistaient en longues narrations capricieuses peuplées de sorcières, d'ogres et de gens que je connaissais, et se passaient dans des rues, des prés, des chambres et des corridors. Le mur défoncé demeure une expression métaphorique efficace à la fois de ma blessure cachée mais omniprésente et de la peur qui, souvent, l'accompagne. J'ai peur que les seuils et les limites ne tiennent pas, que les choses tombent en morceaux.

La première fois que nous avons quitté nos parents, ma sœur Liv et moi, ce fut pour rendre visite au cousin de notre grand-père dans sa petite maison de Highwood, tout à côté de Chicago. Après ce qui doit avoir été une semaine passée à nous languir d'elle, notre mère vint nous voir et puis, deux jours plus tard, nous ramena à la maison en train. Si je ne me trompe pas, c'était par un après-midi nuageux. Je me rappelle le contentement que j'éprouvais pendant que nous marchions toutes les trois dans le centre de Chicago et la sensation de ma main dans celle de ma mère. En chemin, nous avons traversé un pont et vu deux policiers en train de maîtriser un homme qui semblait avoir grimpé par-dessus le garde-fou. Ma mère m'a-t-elle expliqué que cet homme avait eu l'intention de sauter du pont ou l'ai-je compris toute seule, je ne saurais le dire, mais les agents et le désespéré me firent prendre conscience du caractère dangereux de la ville, et je trouvai cet air de menace plus inspirant qu'inquiétant. Peu après, nous tournâmes dans une rue. Un grand bâtiment gris se dressait à ma gauche et, à ma droite, une foule de gens s'était groupée autour de quelqu'un qui gisait sur le trottoir. Je sais que c'était une femme mais je n'ai aucun souvenir d'elle. Je ne vois plus ni son visage, ni son corps. Nous l'avons toutes regardée, ma mère, Liv et moi, car je me souviens de la détresse de ma mère à l'idée que nous l'avions vue. Pendant que nous nous éloignions, ma mère expliqua que cette femme avait une "crise d'épilepsie" et ne pouvait rien à ce qui lui arrivait. Nous traversâmes alors une large rue pour aller déjeuner aux grands magasins de Marshall Field.

Les feux étaient au vert et nous commençâmes à marcher, mais à la moitié de la traversée ils passèrent au rouge et les voitures s'avancèrent comme si nous n'étions pas là. J'en fus ahurie. Mon souvenir visuel de ce carrefour, des voitures, des immeubles, en face, qui nous surplombaient, et de la grande passerelle métallique qui l'enjambait est d'une extrême clarté. Il se peut que ce dont je venais d'être témoin, un corps chaotique, ait accentué mon souvenir de ce qui est venu ensuite – la rue chaotique. Les voitures qui filèrent soudain près de nous en klaxonnant ont remplacé l'autre image, plus menaçante, d'une femme qui avait perdu le contrôle d'elle-même.

Dans mon premier roman, j'ai introduit une crise d'épilepsie vue du toit d'un immeuble à New York. Dans le livre, les mouvements convulsifs de la femme sont photographiés par l'un des personnages, et je me demande maintenant si je ne retournais pas à cette rue de Chicago, relatant sous une forme fictive ce dont j'étais incapable de me souvenir en réalité. Je ne suis pas épileptique, mais le corps frémissant que j'ai vu doit avoir fait écho à un tremblement quelconque en moi, et j'en fus assez effrayée pour avaler l'image en une pièce et ne garder à la place qu'une absence remplie seulement par les mots "crise d'épilepsie" prononcés par ma mère.

Comme beaucoup d'enfants, j'avais une propension à la rêverie – de longues séances de rêve intérieur dans lesquelles je me perdais et d'où j'observais le monde. Comme c'est étrange, pensais-je, que nous puissions voir, sentir, parler, manger et palper, qu'il y ait des arbres, des voitures et des maisons, des fils barbelés, des champs de maïs et des vaches. Ces pensées étaient accompagnées en moi par une exaltation que j'interprétais vaguement comme un sentiment de proximité avec Dieu et la nature (les deux se mêlant dans mon esprit) et une sorte de magie privée, une croyance secrète en mon pouvoir, lequel faisait de moi un être à part et m'emmènerait très loin dans la vie. Je me suis souvent demandé d'où venait cette conviction intime. Je n'avais rien d'un enfant prodige. Mes premiers souvenirs d'école sont surtout tristes. J'ai appris à lire facilement mais les nombres m'ont fait souffrir terriblement. Maintenant encore, je frémis quand je repense aux longues rangées de chiffres intraitables qui ne tombaient jamais juste… Les rapports complexes entre enfants – les va-et-vient des amitiés et des alliances, les hiérarchies de domination et de faiblesse dans la cour de l'école – me restaient mystérieux et, souvent, me blessaient. Je n'étais pas athlétique, non plus, déficit grave presque partout mais sans doute plus encore dans le Middle West, où les prouesses physiques peuvent catapulter garçons et filles vers une situation héroïque parmi leurs pairs.

Et pourtant, malgré l'évidence du contraire, je m'accrochais farouchement à l'idée solitaire de ma haute destinée, et je soupçonne que mon attachement à cette position irrationnelle n'avait qu'une seule raison : le grand amour que me portaient mes parents. Il était clair que ma mère et mon père me trouvaient merveilleuse. Ils me donnaient l'impression que rien n'était hors de ma portée, et leur foi en moi et en mes trois jeunes sœurs était inébranlable, une forteresse dans laquelle nous pouvions nous réfugier chaque fois que nous en avions besoin. Des années passeraient avant que je ne me rende compte que je venais d'une famille qui était remarquable à cet égard, pas ordinaire. Nous étions, toutes les quatre, faites de nos parents, physiquement et sentimentalement, et cette qualité qu'on appelle “caractère” tient à la fois aux données génétiques et aux mystérieux détours d'une histoire psychologique particulière.

Certaines personnes sont plus portées que d'autres aux expériences du sacré – ces instants ou ces minutes de transcendance, de dissociation ou d'euphorie. Il me paraît manifeste aujourd'hui que j'étais prédisposée neurologiquement aussi bien qu'émotionnellement à ces curieux transports de l'âme. Enfant, je souffrais de maux de tête et je me souviens de mon ahurissement quand une amie me dit qu'elle n'en avait jamais eu. Toute ma vie, j'ai frissonné à la seule vue d'un cube de glace, même par une journée torride. Une fugitive idée de glace suffit à susciter en moi un authentique tremblement de froid. J'ai un jour interrogé un neurologue à ce sujet, mais il ne paraissait pas savoir de quoi je parlais. Vers l'âge de onze ans, j'ai subi l'autorité de voix intérieures et de rythmes qui me terrifiaient par leur insistance. Cela se produisait toujours quand j'étais seule, et ils semblaient vouloir m'imposer leur volonté, forcer mon corps à obéir à leurs ordres. Le danger de la folie me paraissait alors bien réel, et j'ai de la chance d'y avoir échappé. Quand j'avais vingt ans, j'ai souffert de ma première migraine, qui a duré huit mois avant de se dissiper. Dans les années qui ont suivi, il est devenu évident que mon système nerveux était instable. Je vivais avec des auras qui allaient du très doux – quelques points noirs et quelques lumières blanches scintillantes – au plus dramatique, telles des crampes soudaines au bras qui me précipitaient contre un mur. Un jour, j'ai été sujette à un phénomène très curieux, connu sous le nom d'"hallucination lilliputienne", pendant lequel je voyais sur le sol de ma chambre un tout petit homme rose et son bœuf minuscule, persuadée qu'ils se trouvaient réellement là. J'ai aussi connu plusieurs épisodes euphoriques précédant un malaise et, en dépit de l'inévitable contrecoup, je me souviens de ces moments avec plaisir : ma vision acquiert soudain une clarté accrue qui me donne l'illusion de voir ce que normalement je ne peux pas voir, et alors, à l'instant précis où je prends conscience de la qualité fantastique de ma vue, je me sens inondée de joie.

La sagesse ordinaire qualifie ce type de bonheur d'aberrant, de faux, de simple tour joué par le cerveau, annonciateur de l'arrivée d'une migraine ou d'une crise, et il peut y avoir là quelque vérité, mais l'expérience est aussi réelle que n'importe quelle autre, et il se peut que toute tentative de débrouiller du système nerveux une émotion quelconque soit futile. C'est l'interprétation qui compte. Si morbide que puisse être ma sensibilité, elle est inséparable de mon histoire personnelle et, avec le temps, ma lecture de ces particularités a été décisive dans ma compréhension de ce que j'étais et que je suis.

Je n'ai pas le souvenir que nous ayons eu des "règlements" chez nous. Nous avions des habitudes que nous acceptions, mes trois sœurs et moi, sans discussion : nous lever et prendre le petit-déjeuner, nous brosser les dents, nous habiller pour l'école, faire nos devoirs et nous coucher tôt. Bien que nous fussions parfois grondées, nous n'étions jamais punies. Une lueur de déception dans les yeux de ma mère ou de mon père suffisait généralement à provoquer le repentir sincère d'une fille momentanément indocile. A l'école, en revanche, tout était règlements, interdictions et punitions. J'étais sage, non seulement parce que je craignais le vestiaire où le bruit courait que les enfants étaient battus, mais aussi parce que je croyais à une idée du bien. Je voulais être pure, honnête – une sainte en réduction. C'est une bonne chose que je n'aie pas été enfant unique. Mes trois petites sœurs me rendaient grand service lorsqu'elles riaient de mes idées pieuses, de mon sérieux, de mon besoin excessif de me sentir responsable, consciencieuse, parfaite.

Je crains que ce portrait peu flatteur de ma jeune personne ne soit exact. Je ressentais tant de choses, tout le temps, que j'aspirais à un moyen de mettre de l'ordre dans mon tumulte intérieur. J'étais une gentille enfant, et pourtant je pouvais être aussi une petite personne raide et sans humour qui prenait presque tout trop à cœur. J'aimerais pouvoir dire que ces défauts de mon caractère ont disparu, mais ce serait mentir. Je demeure attachée à l'ordre, aux seuils moraux, à toutes les formes qui font obstacle au chaos.

A l'école primaire Longfellow, il était interdit de parler au réfectoire. On ne tolérait même pas un chuchotement. Nous mangions en silence. En cas de manquement à la règle, le mécréant était envoyé tout au bout de la pièce, par un adulte dit "moniteur du réfectoire", et mangeait à l'une des tables brunes, assis sur une chaise pliante. Les tables pour les enfants sages étaient blanches, assorties de longs bancs lisses. Le monde des tables brunes était un lieu lointain, habité par les désobéissants, les agités, les têtes brûlées – surtout des garçons qui n'avaient pas acquis l'art de se tenir tranquilles. J'étais dans la première moitié de ma deuxième année lorsque cela m'arriva. Le directeur de l'école, un personnage intimidant, d'une taille immense et qui portait le nom extraordinairement approprié de M. Lord, pénétra dans le réfectoire pour prononcer un communiqué. Il commença à parler, s'arrêta brusquement au milieu d'une phrase et, à ma consternation, pointa un bras vers moi. "Toi ! aboya-t-il. Aux tables brunes !" J'étais stupéfaite. Je n'avais pas dit un mot. Je n'avais rien fait mais, saisissant mon plateau, j'accomplis le long et humiliant voyage, passant devant les autres enfants pour gagner le siège brun de l'humiliation.

Je me sentais si perturbée par cet incident que je trouvai le courage de m'adresser à M. Lord dans la cour de récréation après le déjeuner.

J'allai à lui, levai les yeux vers son visage et demandai : "Qu'est-ce que j'ai fait ? Je ne parlais pas." Je discernai dans son expression de l'embarras et de la gêne. Il hésita et, durant ce bref instant où il garda le silence, je sentis déjà mon triomphe. Il me toisa sans me regarder dans les yeux et marmonna : "Tu avalais ta nourriture pendant que je parlais." J'avais sept ans, et je savais que c'était ridicule. Il était ridicule. La phrase s'imprima dans ma conscience comme un signe de stupidité sadique absolue. Cela avait la force d'une révélation intérieure : certains adultes sont aussi méchants que certains enfants. C'était mon innocence qui m'avait donné la force de protester, et ce fut mon innocence, couplée aux caprices staliniens de M. Lord, qui effaça de mon passage aux tables brunes toute trace d'humiliation.

Ma boussole morale interne était toutefois d'une extrême sensibilité et, la même année, je fis une chose qui me tourmenta longuement par la suite parce que le péché que je pouvais avoir ou n'avoir pas commis dépendait de l'interprétation d'un seul mot. La classe était occupée à des problèmes d'arithmétique. Comme d'habitude, je me débattais avec les petits nombres et le redoutable signe de soustraction qui, pour une raison ou une autre, était tellement pire que son compagnon plus amical, le signe plus. Notre institutrice, Mme G., sortit de la pièce et, après son départ, je me rendis compte que je devais faire pipi. J'attendis un moment, et puis je me levai et descendis aux toilettes. Mon souvenir de ce déplacement ne comporte nul sentiment d'avoir fait quelque chose de particulièrement répréhensible. C'est presque comme un rêve, à présent. Je m'avançai dans le couloir d'un vert terreux, descendis l'escalier et pissai seule dans la petite cabine des toilettes avant de repasser la porte marquée "Filles". En sortant, je me trouvai nez à nez avec Mme G. Le moment était venu de la pause toilettes officielle, et elle conduisait la classe en deux files dans l'escalier. Elle me regarda dans les yeux et demanda : "Il y avait urgence ?" Je répondis : "Oui." Aussitôt après avoir parlé, et ensuite pendant des années, je me suis demandé si j'avais menti. Il n'y avait pas vraiment urgence au vrai sens du mot, n'est-ce pas ? Aurais-je pu me retenir ? Sans doute. Avec difficulté ? Peut-être. Est-ce qu'avoir un fort besoin d'y aller constitue une urgence ?

Devenue adulte, je peux me dire que traiter les écoliers comme les détenus d'une prison est une mauvaise pédagogie, que le demi-mensonge peut m'avoir épargné une réprimande ou pire, mais l'intérêt de l'histoire réside dans mes démêlés avec la sémantique et la résonance morale de l'interprétation du sens d'un mot. Si Mme G. n'avait pas utilisé le mot *urgence*, je ne me serais jamais souvenue de l'incident. Certains mots, certaines phrases, certaines expressions demeurent à jamais dans le cerveau comme s'ils y étaient tatoués. Dans la cour de récréation, les enfants chantaient un refrain dont le sens était : "Bâtons et pierres peuvent me casser les os, mais les mots ne peuvent pas me faire mal." Alors ou maintenant, peu de choses m'ont jamais paru plus fausses que cette chanson grotesque. Les mots peuvent ravager, et ils peuvent guérir.

Je n'ai plus en tête aucune image de notre maîtresse, à l'école du dimanche, en train de lire à la classe l'histoire d'Abraham et Isaac. Je ne me rappelle pas à quoi elle ressemblait et je ne retrouve plus son nom, je l'appellerai donc Mme Y. Je conserve un souvenir vague de lumière entrant par une fenêtre et de grains de poussière dans l'air, mais il pourrait s'agir d'une autre classe et d'une autre année à l'église luthérienne St. John. Ce que je sais, c'est que nous avons entendu l'histoire et qu'elle me fit peur avant même que la maîtresse ait prononcé ces mots : "Il faut aimer Dieu plus que tout et que toute chose." "Plus que ses parents ?" demandai-je. "Oui."

Ce "oui" m'a torturée pendant des jours. Quelle sorte de Dieu demandait à un homme de tuer son propre fils ? Et si Dieu me demandait à *moi* de tuer *mes* parents ? Jamais je ne le pourrais. Je savais que je les aimais beaucoup plus que je n'aimais Dieu. Bien que je ne revoie pas la classe, j'ai gardé un souvenir très net des nuits que j'ai passées, couchée dans mon lit, à penser à *la sentence.* J'entends encore la respiration régulière de ma sœur de l'autre côté de la chambre. J'aurais tellement voulu qu'elle se réveille. La peur m'emplissait les poumons et gênait ma respiration. Je détestais l'idée que Dieu se trouvait là, un Dieu qui voyait tout, qui savait tout, un Dieu jaloux présent là, dans la chambre, avec Liv et moi, et que ce Dieu, celui que j'étais censée aimer plus que tout ou toute chose, était celui-là même qui avait demandé à Abraham de tuer son fils. Dieu était capable de n'importe quoi.

Après une semaine d'insomnies occupées par *la sentence*, je finis par me confesser à ma mère : "Mme Y. a dit que nous devons aimer Dieu plus que nos parents." Ma mère me regarda et me répondit d'un seul mot : "Sottises." Elle était assise à la table de la cuisine quand elle dit cela, et je me tenais debout tout près d'elle. Je sens encore le soulagement dans ma poitrine et la sensation de légèreté qui se répandit dans mon corps. Je me retournai et, soudain dépourvue de pesanteur, j'eus l'impression de flotter dans l'escalier jusqu'à ma chambre.

Quand ma fille avait trois ans, levant les yeux vers moi, elle me demanda : "Maman, quand je serai grande, je serai encore Sophie ?" Je lui dis que oui, car il est vrai qu'un nom suit une personne d'âge en âge, mais la fillette de trois ans qui posait cette question ressemble peu à la jeune adulte que je connais aujourd'hui. Nous avons besoin de penser à nous-mêmes comme à un continuum, une histoire régulière dans le temps. L'esprit est toujours à la recherche de similarités, d'associations, de répétitions, parce qu'elles engendrent du sens. Lorsque des répétitions reconnaissables sont perturbées, les gens disent : "Il n'était pas lui-même" ou : "Je ne sais pas ce qui m'a pris. Je ne suis pas moi-même aujourd'hui." Il y a quelques années, j'ai écouté une femme qui était à la fois médecin et maniacodépressive parler en public d'un mémoire qu'elle avait écrit. Elle décrivait la fin de ses épisodes maniaques en disant : "Je revins à moi." Mais, à strictement parler, cette logique est fausse. Que quelqu'un soit assiégé par un déséquilibre organique ou plongé dans la panique ou la dépression par une perte déchirante, ses inconséquences appartiennent aussi à sa personnalité. C'est la sensation ou l'impression d'étrangeté qui nous inspire le désir de rejeter les interruptions, explosions, failles et inconséquences – toutes ces choses, en nous, que nous refusons d'intégrer dans un récit.

Je ne savais pas quoi faire de ce que je voyais en pensée pendant ces nuits passées à ruminer *la sentence* : la main d'Abraham crispée sur le poignard qu'il brandit en l'air, prêt à assassiner son fils, à lui ouvrir le corps. Pour moi, quelle que fût l'explication théologique, c'était une image de vengeance, de fureur et de mutilation imminente. Bien des années après ce cours fatidique à l'école du dimanche, je demandai de l'aide à un psychologue clinicien de l'université de Columbia, où j'étais étudiante. Je me sentais très calme quand j'entrai dans le cabinet du Dr R., prête à expliciter mes multiples problèmes et angoisses. Je m'assis dans un fauteuil en face de lui, le regardai dans les yeux et, tout à coup, sans la moindre prémonition, je fondis en larmes. Il ne dit pas un mot mais je vis sa main se diriger vers une boîte de kleenex commodément placée à sa portée, qu'il me passa aussitôt. C'était un geste expérimenté, sagace. Même alors, je perçus dans la scène un soupçon de comédie et je me demandai combien d'autres étudiants éperdus avaient versé des larmes inattendues dans le cabinet de ce médecin. C'est une petite réalité navrante, le fait que nous soyons souvent aussi mystérieux à nos propres yeux qu'à ceux des autres.

Je consultai le Dr R. pendant plusieurs semaines, je ne sais plus combien. Je parlai beaucoup de la vie, de l'amour et de mes nerfs, mais une remarque qu'il a faite ressort avec la clarté sublime que seule la reconnaissance peut produire. Il dit qu'à son avis j'avais terriblement peur qu'il y ait en moi de la violence. Il ajouta qu'il était absolument convaincu que j'étais incapable de violence, tant envers moi-même qu'envers n'importe qui d'autre. Il avait à peine émis cette déclaration que je ressentis un soulagement immense. C'était comme si quelqu'un était venu dénouer une longue et grosse corde qui m'entravait de la tête aux pieds.

C'est seulement au moment où j'écris ceci que je comprends que les paroles du Dr R. faisaient écho au mot unique que ma mère avait prononcé des années plus tôt : "Sottises."

Une visite scolaire de l'hôpital public de Faribault. La salle est vaste et rectangulaire, avec de grandes fenêtres au long d'un de ses murs blancs. Je marche dans le passage entre des rangées de lits. Les fenêtres sont à ma gauche. Une lumière entre à flots du dehors. Je marche lentement et ne dis rien. Quelqu'un, sans doute le guide, homme ou femme, je ne sais plus, explique que cette salle est réservée aux "grands attardés". Dans un lit se trouve un garçon, un grand enfant, dix ou douze ans peut-être, vêtu seulement d'un lange enroulé autour de ses hanches minces. Ses cheveux sont noirs et soyeux, et il est couché sur le dos, une joue appuyée à l'oreiller. La chair de son corps maigre mais flasque ressemble à celle d'un nouveau-né : belle, blanche et sans tache. Ses yeux ne se fixent sur rien. Il bave. Et puis il y a une vue. Je vois de loin le parking – trois bus scolaires orange dans la lumière d'un soleil pâle et, derrière eux, de grands arbres presque nus. Je ne peux dire avec aucune certitude si je vois cela de l'intérieur ou de l'extérieur de l'asile mais, comme il me semble que je regarde les bus d'en haut, je suppose que c'était de l'intérieur, sans doute d'une fenêtre de l'étage. Pourquoi cet enfant est resté inscrit en moi, je ne peux pas répondre pleinement à cette question, mais je crois que son image reflète une peur et un chagrin muets qui pourraient m'habiter. En lui j'ai aperçu une vision d'abandon et d'isolement plus grands que tout ce que j'ai jamais vu avant ou depuis lors. Et pourquoi l'image des bus est-elle restée ? Sans doute étaient-ils une promesse de rentrer chez moi.

On peut se demander en quoi les autorités scolaires avaient imaginé que promener un groupe d'enfants de dix et onze ans dans les tristes salles d'un hôpital public constituerait une sortie profitable. Nous n'étions pas en train d'étudier quelque chose qui touchât même de loin aux sujets du retard mental, de la folie ou des asiles publics. Notre professeur, M. L., n'avait certainement pas pris l'initiative de cette excursion. (Il s'agissait sans doute d'une obligation annuelle organisée par d'invisibles autorités. L'année suivante, nous visitâmes un musée entièrement consacré aux accidents agricoles, dans lequel nous eûmes droit à des maquettes grandeur nature de bras coupés par des batteuses et de jambes broyées dans des moissonneuses-lieuses.) M. L. était jeune, discret et respectueux. Même si je n'en étais pas consciente à l'époque, je soupçonne que sa douceur me donnait de l'énergie. Sa classe ressemblait plus à mon chez-moi, et dans ce contexte je m'épanouissais. J'écrivis pour le théâtre de l'école une pièce que je mis en scène et dont j'interprétai (égoïstement) le premier rôle ; je recueillis les signatures de tous les élèves de cinquième et de sixième année au bas d'une pétition demandant au directeur le droit de parler pendant le déjeuner (action qui échoua lamentablement) ; je me lançai dans l'écriture et l'illustration d'un roman pour le cours d'anglais intitulé *Carrie à Baxter Manor* ; et je me découvris une passion pour les abolitionnistes. Je me trouvai de nouveaux héros en Harriet Tubman et Booker T. Washington, et j'affrontai les difficultés de la langue victorienne de *La Case de l'oncle Tom*, le tout portée sur une haute vague de ce que les enfants appellent la "popularité".

L'année suivante, ma blessure ancienne se rouvrit. Cela commença en février et cela dura jusqu'à la fin de l'année scolaire. Pour des raisons qui me demeurèrent obscures, je perdis brusquement la faveur des filles qui m'avaient d'abord appréciée. Je devins une paria méprisée – cible de blagues et de tourments cruels. On me bousculait, on me pinçait, on me poussait. Tout ce que je disais était accueilli par des ricanements et des chuchotements des filles qui, par quelque étrange tour de magie, étaient devenues toutes-puissantes dans ce minuscule univers préadolescent de sixième année primaire. Je vécus pendant des mois dans un état de perplexité angoissée. Comme la plupart des histoires de brimades féminines, la mienne avait eu pour commencer une seule responsable. Je suis certaine qu'elle avait détecté mon sanctuaire secret et l'avait pris pour cible. Plus forte, j'aurais pu résister à ses machinations. Elle venait d'une famille où la rivalité entre frères et sœurs était féroce. Son désir de me faire mal était sûrement issu de là, mais je n'étais guère équipée à l'époque pour analyser sa psychologie et, même si je l'avais été, ça ne m'aurait pas servi à grand-chose. A une hostilité manifeste – on veillait à m'exclure des jeux et des conversations – se mêlaient des cruautés subreptices, de faux gestes de gentillesse destinés à me faire croire à tort qu'on m'acceptait à nouveau. De telles tromperies étaient ce qu'il y avait de pire. La duplicité m'écœurait. Je me traînais, accablée, misérable, à la manière d'un chien battu. Ma seule défense eût été une véritable indifférence. J'avais observé cela chez d'autres et j'aurais bien voulu posséder moi aussi cette qualité, mais elle restait hors de ma portée. J'avais envie qu'on m'aime et qu'on m'admire, et je n'arrivais pas à comprendre ce qui avait décidé de mon sort abject. Un jour, toutefois, en arrivant à mon pupitre, je m'aperçus qu'un de mes dessins avait été griffonné et déchiré. Mes ennemies avaient commis une erreur stratégique. Une faible brise de compréhension me parcourut. J'étais la meilleure de la classe en dessin, et je le savais. Mes œuvres étaient l'objet de louanges universelles, et j'étais fière de mon talent. Profaner un dessin était signe d'envie.

Mes souvenirs visuels de ces mois-là ressemblent à des fragments grisâtres. Je revois le couloir dans le bâtiment scolaire et la porte des toilettes où je me réfugiais dans une cabine pour verser quelques larmes aussi silencieuses que possible. Je me revois contemplant ma jupe plissée et les bas de laine grise à côtes que je portais souvent en hiver, assise là toute seule et, malgré mon infortune, soulagée de me trouver loin des autres.

A la demande de ma mère, mon père alla parler de mon problème avec le professeur, M. V. Cette rencontre a pris des dimensions mythiques dans notre famille, parce que M. V. se montra surpris de ce que mon père avait à dire. Ignorant tout des intrigues qui s'étaient tramées dans sa propre classe, il prononça les paroles que mes parents me répéteraient tous les deux par la suite : “Mais pourquoi Siri ? Elle a tant pour elle.”

Ce doit être en novembre ou décembre de l'année scolaire suivante que j'eus une épiphanie. Je crois aujourd'hui que cet instant fut simplement une prise de conscience de la modification spectaculaire de ma situation personnelle. Ma famille avait quitté le Minnesota pour Bergen, en Norvège. Mon père avait consacré son année sabbatique à faire des recherches dans l'université de la ville où le frère et la sœur de ma mère vivaient avec leurs familles. J'adorais l'école Rudolf Steiner où j'allais en classe. J'adorais mes professeurs. J'adorais ma meilleure amie, Kristina. L'instant arriva un soir, après une fête donnée par un des garçons de ma classe. Il venait d'une famille fortunée qui habitait une vaste maison élégante et basse aux alentours de Bergen. Je portais la robe rose que ma mère m'avait faite, une minirobe garnie d'un volant de dentelle sur le devant, et les souliers roses en daim, à petits talons, achetés dans le principal grand magasin de Bergen. Durant la fête, j'avais dansé avec chacun des garçons de ma classe. Chacun à son tour m'avait entourée de ses bras et balancée lentement au son de l'air larmoyant qui était notre favori à tous, *Le silence est d'or*. Lorsque je passai la porte pour sortir dans la nuit froide, je vis qu'il neigeait. Des éclairages extérieurs illuminaient l'allée circulaire devant la maison ainsi que les flocons de neige, qui étaient si gros que j'avais l'impression de voir la forme précise de chacun d'entre eux tandis qu'ils tombaient sur le sol et le couvraient de blancheur. La scène n'était pas seulement belle ; elle avait quelque chose de magique. Le monde terne, brun et nu de quelques heures auparavant était transfiguré, paré d'une candeur nouvelle et radieuse. Je ne le compris pas au moment même, mais aucune image n'aurait pu correspondre plus parfaitement à ma vie intérieure. Je me promis de me rappeler la neige et de me rappeler mon bonheur pur et fort, simplement d'être vivante et de voir cela. Cette pensée ne m'a jamais quittée.

La leçon apprise de tels caprices brutaux de la fortune était profonde. Pour certains, la cruauté va de soi, aisément et sans honte. Pour moi, toute parole peu aimable que je prononçais était suivie d'un impitoyable sentiment de culpabilité et de remords à peine supportables. Je demeure préoccupée de ces différences entre les individus. Les mystères de la personnalité ne sont pas faciles à analyser, mais il est certain que les êtres humains passent par toute la gamme qui va du hautement empathique à l'absolument froid. Le secret réside dans nos corps et dans les histoires de nos vies avec autrui, dans les sombres nuances des répétitions et des interruptions.

C'est l'été 1968 et, presque tout le jour et même la nuit venue, je lis. Je lis un livre après l'autre. Les livres me passionnent et m'agitent. Je ne peux pas m'arrêter de lire pendant la journée et, pour la première fois de ma vie, je souffre d'insomnies obstinées. Une nuit, à deux heures du matin, je suis encore éveillée. J'étais en train de lire David Copperfield *mais, épuisée, je l'ai déposé. Je sors du lit et je vais à la fenêtre. Ecartant le store, je regarde la nuit qui n'est pas la nuit mais n'est pas non plus la lumière du jour. Une brume vert-jaune pâle illumine la rangée de maisons qui me fait face. C'est Reykjavík en juin. Il n'y a personne dehors et aucun bruit. Tout le monde dort.*

Tandis que je me tiens là, debout, une tristesse intense mais agréable m'envahit. Toutes mes angoisses s'en vont tandis que je regarde dehors. Je reste encore un moment debout à regarder, et puis je me remets au lit.

Je n'ai jamais cessé de voir et revoir ces maisons sous cette lumière étrange devant la fenêtre. La mémoire est obstinée et puissante. Pourquoi ce souvenir est-il tellement insistant alors que d'autres ont disparu ? Contrairement au soir où j'ai regardé tomber la neige, je ne me suis pas promis de me rappeler cette vision, mais elle me revient tout le temps. Le souvenir est empreint d'une mélancolie liée à la fois à la lecture et à l'insomnie. L'expérience de l'enfance de David a été très importante pour moi. Au moment où je regardais par cette fenêtre, j'avais vécu le sadisme de M. Murdstone, la mort de Dearest, la tendresse qui fait éclater les boutons de corsage de Peggotty, la bonté rigide de tante Betsey et le merveilleux M. Dick, un personnage qui reste l'un de mes préférés dans toute la littérature. Ce fut cet été-là que je commençai à nourrir le fantasme de devenir écrivain. Les livres me donnaient l'impression que j'étais profonde et vivante, comme si ces histoires étaient plus proches de moi que toute autre chose. Nul n'aurait pu être moins orphelin que moi, avec mes deux parents affectueux et attentifs, et pourtant les souffrances de David Copperfield et de Jane Eyre touchaient ma souffrance ancienne. Je m'abandonnais avec toute la force de mon empathie au héros et à l'héroïne de ces romans. Et pourtant, lorsque je lisais l'histoire de leurs souffrances et de leurs humiliations, le chagrin que j'éprouvais pour eux constituait une sorte de translation inoffensive – une réinvention de ma propre vie affective. Grâce à eux, j'ai pu me retourner sur moi-même et, d'une manière ou d'une autre, ce spectacle vu de la fenêtre, seule et pendant la nuit, est devenu une image de ce que je reconnais à présent comme la fin de mon enfance.

Quand je dis que ma blessure est devenue politique dans les années qui ont suivi, je ne prétends pas que mon implication dans le mouvement antiguerre manquait de sincérité ni que je regrette le moins du monde mon militantisme. En tant que championne des humiliés, des sans-droits, des pauvres et des opprimés, je trouvai un nouvel exutoire à mon sentiment quelque peu irrationnel mais néanmoins intense d'être une étrangère dans un groupe – mal à l'aise, gauche et susceptible. Le sentiment politique ne peut exister sans identification, et c'était forcément aux gens privés de pouvoir que je m'identifiais. Au contraire, les idéologies de droite attirent souvent ceux qui souhaitent se lier à l'autorité, des gens pour qui le spectacle de parades militaires ou de soldats partant en guerre est exaltant et non point douloureux. En politique aussi, il y a inévitablement sublimation. Elle ouvre une avenue à l'agressivité et à la colère, et je ne faisais pas exception. Et c'est ainsi que, armée de passion et gorgée d'histoire politique, je devins un brandon à quatorze ans. Pendant trois ans, je lus, discutai et manifestai. Je marchai contre la guerre au Viêtnam, j'aidai à imprimer des t-shirts en faveur de la grève à Carleton College après la mort de quatre étudiants à Kent State, je participai à des meetings, levai des fonds au profit du Mozambique déchiré par la guerre, signai des pétitions, léchai des enveloppes pour l'American Indian Movement et devins féministe.

Pourtant, même alors, je ne croyais pas à toute la rhétorique – les sornettes puériles qui échappaient aux lèvres de gens tels qu'Abby Hoffman et les membres des Chicago Seven. Le militarisme des Panthères noires, la violence des Weathermen, l'absence de fond du *guerilla theater*, tout cela m'indisposait. Je me souviens d'avoir écouté, par un après-midi d'hiver à Minneapolis, Russel Means, un leader de l'AIM, discourir longuement sur la supériorité de la culture des Indiens d'Amérique comme s'il s'agissait d'un monolithe, et d'avoir pensé à part moi que cette polémique dénaturait les différences considérables entre les tribus à un degré qui n'était rien de moins que grotesque. Je commençai à comprendre que les idéologies poussent, tirent et maltraitent nécessairement la réalité afin de la faire correspondre à leur système. Même commis au service d'une noble cause, les mensonges ne manquent jamais de me faire horreur.

A l'époque où j'ai entrepris mes études de premier cycle à St. Olaf, en automne 1973, la période historique dans laquelle je m'étais trouvée entraînée avait plus ou moins pris fin. J'ai gardé le souvenir très net d'une discussion que j'ai eue avec un professeur de sociologie durant ma première semaine de cours. C'était un ancien prêtre qui avait milité pour les droits civiques et avait participé aux marches de Selma. Nous avons évoqué "le déclin de la Nouvelle Gauche".

Je suis assise au bas d'une rangée de marches blanches dans un corridor étroit. Il y a une porte vitrée qui donne sur la rue. Je sanglote. J'avais seize ans et j'étais tombée amoureuse d'un beau et grand agitateur politique âgé de cinq ans de plus que moi. Il avait mis fin à nos relations. Les jeunes femmes sont accroupies par terre et tentent de me consoler. Il est étrange que je ne me rappelle pas où cela s'est passé – sinon que ce devait être à Minneapolis – ni qui étaient les deux personnes en face de moi. Ce n'étaient pas des amies intimes, mais on pourrait penser que je me souviendrais de leurs noms ou au moins de leur apparence. Je ne me rappelle pas non plus comment notre histoire s'était terminée. Il me semble qu'il m'avait écrit, mais je n'ai pas le souvenir d'une lettre reçue à cet endroit. Je l'ai refoulé et je ne peux pas le faire revenir, si fort que je m'y efforce. Ce dont je me souviens, c'est de moi, assise sur cette marche, inconsolable. Je haletais. Je reniflais, barrissais et gémissais, et la seule violence de mon émotion en imposait aux deux infortunés témoins de mon chagrin. Je le voyais à leurs visages étonnés, dont les traits aujourd'hui ont disparu.

A ce moment-là, je n'étais que blessure. Les premières amours sont souvent terribles, sans doute parce que ce sont les premières et qu'on ne possède pas d'histoire consciente dans laquelle les absorber. Et pourtant la vérité est que je pleurais *comme un bébé*, sans inhibition, sans une once de dignité pour m'aider à me tenir, et je ne peux m'empêcher de me sentir impressionnée par cette pleureuse dans l'escalier. Confrontée à la séparation d'avec quelqu'un que j'aimais, j'étais retournée en arrière jusqu'aux premiers temps de ma petite enfance. Je tomberais de nouveau amoureuse, je souffrirais de nouvelles séparations et je pleurerais à nouveau, mais plus jamais je ne me laisserais aller à sangloter avec une liberté aussi bruyante et débridée.

Je broyai du noir pendant un an – l'année où je me retrouvai à Bergen. J'y étais étudiante à la vénérable Katedral Skolen, fondée en 1153, et j'habitais en dehors de la ville chez ma tante et mon oncle. Mes parents avaient arrangé cela. Bien que je ne leur aie guère parlé de mon chagrin, ils en étaient profondément conscients et ils avaient compris que j'avais besoin de m'en aller à un monde de distance. Dans cette ville pluvieuse des montagnes de la côte ouest de Norvège, je soignai mon cœur brisé, rendis visite chaque jour à ma chère grand-mère, lus des centaines de livres, écrivis de mauvais poèmes et fumai d'innombrables cigarettes. J'avais dix-sept ans, je vivais en ermite intellectuelle et je crois que cela me fit du bien. Peu après mon retour en Amérique, l'ancien objet de mon amour apparut à ma porte. Je le renvoyai, et aujourd'hui encore le souvenir de ce renvoi m'est doux.

A l'université je me réfugiai dans la bibliothèque. J'ai toujours aimé les bibliothèques – le silence, l'espoir de découvertes imminentes. Dans le prochain livre, je les trouverai : ce plaisir indicible, cette révélation surprenante ou cette nuance extraordinaire que je n'avais jamais sentis, auxquels je n'avais encore jamais pensé. Je passais des heures chaque jour dans la bibliothèque et j'y étais heureuse, mais je n'étais pas partie de chez moi. J'étudiais au collège où mon père était professeur et où il consacrait une grande partie de son temps à la Norwegian American Historical Association, dont il était le secrétaire général. Le bureau de l'association se trouvait dans la bibliothèque du collège, et ma mère travaillait au département des périodiques de la même bibliothèque. Deux ans plus tard, ma sœur Liv y étudiait également et, trois ans après, ma sœur Ingrid arriva. Seule la troisième sœur, Asti, s'en fut faire ses études dans la bibliothèque d'un autre collège, dans une autre ville.

Un après-midi, je m'éloignai de mon box pour aller bavarder avec un ami qui était malheureux de ses relations avec sa petite amie. A mon retour, je trouvai un billet sur ma table. C'était une lettre de remords. Son auteur nous avait écoutés, mon ami et moi, et s'était aperçu que les idées qu'il ou elle se faisait de moi étaient fausses. Je me souviens parfaitement de cette seule phrase : "Je te prenais pour une froide salope, mais je sais maintenant que tu es quelqu'un de bon et généreux." La lettre n'était pas signée. Comme je ne m'étais pas aperçue de l'antipathie de cette personne envers moi, la nouvelle ne me fit pas spécialement plaisir, mais elle ne me surprit pas non plus. A l'époque où j'ai reçu cette lettre, j'avais fait du chemin depuis la gamine de sixième année qui pleurait dans les toilettes, mais j'étais encore suspecte et je restais une étrangère. La vie de province se nourrit de conformisme – de l'idée que nul ne devrait sortir du rang s'il peut l'éviter. Les infirmes, les demeurés et les séniles ne peuvent rien à leur état et on leur pardonne, mais sortir du rang délibérément était considéré comme une critique de la communauté dans son ensemble. Pour qui se prend-elle ? Et, en effet, pour qui me prenais-je ? A douze ans, j'aurais voulu me sentir adoptée par ceux qui me tourmentaient, mais à dix-neuf ans j'avais appris à opposer le mépris aux tenants du préjugé qui faisait loi dans ma ville natale et qui continua à me hanter durant mes premières années d'université dans la même ville. Et pourtant l'enfant qui rêvait dans les bois derrière la maison familiale, qui se sentait solitaire et transcendante et promise à un destin singulier, cette enfant demeurait dans la jeune habituée de la bibliothèque et peut-être que les gens sentaient cette étrange et arrogante conviction intérieure et réagissaient avec aversion. Si les vulnérables ne sont pas fiers, on les écrase.

Je lisais et j'écrivais. J'écrivais des récits et des poèmes, bien meilleurs que les centaines de pages affreuses que j'avais composées à l'école secondaire. Le magazine littéraire du collège rejetait tout ce que j'avais à proposer. Je trouve intéressant le fait que je me souvienne avec amertume de ces refus alors que j'en ai complètement oublié d'autres, plus récents. Il y a quelques mois seulement, j'ai déménagé mon bureau d'une pièce à une autre et mis de l'ordre dans mes papiers. J'ai retrouvé parmi eux plusieurs lettres de refus de revues littéraires, dont certaines très longues et détaillées, que je ne me rappelais pas du tout avoir reçues. Peut-être que ces premiers rejets de mes écrits respiraient l'antipathie personnelle, qu'ils ne tenaient guère compte de ce que j'écrivais, alors que dans les lettres plus récentes il n'était question que de goûts littéraires. L'un dans l'autre, je préférais, pendant ces premières années d'études, ma vie intérieure en compagnie des livres à la vie sur le campus, et je caressais de vagues rêves de quitter le Minnesota et ses luthériens robustes, sincères et polis pour un endroit plus vivant, plus dangereux, plus n'importe quoi.

A l'automne 1975, je m'inscrivis pour un semestre en Extrême-Orient. Je partis de chez moi sans vraiment en partir, car les surveillants désignés par la faculté pour ce voyage étaient mes propres parents, et mes trois sœurs y participaient aussi. J'avais vingt ans, j'étais une jeune femme prête en tremblant pour l'aventure. Alors que plusieurs de mes condisciples étaient victimes d'un choc culturel, je passai les premières semaines du voyage au Japon, à Taiwan et à Hong-Kong dans une transe fiévreuse de plaisir. Le temps d'arriver à Chiang Maï, en Thaïlande, mon corps s'était si bien éveillé aux stimuli sensuels – les bruits perçants émis par d'étranges oiseaux, les voyelles musicales du mandarin et du cantonais, les couleurs des marchés, si étincelantes que c'en était presque douloureux, les nouveaux parfums des fleurs, l'odeur âcre des viandes et la puanteur de fruits inconnus – que j'avais l'impression d'une quasi-renaissance. C'est peut-être la seule époque de ma vie dont je n'ai gardé le souvenir d'aucune lecture. Je dois avoir lu, parce que je suivais des cours, mais cela ne pouvait guère compter. Les mots avaient disparu.

Nous passâmes trois mois à Chiang Maï et, de même que d'innombrables Européens et Américains avant moi, je tombai sous le charme d'un enchantement oriental dont j'aurais souhaité qu'il durât toujours. C'était une forme de griserie culturelle, je suppose, un besoin de me plonger dans ce que je n'avais jamais vu ni goûté auparavant. Mes années en Norvège s'étaient passées en terrain connu. Je connaissais la langue. La famille de ma mère et les parents de mon père vivaient dans ce pays. Contraste intense, la Thaïlande était radicalement étrangère. Je tombai amoureuse d'un Thaïlandais, V., et entamai une période qui, avec le recul, m'apparaît comme une explosion de désir refoulé. Chaque jour au réveil je le sentais : ce bonheur fou qui m'habita des semaines durant.

Mes sens demeuraient en alerte extrême, et rien que penser à ce temps-là me donne le vertige. Je ne pourrais plus avoir maintenant une expérience semblable. J'ai trop de choses derrière moi, trop de références, d'histoires, trop d'années de réflexion. J'étais alors à l'état brut. A la différence de beaucoup de mes souvenirs qui sont étrangement drainés de toute nuance, tel un film en noir et blanc, mes souvenirs de Thaïlande flamboient de couleurs.

Je regarde le visage d'un brun sombre, ridé et extrêmement sale, d'un homme d'une tribu des montagnes. Il me sourit de ses dents ocre. Ses vêtements sont bleu roi et rouge et couverts d'ornements argentés qui reflètent le soleil. A son visage, je vois qu'il s'émerveille de moi autant que moi de lui.

La nuit est fraîche, et je suis debout sur le seuil de la maison de V. quand un *tuk-tuk*, l'un de ces petits camions qui servent de taxis à Chiang Maï, s'arrête sur la route. P. et plusieurs autres en descendent et s'avancent vers nous, mais il n'y a que P. dont je me souvienne avec netteté. Il vient vers moi, le visage fendu d'un large sourire, vêtu d'un t-shirt blanc sur un blue-jeans étroit avec, drapé sur les épaules, un boa de plumes d'un rose éclatant. Il ouvre les bras pour m'embrasser et m'interpelle : "Sili ! Sili !"

Nous marchons vers le village, V. et moi, sur une route en terre battue semée de taches claires par le soleil qui brille entre les arbres d'un vert sombre. Cinq ou six enfants marchent à notre rencontre. L'un d'eux porte dans ses bras une radio allumée qui braille la chanson populaire à la gloire de Muhammad Ali. J'entends les mots : "Danse comme un papillon, pique comme une abeille." En approchant, ils m'aperçoivent, se mettent à pousser des cris, font demi-tour et filent à toute vitesse en sens opposé. Je vois leurs jambes brunes et maigres qui pompent avec énergie, la poussière que soulèvent leurs pieds nus. V. se tourne vers moi. "Ils crient le mot thaï qui veut dire fantôme. Ils croient que tu es un fantôme."

A travers la gaze de la moustiquaire, j'observe un petit lézard orange sur le mur, au soleil de l'après-midi qui brille devant la fenêtre. Le souvenir a l'immobilité d'une photographie et, s'il y avait le moindre bruit, je l'ai oublié.

Seul le moi non protégé peut ressentir de la joie.

Il y avait un autre aspect. J'ai vu deux véritables blessures au cours de ces trois mois.

Les rues sont si encombrées que bouger est difficile. La ville entière est là pour la fête des Lumières. Le Mékong flamboie de la lumière de milliers de bateaux, les uns petits, les autres plus grands, illuminés par des torches et des chandelles. Nous marchons ensemble, V. et moi, en nous tenant par la main pour éviter que les bousculades de la foule ne nous séparent. Ma sœur Asti se trouve quelque part derrière moi avec d'autres amis, et alors, devant moi, il y a un éclat de rouge. Le dos d'un homme. Quelque chose l'a frappé à l'épaule.

Le souvenir se déroule au ralenti, c'est une distorsion manifeste de ce qui s'est passé en réalité, et pourtant je regarde la foule qui s'écarte, qui s'ouvre sur une vision de quoi ? Je ne sais pas. Des gens s'écartent précipitamment et V. me tire fort par le bras. Il doit y avoir eu des cris et des hurlements, mais je ne me souviens pas de tels bruits, je ne fais que les ajouter à la confusion. "Quelqu'un a jeté un cocktail Molotov dans la foule", me dit V. Je ne sais toujours pas comment il a su cela. Je ne me soucie pas de le lui demander. Je ne ressens rien. J'ai vu quelque chose de terrible, et je ne réagis pas. Est-ce parce que je n'ai pas suffisamment bien vu ? N'était-ce pas réel à mes yeux ? C'est comme si j'étais anesthésiée, absente.

A proximité de la frontière birmane, je suis en train d'assister à un acte chirurgical. Un jeune homme a eu un accident de motocyclette et sa jambe droite est gravement endommagée. Il y a du sang partout sur la table d'opération. Je peux voir l'énorme entaille dans sa jambe, une blessure profonde et déchiquetée. Je les observe, lui et les médecins, du haut d'un petit balcon. A côté de moi se tient le docteur avec qui j'ai voyagé. J'habite avec lui, sa femme et sa fille depuis mon arrivée à Chiang Maï. Je regarde la jambe et je me dis : Siri, tu regardes cette blessure et tu vas bien. Tu es plus dure et plus forte que tu ne le pensais. Je m'admire en silence. Quelques secondes plus tard, c'est le vertige. Et puis la nausée familière me monte dans l'estomac. C'est déjà arrivé. Je le sens venir. Mes genoux cèdent, et je m'évanouis.

Peu après mon retour aux Etats-Unis, je tombai violemment malade. Pendant des jours, je restai au lit avec une tête dans laquelle j'avais l'impression que quelqu'un avait planté une cognée. Je devins une ruine vomissante, frissonnante et qui ne pouvait ni se tenir debout ni supporter la moindre lumière venant de la fenêtre. Les vertiges et les nausées vinrent et repartirent, mais la douleur dans ma tête demeura sous des formes et à des degrés divers pendant huit longs mois. Quand, assise dans la bibliothèque, je lisais consciencieusement malgré la douleur, je me reprochais d'avoir engendré un symptôme psychosomatique bizarre, une tête punisseuse à cause de laquelle j'avais du mal à voir, du mal à lire, du mal à penser – bref, du mal à faire ce que j'avais à faire. Mais le pire fut qu'au fur et à mesure que le temps passait, j'avais de plus en plus peur de moi-même, ou peut-être étais-je plus consciente de la peur que j'avais toujours eue – une peur qu'en moi se trouve un danger que je ne peux pas nommer.

J'émergeai lentement des maux de tête et repris mes études l'année suivante avec d'autant plus d'énergie. Je devins obsédée par l'histoire intellectuelle russe, celle des XIXe et XXe siècles. Elle était si vivante, si folle, si affreusement triste à la fin que je m'en gorgeais. Je continuais à dévorer des livres comme une affamée. Je rejetai Jung, mais je rêvais de Freud toutes les nuits, en des rêves qui auraient plu au maître : une femme de vingt ans vivant un transfert avec un mort. J'écrivis encore des poèmes, que je composais lentement et avec soin – des sonnets. J'écrivis de nombreux sonnets.

Cela se produirait de nouveau en 1982. Un mal de tête stupéfiant arriverait après que j'étais tombée amoureuse, après plusieurs mois de sentiments extatiques qui avaient atteint un douloureux zénith quand j'avais épousé l'homme que je voulais. L'assaut commença au cours de notre voyage de noces à Paris par une crise qui, à mon ahurissement absolu, me plaqua contre un mur de la galerie Maeght et puis se termina aussi vite qu'elle avait commencé. Une demi-heure plus tard, je marchais dans la rue avec mon mari et ma vision devint soudain plus précise, comme si tout : immeubles, objets, personnes et couleurs, avait été remis au point par une puissante lentille photographique, et j'entendis alors ces mots dans ma tête : *Je n'ai jamais de toute ma vie été aussi heureuse que je le suis maintenant.* J'ai été malade pendant une année entière. Vers la fin de cette période, j'ai abouti dans la salle de neurologie du Mount Sinai Hospital. Apathique, prostrée, réduite à l'immobilité par la Thorazine, je gisais au lit, accablée de culpabilité, préoccupée d'interpréter mon mal. N'avais-je qu'imaginé que j'étais heureuse ? Si je n'avais pas envie d'être mariée, pourquoi semblait-il que je l'aie désiré si fort ? J'étais une énigme à mes propres yeux, un fardeau pour mon nouveau mari, et folle de surcroît. Je me suis accordé mon pardon, depuis lors. Je reconnais que la migraine peut être déclenchée par n'importe quelle émotion intense, qu'elle soit joie, peur ou chagrin. Je me suis résignée à ce que je suis, cette créature discordante, spasmodique et palpitante, qui ne trouve pas sans effort le calme, la paix et le repos.

A un moment donné de ma première semaine à New York, la semaine où j'ai commencé mon doctorat à l'université de Columbia en automne 1978, je me tenais debout dans la minuscule chambre d'étudiant que je louais et je me retournai pour me regarder dans le petit miroir au-dessus du lavabo. Je savais que la personne que je regardais était moi, et pourtant mon reflet avait quelque chose d'étrange, un caractère “autre” qui comportait des sentiments d'exubérance et de célébration. Tout à coup, je regardais une inconnue. Il y avait à peine quelques jours que j'avais quitté mes parents et, quand je leur avais dit au revoir à l'aéroport, j'avais senti des larmes inattendues me monter aux coins des yeux. Il me semble à présent que, dans l'image que me renvoyait mon miroir, je voyais une confirmation de ma soudaine et radicale autonomie, la reconnaissance du fait que la séparation d'avec chez moi avait eu lieu et que j'y avais survécu.

J'embrassai ma solitude. J'avais quitté tous ceux que j'avais connus et ne connaissais personne en ville. Il ne me fallut pas longtemps pour trancher aussi tous les liens avec le petit ami que j'avais laissé dans le Minnesota. Je m'en débarrassai comme de la ville et de mon enfance, et je le fis brutalement. J'en ai encore des remords, non parce que c'était une erreur mais parce que quelque part, dans un coin peureux de moi-même, j'avais su que jamais je ne lui reviendrais ni ne l'inclurais dans mon avenir, et que je m'étais caché cette vérité. Des années plus tard, je me suis trouvée à un dîner, à New York, au cours duquel l'hôte déclara haut et fort son amour indéfectible pour son épouse. Quinze jours après, il la quittait pour une autre femme. Je suis aussi convaincue de la sincérité de sa déclaration que du fait qu'il était indéchiffrable à ses propres yeux.

Cet automne-là, je pris pied dans un autre monde. La ville de New York me paraissait plus étincelante et plus vivante que tout autre lieu sur terre. La vitesse, la verve et l'humour de la ville faisaient vibrer mon corps. J'acquis ce sixième sens du citadin, la capacité de détecter la vague odeur du danger dans les rues et de se raidir contre lui. J'usais mes chaussures à force de marcher, et en marchant je savourais la laideur massive de la ville, ses blocs d'immeubles mystérieusement en ruine, ses somptueuses poches d'opulence, ses marchés, ses foules, ses couleurs. Columbia est dans la ville et de la ville, et je ne peux les séparer l'une de l'autre pendant ces années. La ville et l'université faisaient, l'une et l'autre, partie d'un rythme nouveau et fou des choses, une cadence répétitive d'excitation et de découverte. Le département d'anglais où j'étais venue faire mon doctorat débordait de théories critiques. Foucault, Derrida, Althusser, Lacan, Deleuze, Guattari et Kristeva étaient des auteurs dont je n'avais jamais entendu parler, et moins encore lu les œuvres. A l'époque de mon arrivée, le structuralisme était venu et reparti et les jeunes gens dans le vent qui peuplaient les facultés de sciences humaines étaient plongés jusqu'au cou dans la phase "post".

Les idées étaient notre milieu. Nous vivions en elles, elles vivaient en nous, et ces pensées brûlantes et fortes projetaient une lumière subversive sur la salle de Philosophie et sur la Pâtisserie hongroise où les étudiants se réunissaient pour discuter, expliquer et analyser les importations françaises. Quand parut en anglais le dernier livre de Jacques Derrida, Salter, l'un des libraires proches de Columbia, afficha dans sa vitrine un grand avis rédigé à la main : "Nous avons la *Grammatologie* de Derrida !" Les étudiants se ruèrent dans la boutique pour en rafler un exemplaire.

Les idées aussi sont toujours personnelles.

Assise en compagnie de K. dans la Pâtisserie hongroise, je lui parle du Cours de linguistique générale *de Ferdinand de Saussure. C'est un livre que K. connaît bien et je l'interroge sur la relation entre concept et image acoustique. Il me répond en faisant sur une serviette un petit dessin d'un arbre. C'est le même qu'une illustration du livre. Je regarde ce petit dessin et ce qui était abstrait devient réel. Je comprends. Une simple et durable révélation : nous voyons grâce au langage. Le mot isole, définit, trace les frontières de l'objet. Arbitraire et flottant, le langage dissèque la réalité.*

F. me parle de la lecture de Hegel par Kojève. Il est étudiant en philosophie, c'est un bon professeur et un ami très cher. Il est patient, méthodique, d'une clarté étonnante. Les systèmes se mettent en place pour moi dans ses mots. Il parle du chapitre "Maîtrise et servitude" de La Phénoménologie de l'esprit. *Hegel est trop dur dans ces pages, mais je pense à présent à la conscience de soi, à la conscience de l'autre, aux miroirs, aux "je" et aux "tu", au jeu des relations.*

Le livre se trouve devant moi, sur la table de la bibliothèque. A ma gauche, les fenêtres laissent entrer ces dernières lumières de l'après-midi qui sont le début du crépuscule. Le livre est Deux aspects du langage, *de Roman Jakobson. Je lis ce qu'il dit de l'aphasie. Jakobson écrit que le patient aphasique perd d'abord les mots qu'un enfant apprend en dernier – les leviers linguistiques, tels les pronoms. Cette découverte me fait exulter. Je vais m'en servir dans mon mémoire mais, surtout, je reconnais que l'identité humaine se trouve uniquement dans le langage, en qualité de sujet, et pourtant ce "je" est fragile ; il disparaît avec le "tu". L'écho de cette pensée résonne en moi comme la formulation d'un ancien, très ancien secret que j'ai toujours connu sans posséder les mots pour l'exprimer.*

Je prendrai certaines idées et j'en laisserai d'autres. Simple question de résonance. D'anciennes pensées issues de lectures antérieures reviendront sous des formes nouvelles, et je tomberai amoureuse de toutes les idées qui articulent ce qui se passe entre nous, du *Between Man and Man* de Martin Buber, parce qu'il explore les silences du toucher et du sentiment, au *Dialogic Imagination* de Mikhaïl Bahktine parce qu'il explicite la danse tapageuse et plurielle du roman, et jusqu'à des passages de l'intraitable Jacques Lacan, si compliqué et exaspérant et pourtant, à certains endroits, l'étincelle d'une révélation. Chez D. W. Winnicott, je trouverai l'histoire du moi et de l'autre, les blessures et les vides, et la façon dont les allers-retours oubliés de nos premiers temps deviennent ce que nous sommes. Des années plus tard, j'exprimerai cette idée par la bouche d'un de mes personnages, Violet, dans *Tout ce que j'aimais* : "Descartes se trompait, dit-elle. Ce n'est pas «je pense, donc je suis». C'est «je suis parce que tu es»."

J'étais pauvre dans la ville et quand je lisais, écrivais des poèmes ou restais simplement couchée sans dormir dans mon appartement, j'entendais mes voisins à travers les murs sans épaisseur. Ils entrechoquaient leurs casseroles lorsqu'ils cuisinaient, se disputaient et s'aimaient bruyamment. Sirènes de police, camions-poubelles brinquebalants, pas dans le couloir me faisaient sursauter et puis me maintenaient en alerte jusqu'au bruit suivant. Une jeune femme fut violée dans l'ascenseur de mon immeuble. J'entendais parler d'agressions, d'attaques gratuites et d'assassinats. Une nuit, comme je rentrais chez moi, un homme d'allure quelconque m'arrêta dans la rue. Je crus qu'il voulait savoir l'heure mais, non, il se précipita sur moi, le visage livide, en aboyant une obscénité, et je réussis de justesse à l'éviter et à partir en courant. Les hommes me poursuivaient sans répit en ce temps-là, et à certains moments je me sentais agressée dans mes émotions. Ils étaient trop avides, trop impatients, trop pleins d'un désir que je ne pouvais éprouver pour eux, et à la fin d'une soirée je me sentais vidée par leur insistance incessante et obstinée. C'était alors un soulagement de me retrouver seule, un soulagement de voir mes livres, ma machine à écrire, mon lit. Et pourtant c'était aussi un temps où l'on dansait, un temps de nuits longues et de passions sporadiques et éphémères auxquelles j'imposais mes conditions. Ma propre agressivité me plaisait. Mais je voulais K., peut-être parce qu'il ne me voulait que de temps à autre, parce qu'il était insaisissable. Je sombrai et restai prise dans le mécanisme répétitif du désir pervers – bonheur et chagrin à des intervalles réguliers, puis prévisibles, les cycles d'une imbécile amoureuse – et, finalement, après avoir tourné pendant des mois, la machine tomba en panne. Je n'en voulais plus.

23 février 1981. Je quitte la lecture en compagnie de J., et nous nous arrêtons dans le hall du Y de la 92e Rue pour parler des poèmes que nous venons d'entendre. D'où je suis, je remarque un homme très beau juste devant la porte. Il a un visage fin, des yeux immenses et une petite bouche délicate. Ses cheveux sont presque noirs et sa peau d'un brun pâle. Il fume un petit cigare, et il arrondit les épaules dans son blouson de cuir en portant aux lèvres le mince roseau de tabac. J'observe qu'il a d'assez grands pieds, et ces grands pieds aussi me plaisent. En quelques secondes, je l'ai saisi dans son ensemble, et l'attirance est telle que j'en suis tout étourdie. Je ne me rappelle pas si J. me voit le dévisager et me dit qu'il connaît cet homme, ou si je lui demande s'il a une idée de qui ce peut être. "C'est Paul Auster, me dit-il, le poète." On nous présente, et puis nous partons tous les trois en taxi vers le centre-ville. Sur la banquette arrière, Paul me parle de George Oppen, le poète auquel il vient de rendre visite en Californie. J'aime sa voix, et j'aime la chaleur, la tendresse que j'y entends quand il parle de "George". Je n'y pensais pas à ce moment-là, mais je me demande aujourd'hui si je n'entendais pas quelque chose de familier. Mon père avait cela de son vivant. Il était vivant alors. La voix de mon père changeait d'inflexion quand il parlait de quelqu'un qu'il aimait. Dans le taxi, je suis déjà amoureuse, folle, sous le charme, mordue, et je m'efforce de le cacher. L'homme assis près de moi ne l'est pas. Je vois ça à ses yeux voilés, pensifs. Je ne le lâche pas. Pendant la soirée, je ne parle qu'à lui. Nous mangeons. Nous parlons. Nous marchons dans les rues et parlons. Nous nous asseyons dans un bar et parlons. Les beaux yeux deviennent plus attentifs. Il me regarde, il m'écoute. Je sens que je lui plais.

C'est le petit matin et nous sommes debout ensemble dans la rue, West Broadway. Je me tiens très près de lui, je regarde son visage mais, à présent, après avoir parlé pendant des heures et des heures, je n'ai plus rien à dire. Il est tard. La soirée est finie, et je vais rentrer chez moi et penser à lui. Alors il m'embrasse, et c'est le meilleur baiser au monde. Un taxi s'arrête, nous y montons ensemble.

Peu après cela, je lus ses poèmes, ses essais et enfin la première moitié de *L'Invention de la solitude*, "Portrait d'un homme invisible". J'avais de nombreux livres en moi à cette époque, et pourtant l'originalité de ceux-là me fut un choc. J'avais rencontré l'homme avant de lire ce qu'il avait écrit, mais si je n'avais pas aimé son œuvre comme je l'aimais, ou s'il n'avait pas admiré ce que j'écrivais, les choses en auraient été changées. Notre écriture est depuis vingt-trois ans un élément intime de notre histoire d'amour et de notre mariage, mais ce que je lisais n'était pas alors et n'est pas aujourd'hui ce que je connais quand je suis avec lui. Son œuvre vient de ce lieu, en lui, que je ne peux pas connaître.

"Quand je suis en panne, me confia M. S., je pratique l'écriture automatique, à la manière des surréalistes. Essayez." S. était l'un de mes professeurs à Columbia, et un poète que j'admirais. J'étais en panne. J'avais écrit de nombreux poèmes depuis mon arrivée à New York, deux ans auparavant, mais j'en avais rejeté la plupart comme dérivatifs ou simplement faibles. Lorsque j'eus enfin composé un poème qui me plaisait, je l'envoyai à *The Paris Review* et, à mon grand étonnement, le poème fut accepté et publié. Et pourtant, à l'époque où j'en parlais à S., une sorte de gêne avait commencé à raidir mon écriture, comme si une pression inexorable s'exerçait sur elle. Je détestais mes propres mots. Ce soir-là, je suivis le conseil de S. et, installée devant ma machine à écrire bleue dans mon appartement de la 109e Rue, je me mis à écrire librement et, en écrivant, je me souvins de ce que j'avais oublié. Je me souvins du papier jaune que mon père donnait à ses filles quand il nous emmenait à l'Historical Association, où il travaillait à son bureau pendant que nous dessinions sur le plancher. Des histoires de famille me revinrent – bribes et morceaux de la vie que j'avais quittée. Je remarquai des schémas, des répétitions – une forme émergeait que je n'aurais jamais pu inventer délibérément. Quelque chose s'était rompu en moi, et j'écrivais comme une possédée. Lorsque enfin j'allai dormir, j'avais accouché de trente pages. Pendant trois mois, je travaillai et retravaillai ces trente pages qui devinrent un poème en prose. C'était ce que j'avais fait de meilleur jusqu'alors.

Après cela, je n'ai plus jamais rien écrit en vers. Tout serait en prose, et la meilleure prose coulerait toujours à flots. D'où vient le besoin d'écrire ? Qu'est-ce que c'est ? C'est un besoin, pas un choix. C'est un abandon et un renoncement. Je me rappelle avoir trouvé une référence à l'hypergraphie dans un livre sur le système nerveux. Le besoin obsessionnel d'écrire pendant des heures et des heures chaque jour, disait l'auteur, était parfois un symptôme d'épilepsie, lié à un état pathologique du lobe temporal gauche du cerveau.

Auras. Crises. Ecriture. Dostoïevski avait cela. Sainte Thérèse aussi, sans doute. Mon mari a dit souvent : "Ecrire est une maladie." Mais beaucoup de gens qui ne sont pas épileptiques ont besoin d'écrire pendant des heures et des heures chaque jour. Se pourrait-il que mon besoin d'écrire soit lié à ma sensibilité neurologique ? Peut-être, mais pas *ce que* j'écris. Le contenu est ce dont peu de neurologues discutent.

J'ai peur d'écrire, aussi, parce que quand j'écris je vais toujours vers le non-exprimé, le dangereux, l'endroit où les murs ne tiennent pas. Je ne sais pas ce qui s'y trouve, mais j'y suis attirée. Le moi blessé est-il le moi qui écrit ? Le moi qui écrit est-il une réponse au moi blessé ? Ceci est sans doute plus exact. La blessure est statique, c'est une donnée. Le moi qui écrit est multiple et élastique, et il tourne en rond autour de la blessure. Avec le temps, j'ai pris conscience du fait que je dois essayer de ne pas couvrir ce cœur muet, douloureux, que je dois dominer ma crainte du désordre et de la violence qui se trouvent là aussi. Je dois écrire la peur. Le moi qui écrit est inquiet, il cherche, il écoute les voix. D'où viennent-elles, ces bavardes qui me parlent avant que je ne m'endorme ? Mes personnages. Je les crée et ne les crée pas, comme les gens dans mes rêves. Ils discutent, se querellent, rient, crient et pleurent. J'étais très jeune la première fois que j'ai entendu l'histoire de Jésus exorcisant un possédé. Lorsque Jésus s'adresse au démon qui habite l'homme et lui demande son nom, les mots que clame le démon me faisaient peur et me ravissaient à la fois. "Mon nom est Légion." Tel est mon nom, à moi aussi.

2004

TABLE

OUVRAGE RÉALISÉ
PAR L'ATELIER GRAPHIQUE ACTES SUD
ACHEVÉ D'IMPRIMER
EN AVRIL 2009
PAR L'IMPRIMERIE FLOCH
A MAYENNE
POUR LE COMPTE DES ÉDITIONS
ACTES SUD
LE MÉJAN
PLACE NINA-BERBEROVA
13200 ARLES

DÉPÔT LÉGAL
1re ÉDITION : MAI 2009
N° impr. : 73647
(Imprimé en France)